細說珍珠港

黃文範／著

"All the News That's Fit to Print."

The New York Times.

LATE CITY EDITION

Increasing cloudiness with rising temperature today: Tomorrow cloudy, somewhat colder.

Temperatures Yesterday—Max 51, Min 25

Copyright, 1941, by The New York Times Company

VOL. XCI No. 30,634.

Entered as Second-Class Matter, Postoffice, New York, N. Y.

NEW YORK, MONDAY, DECEMBER 8, 1941.

THREE CENTS NEW YORK CITY

JAPAN WARS ON U. S. AND BRITAIN; MAKES SUDDEN ATTACK ON HAWAII; HEAVY FIGHTING AT SEA REPORTED

CONGRESS DECIDED

Roosevelt Will Address It Today and Find It Ready to Vote War

CONFERENCE IS HELD

Legislative Leaders and Cabinet in Sober White House Talk

By C. P. TRUSSELL
Special to The New York Times

TOKYO ACTS FIRST

Declaration Follows Air and Sea Attacks on U. S. and Britain

TOGO CALLS ENVOYS

After Fighting Is On, Grew Gets Japan's Reply to Hull Note of Nov. 26

By The Associated Press

PACIFIC OCEAN: THEATRE OF WAR INVOLVING UNITED STATES AND ITS ALLIES

GUAM BOMBED; ARMY SHIP IS SUNK

U. S. Fliers Head North From Manila—Battleship Oklahoma Set Afire by Torpedo Planes at Honolulu

104 SOLDIERS KILLED AT FIELD IN HAWAII

President Fears 'Very Heavy Losses' on Oahu—Churchill Notifies Japan That a State of War Exists

By FRANK L. KLUCKHOHN

JAPANESE FORCE LANDS IN MALAYA

First Attempt Is Repulsed—Singapore Is Bombed and Thailand Invaded

By The Associated Press

SINGAPORE, Monday, Dec. 8—

Tokyo Bombers Strike Hard At Our Main Bases on Oahu

By The United Press

HULL DENOUNCES TOKYO 'INFAMY'

Brands Japan 'Fraudulent' in Preparing Attack While Carrying On Parleys

By BERTRAM D. HULEN

ENTIRE CITY PUT ON WAR FOOTING

Japanese Rounded Up by FBI, Sent to Ellis Island—Vital Services Are Guarded

The International Situation

MONDAY, DEC. 8, 1941

Lewis Wins Captive Mine Fight; Arbitrators Grant Union Shop

Landing Made in Malaya

紐約時報

朝日新聞

ハワイ 比島に赫々の大戰果

米海軍に致命的大鐵槌

戰艦六隻を轟沈大破す

航母一、大巡四をも撃破

畏し陸海將兵に勅語

戰艦ウエストヴアージニア轟沈

比島で敵機百を撃墜

米自慢の「空の要塞」撃滅

ウエーク島を占領

泰に友好進駐〔交渉成立〕

皇軍、シヤム灣に上陸

ホノルルに大火災

陸鷲香港の敵機を撃砕

ルソン島北部飛行場爆撃

香港方面全沿岸を封鎖

マレイ半島上空を制壓する我が荒鷲

絶對有利の大布石

米軍戰死傷千余名

米大統領聲明

國民貯蓄組合預金御取扱 三井銀行

東京朝日新聞

現在の每日新聞

夕刊 東京日日新聞

帝國、米英に宣戰を布告

畏し・大詔渙發さる

情報局發表（八日午前十一時四十分）唯今アメリカ及びイギリスに對し宣戰布告の大詔が下されました

詔書

御名 御璽

昭和十六年十二月八日

各大臣副署

英米の暴政を排し東亞の本然を復す

政府、宣戰の使命聲明

政府聲明內容

東條首相斷乎たる決意力說

新嘉坡、布哇、比島猛爆

英砲艦擊沈、米艦一隻拿捕

陸軍、香港攻擊開始

馬來半島上陸

戰果着々擴大

マニラ爆擊

米輸送船雷擊

クワム大火

滿洲國も宣戰せん

上海共同租界進駐

泰へ侵入の英軍掃蕩中

ホノルルを猛爆

オアフ島

眞珠灣西方にわが輸送船

米艦オクラホマ火災

天津の米兵營接收

近代海戰

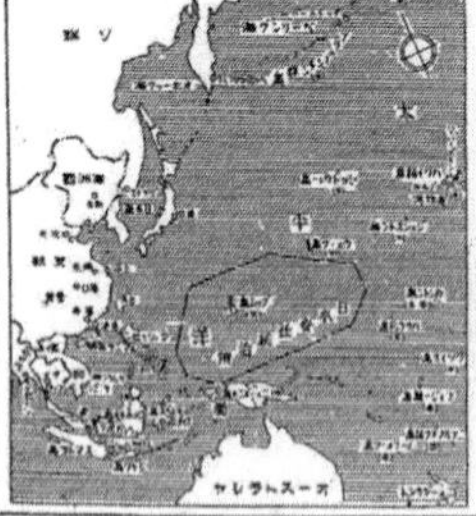

東京日日新聞

「トラトラトラ付錄」

Honolulu Star-Bulletin 1st EXTRA

8 PAGES—HONOLULU, TERRITORY OF HAWAII, U. S. A., SUNDAY, DECEMBER 7, 1941—8 PAGES ★ PRICE FIVE CENTS

WAR!

(Associated Press by Transpacific Telephone)

SAN FRANCISCO, Dec. 7.—President Roosevelt announced this morning that Japanese planes had attacked Manila and Pearl Harbor.

OAHU BOMBED BY JAPANESE PLANES

SIX KNOWN DEAD, 21 INJURED, AT EMERGENCY HOSPITAL

Attack Made On Island's Defense Areas

By UNITED PRESS

WASHINGTON, Dec. 7.—Text of a White House announcement detailing the attack on the Hawaiian islands is:

"The Japanese attacked Pearl Harbor from the air and all naval and military activities on the island of Oahu, principal American base in the Hawaiian islands."

Oahu was attacked at 7:55 this morning by Japanese planes.

The Rising Sun, emblem of Japan, was seen on plane wing tips.

Wave after wave of bombers streamed through the clouded morning sky from the southwest and flung their missiles on a city resting in peaceful Sabbath calm.

According to an unconfirmed report received at the governor's office, the Japanese force that attacked Oahu reached island waters aboard two small airplane carriers.

It was also reported that at the governor's office either an attempt had been made to bomb the USS Lexington, or that it had been bombed.

CITY IN UPROAR

Within 10 minutes the city was in an uproar. As bombs fell in many parts of the city, and in defense areas the defenders of the islands went into quick action.

Army intelligence officers at Ft. Shafter announced officially shortly after 9 a. m. the fact of the bombardment by an enemy but long previous army and navy had taken immediate measures in defense.

"Oahu is under a sporadic air raid," the announcement said.

"Civilians are ordered to stay off the streets until further notice."

CIVILIANS ORDERED OFF STREETS

The army has ordered that all civilians stay off the streets and highways and not use telephones.

Evidence that the Japanese attack has registered some hits was shown by three billowing pillars of smoke in the Pearl Harbor and Hickam field area.

All navy personnel and civilian defense workers, with the exception of women, have been ordered to duty at Pearl Harbor.

The Pearl Harbor highway was immediately a mass of racing cars.

A trickling stream of injured people began pouring into the city emergency hospital a few minutes after the bombardment started.

Thousands of telephone calls almost swamped the Mutual Telephone Co., which put extra operators on duty.

At The Star-Bulletin office the phone calls deluged the single operator and it was impossible for this newspaper, for sometime, to handle the flood of calls. Here also an emergency operator was called.

HOUR OF ATTACK—7:55 A. M.

An official army report from department headquarters, made public shortly before 11, is that the first attack was at 7:55 a. m.

Witnesses said they saw at least 50 airplanes over Pearl Harbor.

The attack centered in the Pearl Harbor, Army authorities said:

"The rising sun was seen on the wing tips of the airplanes."

Although martial law has not been declared officially, the city of Honolulu was operating under M-Day conditions.

It is reliably reported that enemy objectives under attack were Wheeler field, Hickam field, Kaneohe bay and naval air station and Pearl Harbor.

Some enemy planes were reported shot down.

The body of the pilot was seen in a plane burning at Wahiawa.

Oahu appeared to be taking calmly after the first uproar of queries.

ANTIAIRCRAFT GUNS IN ACTION

First indication of the raid came shortly before 8 this morning when antiaircraft guns around Pearl Harbor began sending up a thunderous barrage.

At the same time a vast cloud of black smoke arose from the naval base and also from Hickam field where flames could be seen.

BOMB NEAR GOVERNOR'S MANSION

Shortly before 9:30 a bomb fell near Washington Place, the residence of the governor. Governor Poindexter and Secretary Charles M. Hite were there.

It was reported that the bomb killed an unidentified Chinese man across the street in front of the Schuman Carriage Co. where windows were broken.

C. E. Daniels, a welder, found a fragment of shell or bomb at South and Queen Sts. which he brought into the City Hall. This fragment weighed about a pound.

At 10:05 a. m. today Governor Poindexter telephoned to The Star-Bulletin announcing he has declared a state of emergency for the entire territory.

He announced that Edouard L. Doty, executive secretary of the major disaster council, has been appointed director under the M-Day law's provisions.

Governor Poindexter urged all residents of Honolulu to remain off the street, and the people of the territory to remain calm.

Mr. Doty reported that all major disaster council wardens and medical units were on duty within a half hour of the time the alarm was given.

Workers employed at Pearl Harbor were ordered at 10:10 a. m. not to report at Pearl Harbor.

The mayor's major disaster council was to meet at the city hall at about 10:30 this morning.

At least two Japanese planes were reported at Hawaiian department headquarters to have been shot down.

One of the planes was shot down at Ft. Kamehameha and the other back of the Wa-

Turn to Page 2, Column 1

Hundreds See City Bombed

Hundreds of Honolulans who hurried to the top of Punchbowl soon after bombs began to fall, saw spread out before them the whole panorama of surprise attack and defense.

Far off over Pearl Harbor the white sky was polka-dotted with antiaircraft smoke.

Turn to Page 2, Column 2

Names of Dead and Injured

Schools Closed

Editorial

HAWAII MEETS THE CRISIS

Honolulu and Hawaii will meet the emergency of war today as Honolulu and Hawaii have met emergencies in the past—coolly, calmly and with immediate and complete support of the officials, officers and troops who are in charge.

Governor Poindexter and the army and navy leaders have called upon the public to remain calm; for civilians who have no essential business on the streets to stay off; and for every man and woman to do his duty.

That request, coupled with the measures promptly taken to meet the situation that has suddenly and terribly developed, will be needed.

Hawaii will do its part—as a loyal American territory.

In this crisis, every difference of race, creed and color will be submerged in the one desire and determination to play the part that Americans always play in crisis.

BULLETIN

Additional Star-Bulletin extras today will cover the latest developments in this war move.

檀香山星報號外

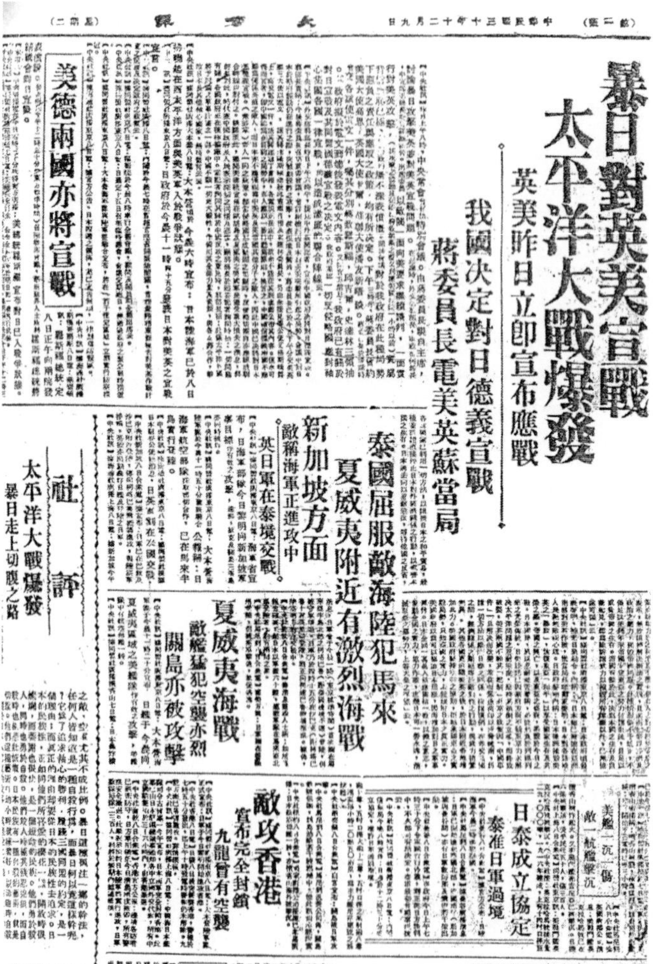
第二版
中華民國三十年十二月九日
大公報
星期二
暴日對英美宣戰
太平洋大戰爆發
英美昨日立即宣布應戰
我國決定對日德義宣戰
蔣委員長電美英蘇當局
美德兩國亦將宣戰
泰國屈服敵海陸犯馬來
夏威夷附近有激烈海戰
新加坡方面
敵稱海軍正進攻中
英日軍在泰境交戰
夏威夷海戰
敵艦猛犯空襲亦烈
關島亦被攻擊
敵攻香港
宣布完全封鎖
九龍曾有空襲
日泰成立協定
泰准日軍過境
美艦一沉一傷
敵一航艦擊沉
社評
太平洋大戰爆發
暴日走上切腹之路

重慶大公報

自序

如夢令（細說珍珠港）

萬里乾坤一擲，海鷲鐵翼凌銳，
猝擊鬼神驚，巨艦艨艟粉碎；
悔愧！
悔愧！
廣島長崎垂淚。

目錄

第一章 前言

第二次世界大戰中，一九四一年十二月七日，日軍奇襲珍珠港，為戰爭史上策劃最週密、行動最大膽、執行最完美的一次海軍作戰。不但成為歷史轉捩點；也是近代史中最具張力，最最引人入勝的一齣大戲。

二十一世紀的讀者，容或對上一世紀的「珍珠港」，已經視同中古史的「赤壁之戰」，對當時交戰雙方的「軍制」（Military Organization）與「軍力」（Power），印象都很隱約模糊，產生了一些隔閡。

在二戰初期，惟有德國與英國，擁有陸軍、海軍、與空軍三個軍種的「三軍」。而美國和日本，卻都只有兩個軍種：美國為「陸軍部」（War Department）與「海軍部」（Navy Department）

由文人出任部長，直屬三軍統帥的總統；日本則為「陸軍省」與「海軍省」，直屬大本營。

美日海陸指揮體系，倒是大致相似。陸軍為「參謀本部」（General Staff）；海軍則為「軍令部」（Naval Operations），美國兩部的司令職稱，陸軍為「參謀總長」（Chief of Staff），海軍為「軍令部長」（CNO, Chief of Naval Operations）。

美國海軍一九四一年十二月的編制大致為：

海軍部長　諾克斯（Frank Knox）
軍令部長　史塔克（Harold R. Stark）
軍令部次長　英格索爾（Royale Ingersoll）
情報署署長　威爾金森（Theodore S. Wilkinson）
外國科科長　赫德（William A. Heard）
遠東組組長　麥科勒姆（Arthur H. McCollum）
作戰計劃署署長　透納（Richmond Kelly Turner）
中央署（國務院聯絡）署長　許爾曼（R. E. Schurmann）
通信署　諾耶斯（Leigh Noyes）
安全組　薛福德（Laurence F. Safford）
翻譯組　克拉默（Alwin D. Kramer自遠東組借調）

美軍令部長　史塔克
（Harold R. Stark）

美國海軍部長　諾克斯
（Frank Knox）

日本軍令部總長　永野修身

日本海軍大臣　嶋田繁太郎

密碼研究（譯密）組值更官員

軍令部下轄三個艦隊：

大西洋艦隊（Atlantic Fleet） 金恩（Ernest Joseph King）

太平洋艦隊（Pacific Fleet） 基梅爾（Husband E. Kimmel）

亞洲艦隊（Asiatic Fleet） 哈特（Thomas C. Hart）

三個艦隊的兵力，合計共有：

主力艦　十七艘

航空母艦　七艘

重巡洋艦　十八艘

輕巡洋艦　十九艘

驅逐艦　一百七十二艘

潛水艦　一百十一艘　總噸位為一百三十七萬四千一百二十六噸

陸海軍飛機五千五百架

日本戰時，在天皇下設「大本營」，陸軍「參謀總長」與海軍「軍令部總長」，都是幕僚長，參與策劃作戰及兩軍種的策應與合作。

一九四一年十二月，日本海軍省的編制為：

海軍大臣　嶋田繁太郎
海軍次官　澤本賴雄
軍令部總長　永野修身
軍令部次長　伊藤望一
第一部長　福留繁
第二部長　鈴木義尾
第三部長　前田稔
第四部長　金子繁治

聯合艦隊司令長官　山本五十六，下轄：

第一航空艦隊　南雲忠一
第十一航空艦隊　塚原二四三
第一艦隊　高須四郎
第二艦隊　近藤信竹
第三艦隊　高橋伊望
第四艦隊　井上成美

第五艦隊　細萱戊子郎
第六艦隊　清水光美
中國方面艦隊　古賀峯一
第一遣華艦隊　小松輝久
第二遣華艦隊　新見政一
第三遣華艦隊　杉山六藏
南遣艦隊　山澤治三郎
當時整個日本海軍戰力計有：
主力艦　十艘
航空母艦　十艘
重巡洋艦　十八艘
輕巡洋艦　二十艘
驅逐艦　一百十二艘
潛水艦　六十五艘　總噸位為九十七萬五千七百九十三噸
陸海軍飛機　三千三百架

第二章
敦克爾克後

在第二次世界大戰史上，一九四〇年五月十日，這一天，歐洲大陸風和日麗，是一個並不起眼但卻非常重要的一天。

這一天在英國，邱吉爾（Winston S. Churchill）繼張伯倫（Arthur Neville Chamberlain）之後，由海軍大臣升任總理大臣。他在凌晨三點才上床。《回憶錄》中寫道：「我不像張伯倫，不會受到非難，會指責我發動戰爭；或缺乏戰爭的準備。我對戰爭全局的認識很多，肯定自己不會失敗。因此，雖然亟盼天明，卻睡得很熟，不需要好夢催眠，因為現實比夢好得多了。」

（I could not be reproached either for making the war or with want of preparation for it. I thought I knew a good deal about it all, and I was sure I should not fail. Therefore, although impatient for the morning, I slept soundly and had not need for cheering dreams. Facts are better than dreams.）

邱吉爾太過於自信，他哪會知道自己喜任首相酣然入夢，卻只有這一晚的五小時。同一天，海峽對岸的希特勒大軍對荷蘭、比利時，與盧森堡發動閃電攻擊；只花了兩天，便粉碎了一切抵抗，進入法國。五月二十一日，德軍接近英法海峽附近的亞布維（Abbeville），一位軍事觀察家稱這次行動是「口袋之戰」，因為就形勢上看，進攻的一方正把守軍切成段段，為數約四十萬的英國遠征軍、法軍、和波軍，漸漸被迫退向海峽，邱吉爾坐立不安。

希特勒把更多的部隊，投入這業已緊縮的盲腸，盟軍已成了甕中之鱉，這些部隊唯一脫逃的道路，更是鼓勇衝向英國海峽邊的敦克爾克。

當陷阱緊縮時，英國海軍部迅速把握了情況，安排了一支由六百三十九艘民用船艇、和二百二十二艘海軍艦隻組成的撤退艦隊；海上從來沒有一支像這麼大雜拌的艦隊過，裏面有各種噸位各種船齡的船艦，——比利時的漂網漁船、泰晤士河的汽輪、荷蘭小漁船、海岸小船、掃雷艦、運煤船、快艇、明輪汽船、救難船、哨艇、單桅帆船、捕蝦船、拖輪、遊艇、消防船……任何可以浮得起的東西，都駛向敦克爾克，這時港口已被德軍的砲火擊碎，碼頭上空罩著一層翻騰的濃煙。

「動力作戰」（Operation Dynamo）為這次撤退的代名，曼斯菲（John Masefield）稱它為

「九天的奇蹟」；其他人則稱之為「血淋淋的勝利」，或者「雖敗猶榮」。事實上，這是歷史上一次最慘重的裸退。英法軍所有車輛、彈藥、軍品、重武器，都拋棄得乾乾淨淨。

一九四〇年六月四日下午兩點二十三分時，英國海軍部宣佈：皇家海軍進行的「動力作戰」完成。

在法國敦克爾克港內，碼頭上狼藉遍地的軍用資財，遍地的彈藥、槍枝、手榴彈、戰車防禦砲，軍用電話總機、無線電、凌亂的電線、車輛。一堆堆還在發出濃煙焚燒的被服和口糧，濃得化不開的沖鼻屍臭和糞便的奇臭，港口海面漂浮着木料、倒塌的起重機、破碎的船體；港區內的海水，滿滿一層的黑色浮油閃閃發光。

港地遠處長達十多公里的沙灘上，更是遺棄在沙堆裡黑壓壓數不盡的軍車、迫擊砲、火箭筒、機關槍、步槍，還有到處皆是的臨時炊事點，作為薪材的橡皮輪胎還有裊裊輕煙，餘溫未盡；拋棄的口粮空罐和水壺，破碎的軍鞋、馬靴、與背包……市區中熊熊燃燒的濃黑煙雲，隨着風向捲到了海灘上空。帶來轟轟隆隆劈劈拍拍的砲彈與子彈爆炸聲和硝煙臭。在一線白沫沙灘的碧綠海面，湧起的海浪內，是大大小小船艦的殘骸。

「九天的奇蹟」，撤回了英法官兵338,226人。

希特勒下令德軍裝甲師休兵三日後，德軍新編第七軍團的步兵二一二師前鋒，終於到了敦克爾克的海邊，官兵駭然望着這一片凌亂的沙灘。一輛裝甲指揮車停下來，上校指揮官以望遠鏡搜索這一片亂雜，被闃然無人的海邊怔住了，馬上就知道勝利者該得些甚麼：「士官長，把灘頭前面那輛黑別克轎車給我吊上來。」

英國廣播公司在午夜十二時的新聞中，播出新聞：「英國遠征軍及法軍，在敦克爾克的撤退工作全部完成，為時九天期間，我們出動軍民艦船八百六十一艘，不分晝夜，光榮撤回了英法官兵三十三萬八千兩百二十六人，這是戰爭史上一次最成功的轉進。」

接著播放英國國歌「天佑吾王」。

就在這一天的英國國會大廈，眾議院席後排擠滿了新聞媒體的攝影機、錄音機、和照像機；記者們手中抱著記事本與鋼筆；議員席上更是黑壓壓座無虛席，每一個人都面色沈

我們決不投降！——繼張伯倫之後，邱吉爾由海軍大臣出任英國總理大臣。

重，憂心忡忡，等待五月十日繼張伯倫出任首相的邱吉爾就任第一次演說。

身材雄渾口啣雪茄菸的邱吉爾出現，引起了小小的騷動，掌聲也只是稀稀落落。他毫不在意這種冷落，大踏步站上議長講壇，取下口中的雪茄菸，向議長微微頷首，銳利的藍眼珠光掃遍議場。他知道自己所要發表的演說，不只是對議員、對英國國內大眾，更是說給全世界，尤其是要全美國人民傾聽。他以滔滔雄辯的平穩聲調，開始向議員報告，英國遠征軍在英勇的總司令高特勛爵（Lord Gort）領導下，全軍已安全撤回到了英國本土。

他警惕大家說道：「我們要非常小心，不要把這次救援當作勝利，戰爭不是靠撤退而得勝的。」他以前海軍大臣之身，為皇家空軍在「動力作戰」的成就力辯一番。而在結尾的這一段，他提高聲調，慷慨激昂地作出歷史上一篇有名的雄獅吼：「即令歐洲的大部份境域和許許多多名邦，已經或者也會淪入德國秘密警察掌握、或者納粹可恨機構統治下，我們不會豎起降旗或者失敗。（Even though large tracts of Europe and many old and famous States have fallen or may fall into the grip of the Gestapo and all the odious apparatus of Nazi rule, we shall not flag or fail.）

我們會在法國戰鬥！

我們會在大洋與大海中戰鬥！

我們會以增長的信心及增強的實力在空中戰鬥！

不論付出甚麼代價，我們會保衛我們的海島，我們會在海灘上戰鬥！

我們會在登陸的土地上戰鬥！

我們會在田野中、街道上戰鬥！

我們會在山嶺中戰鬥！

我們決不投降！

即令，我一剎那也不相信，這個海島和它大部份的土地……

他說到這裡，情緒漸漸激動，緊握的右拳向空中舉起，議場聽眾鴉雀無聲，只有電影攝影機的沙沙轉動聲清晰可聞，空氣中的「我們」與「戰鬥」更見激昂：「會遭到蹂躪與饑荒。那時，」他揮舞拳頭：「我們海外的帝國會武裝起來，在英國艦隊的護衛下，繼續奮鬥下去！」說到這時，邱吉爾的響亮聲調充滿了期待和希望；「直到上蒼庇佑的大好時刻，新大陸會以它所有的力量與實力，大踏步來拯救和解放這處舊大陸！」

（We shall go on to the end, we shall fight in France, we shall fight in the seas and oceans, we shall fight with growing confidence and growing strength in the air, we shall defend our island, whatever the cost may be, we shall fight on the beaches, we shall fight on the landing-grounds, we shall fight in the fields and in the streets, we shall fight in the hills; we shall never surrender, and even if, which I do not for a moment believe, this island or a large part of it were subjugated and starving, then our Empire beyond the seas, armed and guarded by the British Fleet, would carry on the struggle, until, in God'S good time, the New World, with all its power and might, steps forth to the rescue and the liberation of the Old.）

邱吉爾的聲音猝然而止，會場靜默了一下，立刻迸發了轟雷般的歡聲、掌聲；議員們以他們傳統的方式喝采，一面拍桌，一面用腳頓地板，大叫：Hear! Hear! Hear! Hear! 旁聽的媒體和聽眾拚命鼓掌，吼叫著：「溫斯敦！Bravo! Bravo! Bravo! Bravo!」議院四壁的暗舊橡木板，都傳來嗡嗡的回聲。

第三章
白宮

舉世強權的權力中心，都在首都；而實際的權力中樞，便是元首辦公室所在地。英國的唐寧街八號，俄羅斯的克里姆林宮，韓國的青瓦台都是。美國首都華盛頓特區（Washington D.C.），位於波多馬克河（Potomac）東岸，市區由法國工兵科的建築師昂方少校（Pierre Charles L'Enfant）在一七九一年（清乾隆五十六年）規劃而成。市區中自東北方至西南方方向的紐約大道（New York Ave.）與西北方至東南方方向的賓州大道（Pennsylvania Ave.）這兩條大道的交叉處，便是美國總統所住的白宮（White House），門牌號碼卻歸賓州大道。因此，賓州大道一六〇〇號，成了白宮的別名，郵區號碼為Washington D.C. 20025。

白宮的二樓，有一間極其特別的房間。每當暮色降臨時，這個世界上最重要的男男女女便聚集在那裡，喝著總統親手調製的雞尾酒（調得很差勁），大家談論的話題從希特勒情婦伊娃布勞恩（Eva Braun）到《亂世佳人》男主角克拉克蓋博（Clark Gable）和最近的八卦消息。在這個晚餐前的一個小時中，通常不討論政治、戰爭、經濟、或者任何稍稍嚴肅的事，只有閣下您最新鮮的新聞、好笑話，或者有出奇的記憶力，才能在這片刻，使羅斯福總統洗耳恭聽。

今天，同樣的房間裡——羅斯福總統的書房兼辦公室，就在白宮的電梯邊——氣氛卻大異往常，因為那裡是美國政要們開會，討論美國空前重大難題的處所。打從一九三九年九月一日以後，這裡就成為美國投入第二次世界大戰前的舞台。

這天男男女女環繞著一張小桌子，咖啡一再續杯，香菸也點燃了；鐘聲一響，總統入室，他坐在輪椅上，由白宮的服務員推進來。雖然羅斯福總統的雙腿已萎縮，說白一點，就是只剩下皮包骨。但儀表堂堂——牛頭型的腦袋，上半身強壯的肌肉，巨大厚實的雙手，說話優雅卻平易近人，加上那抑揚頓挫恰到好處的東部腔調——他透過廣播的「爐邊談話」，使得全美國人為之著迷。

二樓的這間房家具並不很多：一處小巧的吧檯；一張桌子，剛好可以讓總統玩他喜歡的紙牌遊戲「米麗京小姐」（Miss Milikin）；壁櫥中放了羅斯福的摯愛——他的郵集；地板上一堆堆凌亂的報紙，老是擱住了去路。不過，這間房比較有可看性的是裝飾，滿滿一屋子維多利亞式的油畫、照片、木雕的大船、小艇、帆船模型，還有航空母艦、三桅艇、郵輪、無畏戰艦、汽輪、潛水艦、雙桅帆船以及航空母艦、飛機的模型。

一九四〇年，是他對抗小兒麻痺進入第十九年。從最初發病時，他自頸部以下完全不能動彈，雖然現在已有了一些進展，但要使完全萎縮的雙腿起死回生，似乎毫無辦法。他試過日光燈療法、吊帶法、千次按摩術、電療帶，以及在二十年代和三十年代所能提供的每一種「療法」。

從羅斯福總統大半的成年期間，公然隱瞞自己無法走動這個事實，便可以看出他幾近於狂熱的意志力。他以一隻手放在手杖頭上，另一隻手緊緊抓住助理或兒子緊繃的手肘，把鋼帶緊裹的雙腿，從一邊向另一邊傾斜，完全靠雙手與肩的力量，就像特技演員在雙槓上，一寸寸向前挪。由於在那個時代，他與新聞界有君子協定，美國社會大眾對他的不良於行，幾近一無所知。他只使用雙手，便能開一輛他親自設計的福特敞篷車狂飆。今天，在海德公園的羅斯福總統圖書館內，典藏了他四萬多張照片，坐輪椅的只有兩張。

在這個炎熱的六月，每天入暮時，他從橢圓辦公室下班進入這間房，人坐在輪椅上，輕聲說道：「哈利！」將一封電文遞給特別助理霍浦金斯（Harry lloyd Hopkins）

霍浦金斯接過這封來自英國的電報，上面一行為「老海軍致羅斯福總統」（Former Naval Person to President Roosevelt），不禁有些訝異，望著羅斯福。

「溫斯頓的議會演說……」羅斯福說道。

霍浦金斯頓時明白，這是英國新首相邱吉爾來的電報。以前的首相張伯倫來電報，一板一眼都是「總理大臣致羅斯福總統」（Prime Minister to President Roosevelt），邱吉爾真有手段，一上任馬上就與羅斯福套近乎，以「老海軍」自居，迎合了羅斯福一生情有獨鍾的海軍。

羅斯福是位航海家，很多次休假都花在波多馬克河的遊艇上。十五歲時，他最喜歡的聖誕禮品便是馬漢（Alfred Thayer Mahan）的大作《1660-1793，歷史上海權的影響》（The Influence of Sea Power upon History, 1660-1793），他在政壇上的第一份差事，便是在威爾遜總統主政時的第一次世界大戰期間，擔任七年的海軍部助理部長。事實上，羅斯福對海軍投入之深，一度很想辭去文人職務，成為一員海軍將校。他擔任總統，親自甄選海軍將領，即使在經濟大蕭條時期，海軍預算也年年增加，陸軍和航空隊就沒有這種待遇。他稱海軍為「咱們」（us），而稱陸軍為「他們」（them），使得陸軍參謀總長馬歇爾很不受用。

「這篇演說中，他說了七次『戰鬥』，還說了十次『我們』，我看，他的意思，是包括了美國人在內的『咱們』，明明這是對著美國的籲求。」霍浦金斯以他銳利獨到的判斷，早已成為羅斯福不可須臾離的智囊。

羅斯福不論對什麼事，經常都是哈哈大笑，開玩笑、說笑話，總是熱情地揮舞菸斗，不論你說什麼，他都朗朗聲稱：「我喜歡！我喜歡！」至於你離開之後，他會說什麼，則又是另外一回事了。而這一次，羅斯福壯實右手中的菸斗，敲著輪椅的扶手。

羅斯福在前八年任內，推動一項又一項創新又有動力的聯邦政府方案，激發全國的熱忱。但成功只是曇花一現。到了一九四〇年底，大家都認為他的「新政」（New Deal）規模太少，又太遲；雖然一般美國民眾認為，比起胡佛總統時期，他們對未來更有信心，更抱有希望，但遭逢十餘年的經濟災難後，國家依然元氣大傷。自從一九三七年華爾街股市再度全面暴跌以來的三年裡，經濟已經到了人稱「羅斯福不景氣」的階段。

一九四〇年秋，納粹武力迅速征服歐洲大陸，美國民意卻意見分歧。以羅斯福總統為首的干涉派，深信美國的未來與終極的安全，有賴於協助民主國及制伏侵略國。支持這一派的是「支援英國」的集團，以及歐洲親人飽受納粹與法西斯壓迫的少數民族，尤其是猶太人團體。反對他們的是為數眾多的反戰分子，其中還有些出奇的夥伴。例如：提倡「美國第一」的飛行家林白（Charles Lindbergh）、參議員波諾（Borah）、德裔美國人邦德（Bund），還有美國共產黨與工黨的「美國和平動員」，以及中西部傳統的孤立主義派；後者雖然同情英國與中國，卻不願美國參加一場刀兵相見的戰爭。

羅斯福十分在意自己的所言所行，都要符合社會的觀感。然而，在外交事務上，此時他卻發覺自己完全孤立無援。他想要盡力幫助英國對抗德國的戰爭，而美國人民卻要政府把全部心力都集中在國內事務上。美國人只是覺得太窮，心灰意冷，不想為了遙遠的另一塊大陸去參戰；在很多人的心目中，那場戰爭業已決定勝負了。一九四〇年夏天，美國的民意調查顯示，三分之二的受訪者，深信德國會打敗英國及蘇聯，最後成為全歐洲的統治者。法國的傳奇大軍，竟在六個星期內便投了降。後來出任總統的甘迺迪，他的尊翁當時是美國駐英國大使約瑟夫甘迺迪（Joseph Kennedy）、陸軍參謀總長馬歇爾將軍，以及許多的華府戰略家，都敦促羅斯福中止向英國運送軍事物資，因為德國的優勢是那樣的明確。

「那真慘，」羅斯福告訴霍普金斯：「你試著要帶頭時，驀然回首，卻發現身後一個人也沒有。」

美國羅斯福總統

第四章
夜襲塔蘭托

一九四〇年十一月十一日。

南歐進入冬季，地中海失卻了秋日湛藍的平靜海色，在北方寒風的勁力狂飈下，捲起了層層洶湧的雪浪，縱令兩萬五千噸的英國航空母艦「輝煌號」（Illustrious）指揮台上，都感覺到一種緩緩的擺搖。天色將暮，更顯得海洋逐漸被無際無涯的黑暗吞噬下去。值下午四點到八點更的航海官，正以電話和下甲板值更的官員交換情況，坐在艦長椅上的副長艾靈頓中校，在駕駛台磷光隱約的儀表微光中，用雙眼望遠鏡仔細窺探遠處的海天線，見不到護航驅逐艦「巴勒吞號」艦後的霧標，只有桅桿上微弱的標示燈，在海浪中起起伏伏。雖然艙內值更官兵，都穿上了防寒大衣，依然止不住海風滲進艙內的颼颼寒意。

在指揮台下更為寒冷潮濕的飛行甲板上，卻黑影幢幢，一群群水兵穿著明顯螢光白條紋的防寒工作服，把艙底電動甲板送上來的雙翼「劍魚」（Swordfish）魚雷轟炸機推到定位，航空班水兵馬上用加油管將機身兩翼油箱加滿，拍拍金屬下機翼，帆纜班水兵便把機身向前推到定位；魚雷班水兵立刻把下甲板送上來的一枚枚直徑四十六公分、重七百三十公斤的雪茄形魚雷，從魚雷推車緩緩送到機身下面，魚雷士搖動液壓柄，使魚雷車架慢慢向上升起，卡進機身下的前後掛鉤上，直到卡筍咔達的接合聲，車架鬆開，魚雷的重量使得機身明顯地向下沉了一下。

都是七一九中隊的飛機，這次出任務，槍砲班水兵少了一件事，全中隊十一架，除開副隊長費雪中尉座機外，其他十架的駕駛艙和轟炸艙的兩挺七點六二公厘維克斯機關槍，都早已拆了下來，便用不着裝上彈鏈和彈盒。航空班水兵立刻接手，將飛機一架架推到甲板定位，機輪下塞進輪擋，兩名修護士爬進前後座艙，檢查儀表、駕駛桿、油量表、油壓表，放妥座艙包和降落傘包，這才從座艙中向班長舉手，食指和拇指扣成一圈。

不到半個小時，飛行甲板的後半段，便擠滿了黑壓壓一片的「劍魚式」，螺旋槳尖在初升的月色下閃閃發光，機翼迎風震動。七一九中隊十一架魚雷轟炸機分成四列，每列三架；七二〇中隊十架轟炸機，排成三架三列，一架在最後；機尾都快伸出甲板了，它們沒有裝魚雷，機翼下掛着六枚一百一十公斤的炸彈，或八枚三十公斤的照明彈。

甲板飛行管制官高高舉起反射出白色螢光的紅旗，表示「試車」，奮力下揮，二十一架「劍魚號」轟炸機的七五〇匹馬力、九缸星型、氣冷式的「飛馬」（Pegasus）發動機，同時轟然發動；起飛旗轉圈漸漸加快，發動機的轟隆聲也越來越高，二十一個銀色圓盤鼓起的藍灰色廢氣向船尾急吹，「輝煌號」的龐大艦體，承受了一股強大的推力而微微震動起來……

飛行甲板下兩層的作戰室，有隔音的艙壁和空調，就暖和得多了。起飛前提示任務的官員，再加上七一九和七二〇兩個中隊的飛行員和航炸員，一共四五十人，圍坐在海圖前，大家都穿上了膨膨鬆鬆的防寒飛行外套，使得作戰室有些擁擠，人人都戴上防寒手套，卻細心在飛行手冊上把作戰資料記下來。

氣象長報告過氣候，空勤人員才知道選定在今夜，為的是利用滿月前兩天的月色，入夜起飛，出過任務後，有充份的月光利於回航及降落。他無意中提到，原來出這次任務，地中海艦隊司令坎寧安上將（Andrew Cunningham），最先要求在第一百卅五屆「納爾遜節」（Trafalgar Day），也就是一九四〇年十月二十一日（滿月後七日）進行，那天下弦月正好；沒料到由於「輝煌號」飛行甲板升降機液壓系統故障，才推遲了二十天，到今天——十一月十一日這個月圓前兩日的一天。

航海長在圖上指出，這次本艦攻擊的目標為塔蘭托港（Taranto）內的義大利艦隊。塔港位置在東經十七度十九分，北緯四十度三十七分；也就是義大利馬靴形國土的馬靴根頂端，是一處天然深水港，港面寬闊，義大利人稱之為「小海」（Mar Piccolo）與港外的「大海」（Mar Grande）有所區別，市區與碼頭區卻集中在「小海」東南地區。本艦目前位置為東經十八度二十五分，北緯三十八度十分，準備在距塔蘭托港一百七十浬（三百六十公里）處起飛，艦隊仍沿航線前進，預計在十一月十二日凌晨兩點，接近海岸約九十浬（一百六十二公里）海面，收回出擊機群。

飛行長賈蘭森中校，是一個蘇格蘭紅髮大漢，熟嫻海軍航空兵的戰術與技術。他首先以過來人表示，要出勤的年輕中少尉飛行員安心，塔蘭托港及附近，目前沒有機場，老義空軍也沒有俺們皇家空軍在「不列顛一役」（Battle of Britain）中的夜戰經驗。他指出，據馬爾他島皇家空軍格林馬丁中隊（Glenn Martin Squadron）偵察機今天的報告，塔蘭托港內泊有主力艦六艘，重巡洋艦三艘，輕巡洋艦五艘、驅逐艦十八艘，潛水艦十二艘，這就是墨索里尼引以為傲的「超級海戰艦隊」（Supermarina Battle Fleet）。

「好大一塊四十萬噸的起士！」賈蘭森說，還咂了咂嘴，「不過，」他的語氣嚴肅起來；「俺們的主要目標是三艘法西斯新型超級主力艦；有兩艘泊在碼頭區的驅逐艦中，但她們的艦尾仍然向海中伸出來很長，是很好的靶心（bull's eye）；另外一艘泊在港中央，是俺們下手的伏窩鴨子。（sitting duck）。

「前天的大風，吹垮了塔蘭托港的阻塞汽球網，港內主力艦的防雷網只有八公尺深，俺們設定魚雷潛航深度為十公尺，所以也不足構成障礙。

「這次進攻，主攻為七一九中隊，十架魚雷轟炸機，一架觀測機，超低空飛行。從東面進入塔蘭托港，約翰！」他指示七一九中隊尉長約翰卜倫林上尉，由你決定幾號機攻擊碇泊在西面碼頭及港中的三個主目標。接戰開始，閃光彈與炮火閃光會襯出目標的暗影，在距目標一千五百公尺距離投雷，但要小心晚上機下的海水反光與輕防空砲的曳光彈，擾亂了你們的視線。」

英國皇家海軍地中海艦隊司令　坎寧安上將
（Admiral Sir Andrew Cunnungham）

「羅柏，」賈蘭森指著瘦瘦筋筋，一頭金髮的七二〇中隊長羅柏巴格特上尉：「你們這一隊雖是助攻，但勝利全靠你們牽制，吸引敵人；載的是傘降閃光照明彈，飛行速度也快些，在

「劍魚式」魚雷（Swordfish）轟炸機

七一九中隊後起飛，爬高，到三千公尺，從目標西南面海上進入塔蘭托市上空，便間歇投下傘降照明彈，吸引老義的防空砲火。閃光彈和爆炸的防空炮彈閃光，會照亮夜空，使七一九隊低空見得到碼頭區目標暗影進攻。你們要見到港內魚雷爆炸強烈閃光後，才能脫離戰場，立刻向南飛，俺們在海上等著你們兩隊回家，到馬爾他島慶祝開派。」

隊員們聽到任務提示，能笑得出來的沒有幾個，卜倫林計算了一下，十架魚雷轟炸機對付三艘主力艦；魚雷經過改裝，加裝了浮鰭和頭一次使用的雙重擊發（duplex pistols），希望一觸即發，不致打成空包彈。擔心的到是在海上兩小時低空飛行三百公里，卻是一項挑戰。

艦長博伊德（Byod）上校雄渾的愛爾蘭口音，使他從沈思中醒過來：「七一九和七二〇中隊各位官士，這次『報應作戰』（Operation Judgement），是地中海艦隊的重大任務。今年夏天，我們解決了法國海軍，現在的對手便是墨索里尼了。他的主力艦對我們的地中海艦隊是個重大威脅，我們從直布羅陀運往埃及的部隊和軍品，邱吉爾為了安全，都要求繞道好望角，以致增加了三個星期時間和五千公里海程。所以艦隊司令坎寧安爵士上將，把消滅法西斯主力艦隊的重大任務交給我們，這是一項挑戰。我們以戰鬥機哥兒們口中的『網袋』（String Bag）老式雙翼機，對付最現代化的強艦；法西斯媒體更一直嘲笑『劍魚式轟炸機』是『醜雁』（Brutta Oca），我們便要打得他們抱頭痛哭。」最後一位作提示的是地中海艦隊航艦戰隊指揮官盧斯特少將（Lyster），他只簡單明瞭地要出擊的隊員記住：一百卅九年前，一八〇一年四月二日納爾遜「奇襲哥本哈根一戰」（The Battle of Copenheagen）時把握戰機的名言『進攻敵人，一刹那都不應喪失。』（Not a moment should be lost in attacking the enemy.）

「他更鼓勵我們作戰要出敵意表：『最大膽的手段最安全！』（The boldest measures are the safest.）各位隊員，願上帝庇護你們，快樂返航！」

皇家海軍航空兵老總的盧斯特深深知道，海軍飛行員最受用的一句話，便是Happy Landing!

按照規定先發先登機，七一九中隊的飛行員與航炸員紛紛爬上發動機還在怠速營營運轉的「劍魚號」前後艙，航空班水兵為他們繫好降落傘包、安全帶，飛行員舉起右手大拇指，他們就推上坐艙蓋下了機身，彎腰躲過螺旋槳捲起的強風，跑到甲板邊。握住滅火器管，等待飛機起飛。

「輝煌號」指揮台在艦長博伊德口令下，輪機奮力全速運轉，艦首對正風向，甲板飛行指揮官打出風速二十節的訊號，全艦航速也增加到了三十節，整個艦身都略略振動起來。七一九中隊隊長卜倫林翼展十四公尺的座機迎風擺動，他判斷了一下，全重的「劍魚號」只要達到每小時五十節的速度，便可起飛，他把油門緩緩向前推到底，「飛馬三型」發動機猛然咆哮起來，噴起了一股青煙，飛行管制官綠燈一亮，「劍魚號」便踉踉蹌蹌在金屬甲板白漆直線上滾行，速度越來越快，卜倫林一瞬中便見到了甲板盡頭白線外的深藍海水，他將駕駛桿緩緩向後帶，三噸半重的座機機翼微擺，便帶著這枚沉重的「錫魚」，飄向漸暗的未知夜空，發動機聲中，彷彿還聽到身後甲板上水兵的歡呼。

他的座機爬升，在「輝煌號」兜一個大圈，讓後續的十架「劍魚式」轟炸機一架架升空飛近，編成隊形，在漸深的暮色中，掠過海面向北飛去；沈重的隆隆機聲越來越輕越淡……

塔蘭托市的舊市區，在一個短香腸形的岩石小島上，介乎東面內港的「小海」與西面塔蘭托灣的「大海」中間，市區中心的「阿克羅波利斯大酒店」（Hotel Akropolis）是一幢重建過的豪華大廈。從陽台上，可以見到新舊城區的萬家燈火。樓下大廳，更是金碧輝煌燈光燦爛，義大利海軍南部軍區司令齊多亞少將，正舉行雞尾酒會，歡迎自從九月二十七日，簽訂德義日三國同盟後，首次來訪的日本貴賓：日本駐柏林大使館海軍副武官名渡正武（Takeshi Nato）少佐，和羅馬大使館的語言軍官高橋茂大尉。

齊多亞向滿場衣香鬢影的男女來賓致詞，熱烈歡迎亞洲強盟的友人蒞臨塔蘭托海軍基地；舉杯敬酒後，他說敝基地沒有航空母艦和飛行場，致使貴賓從羅馬坐車長途跋涉，深以為歉。

高橋大尉代表名渡少佐立刻以義語回應說，這次使他們飽覽了義國東南海岸的美麗風光，深感此行不虛。其實，他們奉東京軍令部之命，衡量義國海軍艦隊的戰力，對港內三艘新型主力艦的噸位與艦砲，與「大和號」與「武藏號」相較，並不出色；只是對艦隊所有艦隻，並不散開錨泊，反而麻麻密密整整齊齊艦舷相接，艦艏向陸的停泊方式，覺得奇怪。

齊多亞左手掩住滿唇黑髭，輕輕以英語告訴名渡：「倒不是碼頭泊位不夠，而是，」他眼睛左右瞥視一下才道出原由：「我們準備最近出擊，攻下馬爾他島，引誘老英艦隊出洞，來一次二十世紀的義大利特拉法加海戰大勝利。但出擊前，還要等『領袖』（IL Duce）來閱兵訓示。」他又補充一句：「還有，我們帶船的人都知道，」他眨了眨眼：「要得水兵心，船靠碼頭停。」原來，墨索里尼耀兵出戰，還有排場，要南下閱兵；只是「卡武爾伯爵號」（Conte di Cavour）主力艦卻為甚麼離開艦群，孤零零錨泊在「小海」中央？名渡覺得頗不可解。齊多亞三杯醇酒下肚後，對這一點並不覺得不能告訴這位黃面孔的同行；「本基地的防空兵力，有十公分口徑重防空砲一個旅，和一個三．七公分口徑輕防空砲一個旅，兵力部署都在新舊市區的海岸線，防空戰術要求火力均衡，所以在浩淼的『小海』內，以『卡武爾伯爵號』上的強大對空火力作重點，掩護本軍區空虛的東側。

「我敢說全歐洲只有塔蘭托海軍基地最安全，我們不只有地面、更有艦上的防空砲，密密麻麻，就像通心麵；還有阻塞氣球網、煙霧網；『小海』水深得可以停泊主力艦，卻又淺得容不下潛水艦偷駛進來；還有，由於水淺，發射魚雷，下水便會扎進海底爛泥層裡。」

他正說得高興時，驀地裡，大廈外響起了淒厲短促的警報聲，齊多亞這一驚非同小可，手中高腳酒杯一晃，半杯紅酒都倒在名渡的軍禮服下擺上。

「演習，演習！」大廳經理大聲呼叫，要客人鎮靜；服務生立刻拉上落地窗的黑色燈火管制帘，樂隊繼續演奏音樂。女士們從舞池回座，三三兩兩交頭接耳。名渡注意到，參加酒會的白制服海軍官員，尤其袖章金綠三四條大佐級的艦長、副長，都紛紛走向出口大門，到衣帽間取了軍帽和大衣離開，步履急促嘈雜聲響成一片，但卻沒有慌張急亂的情況。

侍從官將無線電手機遞給齊多亞，他聽了以後，面色大變，連忙招呼兩位日本官員：「隨我來！」

齊多亞不走電梯而沿著樓梯往大廈高層走上去，自是有經驗，他們只爬了四層樓，大廈燈光全部熄滅停電，大家都知道這是燈火管制，真有情況了。

他們爬到十樓頂層的陽台，新舊市區都是黑漆漆一片，只有十一世紀建造的巴洛克式大教堂（Via del Duome）圓頂隱隱在望，新市區碼頭邊碇泊的艨艟巨艦，黑壓壓一片延伸得很遠。

齊多亞要名渡和高橋披上參謀送上的防寒大衣，指著港內遠遠處一處孤零零的黑影說，那就是「卡武爾伯爵號」。

他們並沒有聽到空中隆隆的飛機聲，但是頭頂猛然霹靂連聲，兩三枚照明彈冉冉向下飄降，白色的光芒刺得人眼都睜不開，但是距離市區的屋頂和碼頭區艦群的輪廓，卻宛同白晝般清清楚楚，沿海的防空砲連開始射擊了，隆隆聲愈來愈密，高空迸放出彈群爆炸的連續閃光，但對空中似乎見不到的目標，並不發生影響，傘降照明彈依舊一枚枚向下飄落。

齊多亞接過參謀的無線電話手機，聲色俱厲地說了很多話，才對名渡解釋：

「作戰中心請求艦砲支援，卻不知道這會暴露了艦隊碇泊區，讓即將飛到的轟炸機找到目標所在。」

他氣急敗壞對著手機大聲叱喝，高橋輕輕向名渡傳譯：軍區司令下令施放煙幕。

照明彈的光芒還持續不斷，防空砲火卻開始稀疏，空氣中帶來寒風的鹹味和瀰漫港區和市區滾滾灰色煙雲的酸味。站在十樓的高處，可以看見煙幕湧湧翻翻散漫開來。名渡知道，海軍軍艦作戰施放煙幕匿跡或者遁逃，在雷達上船以前，是一種高明的戰術。去年十二月，英國皇家海軍在南大西洋圍攻德國袖珍主力艦「斯比上將號」（Admiral Graf Spee），「斯比號」寡不敵眾，幾次都以施放煙幕甩開了敵人。只是，煙幕對固定目標能收到同樣的效果嗎？

齊多亞以燈火管制及施效煙幕，造成市區一帶黑壓壓一片混沌，想與高空英機投下的照明彈對抗。驀地裡，「小海」遠處「卡武爾伯爵號」主力艦上的一盞防空照空燈卻突然開燈；一根三十萬枝燭光的雪白光柱，像利劍般劈破黑暗，直射夜空，卻又緩緩降低，轉變方向，直向西方的城區照射過來，強光穿透了煙幕，使得齊多亞破口大罵，高橋告訴名渡，他吼叫卡武爾號艦長，「立即關燈！」

突然，齊多亞止住了喊叫，目瞪口呆，發現這盞德國霱益吉（AEG）廠直徑一百五十公分的照空燈光柱中，有一隻小小蜻蜓在飛翔；名渡也怔住了，仔細定睛察看，才知道是一架雙翼機。自從一九三七年他在上海作戰，和支那空軍的米製「霍克」（Hawk）驅逐機纏鬥過；一九三九年，日本海軍航空隊轟炸漢口，又和俄製雙翼I-15戰鬥機交過手外，日本海陸軍早已都是單翼機了，這象徵了航空工業的進步，怎麼到了南歐，英軍還用這種老骨董雙翼機作戰，這不是高下立見了嗎？

齊多亞看到被光柱緊緊裹住的雙翼機，機翼上三色圓環的英軍軍徽，照得很清楚，前後座艙中，後艙卻空闃無人，這個飛行員竟發了狂上門找死神，使他想起了《聖經》上大衛與巨人歌利亞決鬥。而名渡看到這架勇敢的老飛機單挑一艘三萬五千噸的主力艦，彷彿就像決鬥巖流島的佐佐木小次郎，舉起的刀尖雖在朝陽下閃閃發光，卻定會不得不眨一眼時，遭受宮本武藏木劍致命的一擊。

這架雙翼機就像武士赴死一般，掉頭直直對「卡武爾號」飛過去，機頭一直閃爍著機槍的火花，主力艦上的雙連裝防空機關砲也紛紛開火，紅色曳光彈彈流集中在這隻黑蜻蜓上，黑蜻蜓的維克斯三〇機槍直直對正光柱中心發射，一聲響亮，照空燈燈面安全玻璃爆炸，光柱熄滅，緊接著一團紅火炸開，雙翼機機身爆炸起火，把海面照耀得通明透亮。

齊多亞剛剛喘過氣來，拿出香水手帕擦擦寒風中額上沁出來的汗珠，卻在飛機爆炸一閃的餘光中，隱隱看見「小海」海水中，三條白線向「卡武爾號」急馳，夜空中遠處，出現了看不清楚架數的黑蜻蜓，帶來隱隱雷轟般的機聲。

軍區司令怔住了，手中無線電機清脆地落在大理石陽台地板上，碎成片片。

早在一九三〇年代，單翼機興起，世界各國淘汰了第一次世界大戰中的複翼機時，英國皇家海軍卻獨具隻眼，仍然採購「費瑞航空公司」（The Fairey Aviation Co.）設計的雙翼「劍魚式」機。儘管這型單發動機最大馬力才七百五十匹，飛行速度每小時只有兩百二十二公里，全載時航程只能飛八百七十九公里，但它適合海軍岸艦兩用的要求：機身體積不大，翼展才十三點八七公尺，機長更只有十點八七公尺，不佔飛行甲板面積。機身結構輕巧，卻結實耐操；重量才二點一噸，卻能載重一點二七六噸；飛行速度慢，起落不需要長飛行甲板或長跑道，小航艦壞機場都不成問題；雙翼機飛行平穩，又能載重，最好的用途便是佈雷，其次便是投雷了。所以從一九三四年七月接機起，歷經二次大戰，參與了各次戰役，有炸沈敵人船艦五萬噸的赫赫戰果。

皇家海軍先後接收了一千六百九十九架「劍魚」，編成二十六個中隊，艦岸輪調。「輝煌號」航母這次從「鷹號」（Eagle）航空母艦調來參加作戰的七一九與七二〇中隊，出過多次任務；其中七一九隊中隊長卜倫林上尉，更以24小時佈雷飛行達十二架次之多，創立了皇家海軍紀錄。

這次七一九中隊在「報應作戰」中擔任主攻，全中隊堪用的「劍魚」有十一架，但是魚雷卻只有十枚。對付海中的固定目標，實施夜間奇襲，他還是不敢大意，在出發前，便分配了任務。由他率領一分隊的二號機戴維斯，三號機摩爾，攻擊「小海」中的目標一；停泊在碼頭區的兩個主目標，分別由二分隊的四號機巴肯、五號機史密士、六號機亨利森攻擊二號目標；三分隊七號機強生，八號機馬特爾，九號機惠特克，攻擊三號目標，十號機肯尼殿後，攻擊隨機目標。而要副隊長費雪中尉擔任觀測，獨自飛沒有載魚雷的十一號機，交代說：「佛朗克，如果我下水見海神去了，你就把他們帶回馬爾他去。」他繼續說：「還有，攻擊開始，才解除無線電靜止。」

「是啦，長官！」費雪瘦長的面蛋，留著微黃的唇髭，似睡非睡的藍眼睛，薄薄的嘴唇吊著一根菸。頭一次炸老義，飛不到魚雷機，有點嘔；但能一個人自自在在飛，不必編隊。交代機工長：油加滿，彈鏈也加倍，機翼下加掛六枚二十七公斤的火箭，說不定有地靶可打。

離開飛行甲板以前，卜倫林就交代隊員：「別把低空飛行當做玩笑，只要你瞪著海水，你的距離判斷就完了。」

十一架鼓著一條條沉重「錫魚」的轟炸機，排成稀稀鬆鬆的人字編隊，以免造成密集編隊時的緊張，但卻緊貼著黑暗的海水；編隊前面一千公尺，則是費雪的單機。發動機以巡航速度平穩運轉的營營聲，和着座艙蓋外側刷過寒夜海風的沙沙聲，尤其機身下方衝過的海水，帶著使人昏眩的速度，儀表板上綠線螢光指針的顫動，四週一片黑暗，使得保溫座艙內的人，尤其是後座的航炸員昏昏欲睡。

卜倫林座機儀表板上的時鐘，指著八點，他們在海上飛行了一小時十分鐘，眼前水天線上冒出一條黑黑海岸，爬高飛過一段陸野，又是豁然開敞的海水，這是老義的「小海」，終於飛到塔蘭托港了。

海灣遠遠處的東端，正自十分熱鬧，七二〇隊的哥兒們，已經在高空投下一枚枚緩緩下降的照明彈，「小海」碼頭邊的一帶碇泊的戰艦隱約在望。

「七一九就攻擊位置！」

耳機中響起了卜倫林上尉的聲音，隊員們的腎上腺素立刻提高，每個人交感神經興奮，心跳加快，血壓升高。血糖增加，瞳孔擴大，肌肉緊張；編隊分散成三個分隊，向着自己目標的黑影飛過去。

「小海」遠遠處的第一目標，黑黑的一座山坡，忽然有了生命，一道強烈白光光柱，驀然指向天空緩緩移動，卜倫林這一驚非同小可，握住油門的手套都感到濕濕黏黏起來，這種照空燈光有效距離為六千五百公尺，倘若角度改變掃向東方海面，七一九全隊「劍魚」，都會暴露在強光下，緊隨著便會有飛蝗暴雨般的密集砲火鋪天蓋海砸下來。

「佛朗克，」他只有一線希望：「引開光柱！」

機群上空單機飛行的費雪，滿心焦急，等的就是這個命令，「呀」了一聲，便把駕駛桿與油門都向前推，發動機轟雷咆哮以最大速度俯衝過去，雖然還在射距離以外，他從一號目標的艦尾到指揮台，一發又一發發射，火箭彈帶著哧哧聲火焰撲向「卡武爾號」，可是彈頭炸藥撞到了十五公分厚的複層精鋼船舷，就像綠豆砸在石板上般綳了開來。

「卡武爾號」受到攻擊，這才知道敵機不在高空而近在艦側，照空燈光柱打向西邊向下橫掃，立刻捕捉到了這隻挑戰的黑蜻蜓。一隻「醜雁」爛飛機，竟敢到大羅馬帝國艦隊來挑戰。不必以砲彈對付，強烈的光柱就會使黑蜻蜓頭暈眼花栽下海去。指揮台上的漢克斯艦長和官員，起先都嚴肅看這一場決鬥，黑蜻蜓俯衝、爬升、翻滾、筋斗、滾轉，卻甩不開光柱；但它卻不向西逃走，反而轉過頭，逕自向着光柱對頭衝過來，機頭機槍口的火舌不斷，「一直打敗仗的英國佬，居然還有這種不怕死的瘋狂飛行員。」漢克斯艦長不禁在驚訝中嗟嘆。

指揮台忽然聽到監視哨力竭聲嘶的緊急喊叫聲：

「Siluroes!（魚雷！）」

「Siluroes! Siluroes!」漢克斯立刻衝到指揮台另一端，只見煙雲瀰漫的海面上，隱隱約約見到海水下面三條白白的浪跡，向着「卡武爾伯爵號」艦身衝過來。

費雪成功地引開了「卡武爾伯爵號」主力艦那支光柱，「小海」東部變得黯淡下來，市區發出的煙幕，煙雲掠過了海水，使得能見度降低，但也阻礙了艦砲的視線，更何況英國人與霧共存，已成了生活常識，在淡霧中飛近目標，不比在霧都倫敦市找路難。卜倫林下達：「散開，就攻擊位置！」命令後，十架「劍魚」機在淡霧中對着目標高高的桅桿方向飛。

轟炸機投雷與投彈相同，對正了目標，便要飛一段等速、直線的「轟炸航路」，也稱為「死亡航路」。防空砲連以測高鏡求得射距離，指揮儀決定了方向與航速，計算出提前量，便輸入火砲諸元，開始射擊；砲彈的炸點，在這段航程上最具威力。轟炸機拋下炸彈或拋下魚雷後，才可加大航速，改變方向，作不規則的曲線飛行，逃出這一段生死關，敵人的防空砲連便抓不住命中點，只能作禮砲放馬後砲了。

「小海」中目標一的艨艟巨艦，被照空燈光柱的強光照耀得清清楚楚。三架「劍魚」機，以一百公尺的間隔比翼齊飛，卜倫林在座艙中一聲「投雷！」，屏息等待的後座航炸員把投雷

炸沉的義國海軍主力艦「卡武爾伯爵號」（Conte di Cavoun）

桿盡全力下壓，一聲「投雷了！」機身驟然向上湧，機腹下的「錫魚」竄進了海水，雷體內的高壓氣，推動魚雷俥葉急轉，投雷的衝力加上雷體本身的進行速度，旋起雷體後方的浪尾，馳向一千五百公尺外的目標艦身。

三架「劍魚機」利用投雷後的浮力向上爬高，立刻一個急轉彎，拋開機後湧起的浪花和散落在機身附近的曳光彈流。

連續轟隆轟隆三聲悶響！機後響起了每一枚雷頭兩百公斤黃色炸藥的爆裂聲，湧起了如山的雪浪，三枚齊中的喜悅，使七一九隊每一個空勤員的耳機中，都響起了Bravo的喝采聲。

二、三兩個分隊的「劍魚機」正在煙霧中向「小海」碼頭區飛，人工煙幕的煙霧分子較重，散佈越廣，儘管底層到了伸手不見五指的程度，上層仍較為稀薄，初升的月色，也增加了一些能見度。義大利「超級海戰艦隊」集結停泊在塔蘭托東岸碼頭區，籠罩在灰色煙霧中，輪廓不分，但是主力艦和重巡洋艦高高矗立的桅桿，便成了「劍魚」機群飛行的目標。

齊多亞下令港區施放煙幕，遮掩了自己，也掩蔽了海上來襲的英機，岸上與軍艦，聽到了「小海」中魚雷爆炸的轟雷炸裂聲和湧來的高浪，還聽到隆隆的機聲繼續逼近，大難臨頭，只有漫無標的「聞聲救苦」，對煙霧中見不到的敵機密集發射，曳光彈流的熾熱火舌橫掃海面的煙霧，砲聲震耳，碼頭區的兩艘主力艦「理托瑞阿號」（Littorio）和「杜里阿號」（Duilius Nepos）却受到了魚雷群的沉重痛擊，艦舷的水線下艦體猛然連續爆炸，濃煙隨著巨響與洶湧海水爆開來，形成十公尺高的巨浪向四週捲湧，所有停泊的艦隻都猛然起起伏伏，聒噪的艦上砲火一下子都靜止下來。魚雷擊中岸邊的兩艘主力艦和兩艘重巡洋艦冒起熊熊烈火，黑煙上衝到一千公尺的高空，凝湧結成一團蕈狀雲，整個塔蘭托港上下一片煙雲中，火光熾烈，硝煙刺鼻。

淡淡的月光下，十九架「劍魚式」轟炸機零零落落，掠過海面向南方的大海飛，有幾架飛行得搖搖擺擺，機身機翼上彈孔纍纍，雙翼機還能挺得住。飛行員擺動機翼彼此致意，他們衝過狂暴的彈流與熾熱的火海，急切的眼光搜索溶溶月色下海浪翻翻滾滾的亞德里亞海。遠遠處幾點黑影，平頂醜陋的「輝煌號」甲板隱約在望。

「輝煌號，母親，我們回來了！」

白宮在十一月十五日，收到邱吉爾祝賀羅斯福連任當選的電報。隔了一天，在十六日又收到他喜氣洋洋的一封短電：

老海軍致羅斯福總統

一九四〇年十一月十六日

本人保證閣下對塔蘭托的事高興。今天義大利三艘沒有受傷的主力艦不在塔蘭托，也就是他們正撤退到的里雅斯特港（Trieste）了。

羅斯福習慣地轉動橢圓辦公室中的巨型地球儀察看，墨索里尼的海軍主力，不但沒有一試身手，南下攻擊馬爾他島、科孚島和克里特島，反而從靴跟底的塔蘭托港，後退到馬靴統頂端的里雅斯特港，後退達六百七十公里，暫時放棄了在地中海爭霸的雄心，墨索里尼被邱吉爾這一棒打得不輕。

五天後，邱吉爾為了要使羅斯福十足了解（well informed）塔蘭托這一戰的情況，又補充了一份電報。

老海軍致羅斯福總統

一九四〇年十一月二十一日

附帶本人命英國海軍部擬出的塔蘭托作戰概要，閣下或有興趣收閱。

一、這次攻擊，地中海艦隊司令坎寧安將軍構思頗久，原擬在月色適宜的「納爾遜節」十月二十一日進行，因「輝煌號」小有失誤而推遲。十月三十一日至十一月一日，該艦隊在中地中海巡航時，再度加以考慮，但月色不適，也認為以傘降照明彈進攻，效力較次。認定作戰的成功，有賴月色、天候、艦隊採取未被察覺的接近路線，以及良好的偵察。後者由於馬爾他島的飛艇及格林馬丁偵察中隊提供。以十一月十一日至十二日夜間，具備以上各項條件。而十二日至十三日夜間，塔蘭托灣的氣象不宜。

二、這次魚雷攻擊的成功，或許得力於採用雙重擊發裝置。

三、十一月十一日希臘駐安哥拉（Angora）大使報告，義大利艦隊在塔蘭托港集中，準備向科孚島（Corfu）攻擊。十一月十三日偵察，顯示未受損的主力艦及重巡洋艦已離開塔蘭托港，推測由於十一月十二日夜間的攻擊所致。

羅斯福在白宮書房，將這封電報給霍浦金斯過目，說道：「溫斯頓的第二次勝利，看來我們在九月三日給他們五十艘驅逐艦，對皇家海軍的士氣發生了作用。」

他又說道：「我希望美國海軍飛行員也有他們一樣的勇氣、決心與本領。炸沉了敵人主力艦與巡洋艦共達七艘，祇付出兩架飛機的代價。」

羅斯福與邱吉爾都認為塔蘭托一戰，是盟國確保地中海航路安全一次戰術上的成就；卻沒有料到在戰略上，卻獲得更大的勝利：這一戰使義大利參謀本部能征慣戰的參謀總長巴多格利奧元帥（Marshall Badeglio），成為三軍統帥墨索里尼的代罪羔羊，而在十一月二十六日辭戰，盟邦小勝竟屈人之兵，敵方自行拔掉了一員勇猛可畏的大將。

第五章
太平洋之癌

一九四一年元旦凌晨五時。

東京皇宮中，裕仁天皇業已禮服盛裝整容，在宮中內三殿－賢所、皇靈殿及神殿，開始進行神道禮儀，以慶祝日本帝國自神武天皇開國以來的第兩千六百零一年。他在神壇前祝禱帝國繁盛，舉世和諧。十六年前就位時，這位溫和的君主，就已選定了「昭和」——昭耀和平，作為他在位的年號。皇居前的廣場滿滿的都是早起的東京市民，男男女女擁擠在二重橋前，向皇室賀年，表達敬意，祈願國泰民安。

可是在舉國迎新的論述中，日本的各界菁英，卻預言這一年會爭執混亂。資深的政治評論家德富蘇峰（一八六三－一九五七），一月中旬，在《東京日日新聞》上，發表政見，對當前的風暴發出警告：「不可否認，太平洋的風雲緊急……日本人該下定決心，排除我國大道上任何阻擋的時候到了……」

日本的子民誰都能猜得到擋道的人，日本與美國的關係還留得有須加改善的莫大空間。早自一八九四年甲午戰爭以來，日本進行的擴張行程一帆風順，趁着征服的風力，日本在一九三七年七七蘆溝橋事變中，入侵中國華北；雖然他們委婉稱這只是「支那事件」，力圖加以「解決」，卻依然卡在這個漩渦中無法自拔。它的衝力無法阻止，更深更深進入這片飽受災難大地中的腹地。因此，沒有解決的中國問題，成為日本外交政策的喪門神。

一九三九年，日本轉向南下。二月十日，佔領了中國南方海岸外的海南島；同年三月，日本宣佈擁有南沙群島，作為日軍南下時，飛機與小型船艇的港灣。

一九四〇年，法國戰敗，日本便在法屬中南半島的北部進駐部隊，作為終將南進的踏腳石。德國在歐洲戰場上的赫赫武功，使得日本眼紅，便加入德國、義大利這一夥，在一九四〇年九月二十七日締結三國同盟公約。條約中說明「締約國中的一國，遭受目前尚未涉及歐戰及中日戰爭的一國攻擊時，會員國即以一切政治、經濟、及軍事手段予以協助。」目前，沒有一個大國不曾「涉及」，只除了美國與蘇聯；而德國與蘇聯簽訂了互不侵犯條約，所以這項條約的目標至為顯明——美國。

一九四一年，在這個歲次辛巳的不祥蛇年，日本準備向東南亞的菲律賓、馬來西亞，及荷屬東印度，作更進一步的擴張。日本人深信本身的需要以及自我保護，要求他們接收這些想望之地的豐富資源，以突破真正的或者想像的包圍，以擊退國際對手——美國、英國、及蘇聯任何一國或者聯合一致的挑戰。

日本崛起的初期，美國把日本當成是門生而加以鼓舞。但是日子久了，事情便很顯然，那個「膽大」的小日本，不但勇敢，機伶，而且危險、有點點已誤入歧途。到一九四一年元旦，兩國方面有識之士都已相信，雙方公開衝突，只是時間問題。

甚至日本的朋友，美國駐日本大使格魯（Joseph C. Grew），也找不到一線希望。他在一九四〇年十二月四日修函給羅斯福說：「在我看來，越來越清楚，我們會在有一天攤牌。主要的問題是現在立刻攤牌或者以後攤，哪樣對我們有利。」

日本以強硬手段說動法國維琪政府，准許日軍進入中南半島北部，很像墨索里尼對法國有名的「背上捅刀」。現在一切跡象指出；荷屬東印度是日本進軍名單的下一處，美國不得不考慮日本在軸心同盟中的關係。因為，協助日本和對日本退讓，實質上也就是援助了柏林、羅馬、向他們讓步。

很久以來，日本對美國不滿的事情有一大串，其中最最不滿的，便是美國只承認蔣介石的重慶國民政府，不承認汪精衛的南京中央政府，更不承認「滿洲國」。美國與歐洲國家在亞洲的勢力，對自傲的日本造成一種經常的憤懣。

元月二十四日，日本首相近衛文麿便宣稱：「本人深信，堅定建立大東亞共榮圈，為我國繼續生存的絕對需要。」日本猛烈反對美國援助英國以及英美合作，由於英國正與日本的盟邦德義兩國作戰，所以援英便是妨害三國同盟。早自一九三八年，美國便對日本進行所謂的「道德禁運」。

一九四〇年七月，美國更將航空燃油，高質廢鐵、鋼材的輸出，都納入聯邦管制。一九四〇年九月，日軍進入中南半島北部，羅斯福終於宣佈，禁止廢鐵及鋼材運日本。到一九四〇年底，華府已經切斷了所有重要物資輸日，除了石油。

日本開始體驗到真正的苦痛，對這種歧遇的處理手段，既畏懼又憤恨。

自從美國海軍佩里少將為日本敞開大門通往現代世界以來，雙方都享有友好與相互有利貿

總理大臣近衛文麿

易的一段歷史。然而現在卻成了舉槍相向的決鬥人，對這種困難的局勢，日本人命名為「太平洋之癌」。

不過，日本在拔刀出鞘以前，還想試試外交這一手，以平和的手段使美國太平洋艦隊動彈不得。

第六章
山本五十六

日本聯合艦隊的司令長官，為山本五十六海軍大將，是他排除了重重困難，構想出攻擊珍珠港的計劃。這種情況是一種諷刺，山本這位卓越的戰略家，曾坦率反對與美國作戰，這可能是他在哈佛大學唸書，以及後來在華府擔任海軍武官，對美國工業的力量，有直接的認識所致。

山本五十六和當時擔任總理大臣的近衛文麿會談共有兩次，第一次也就是一九四〇年秋天，德義日三國在九月二十七日簽訂同盟條約後，看來與美國的衝突必不可免。近衛問他對日本與美國作戰的看法，他說道：「在前六個月到一年中，我可以縱橫無阻；但是在第二年與第三年，我絕對沒有信心；三國同盟公約已簽訂，無法可施，我希望總理閣下能竭力避免對米戰爭。」

第二次則是日美外交交涉中，美國強烈要求日本自中國及中南半島撤兵，那時聯合艦隊的旗艦為「長門號」，該艦在三月卅一日至四月二十五日，以及九月九日至十月三日間，自九州駛來，停泊在接近東京的橫須賀港。一九四一年五月十八日，近衛首相提到當年春天，「長門號」開進橫須賀，在四月下旬與山本的第二次會談。山本五十六面晤首相進言說道：「現在不是可以發動對米戰的時候。」並詳細說明艦隊情況，更一言指出大局危機所在：「若要打開危局，除了從中國撤兵以外，別無他法。」

日本聯合艦隊司令長官山本五十六海軍大將

桑原虎雄少將（專攻航空，山本的親友）在一九四二年三月下旬，也就是在杜立特空襲東京後；山本著手進行中途島作戰時，向山本作卸任辭行。兩人單獨面談，桑原私下問起他對大東亞戰爭的預料，山本說：「戰爭應適可而止，但我們（自七七以來）所得的，非全部放棄不可；我想中央可能無此肚量，看樣子，我們只有死路一條……」

一個已能清清楚楚預見結果的人，怎能孜孜從事於這一次挑起戰端的攻擊行動？

答案是日本已經陷入了一條途徑，山本別無他途可循，他只不過是歷史的一名囚犯。

日本的海島帝國，它那美麗而多山的地形，很難養活每年增加的數百萬人口，也無法對它那有效率而雄心萬丈的工業，供應所需的原料。結果所至，這種衝動趨向於武力擴張。一九一〇年日本進佔韓國，併吞了「朝鮮之地」；一九三一年攻佔中國東北，一九三七年藉口「蘆溝橋事變」侵略中國。他們捲進了洶湧的民族主義中，其狂野就像颱風支配的海洋，環繞著他們瘠薄的故土。因此，他們被一種閃耀著天意的希望所眩惑，被誘惑著進行征服的打算；那種毫無所覺和自殺的性質，就像挪威定期移殖的旅鼠般竄入了海洋。

日本人久已夢想利用南方富饒的土地——菲律賓、馬來亞、和荷屬東印度群島的資源，來支撐他們的帝國。一九三九年，山本就任聯合艦隊司令長官時，對南方黃金國土的迷戀，已經成為堂堂皇皇的征服計劃。「支那事件」的耗費，在一九四一年，已經拖到了第四個年頭，成了既無收獲又沒有結果的戰爭；由於對金屬和石油愈形尖銳的需要，更必需實施南進。

「本人相信，」興亞院總務長官鈴木貞一中將說：「如果能在三四個月內，佔領南方地區的重要地點，我們就能夠在六個月以後，獲得石油、鉛、鎳、橡皮、和錫；在佔領後大約第二年，我們就能夠充份運用這些資源。」

這種動向不啻是向美國宣戰，也是山本自承的最大遺憾。但有一點不會錯，山本是一位堅決的民族主義者，一位地道的日本人，熱烈地忠君愛國，而他的軍人素養是遵守著武士道的傳統。山本相信，正和當時大多數日本人所深信不疑的，日本人是優秀的大和民族，為遠見的神明指定去應驗一項舍我其誰的命運。因此在他的思維方式裡，日本在亞洲國家中，奉天承運（Manifest Destiny）擔負起統治的角色，是理所當然的事。

在英國和荷蘭被納粹牽制動彈不得之下，日本所面對的，只剩下太平洋的潛在勁敵：美國。一旦兩國交戰，日本深信一個「富有、富治、富享」（governed of the rich, by the rich, and for the rich）的美國，僅只會為保衛自己的財富而戰。日本則是為了求生存，以及解放太平洋鄰邦免於白人暴政，而進行一場崇高的戰爭。

一九三七年秋天一個冷濕的日子，在保留給天皇狩獵的御獵場，由甫升任海軍次官山本五十六大將作東，款待一批日本、美國、英國、和荷蘭的海軍官員獵野鴨的野餐。餐廳中都是醬油、生薑、和野鴨肉在火鍋裡油煎的濃香味道，他們從一條運河裡順流而下，用長把的獵網兜捕野鴨，山本對著這嚇得撲撲騰騰又鳴又跳的野鴨放聲大笑，大聲鼓舞；那是山本另一面，風趣、友善、殷勤、和高貴。他以主人身份，把每一道菜大量分給每一位來賓，一個矮矮壯壯、整潔、而活躍的身形，拿著日本清酒或者威士忌酒，大踏步來回走動，殷殷勸酒：「乾杯！乾杯！好朋友間應該熱烈！」這位海軍大將也和這些海軍同行玩橋牌，打得很好，也有自信心，連連贏了兩局。鴨野餐結束時，山本以一種近乎形式的恭謹，向每一位參與的外國官員，贈送幾隻天皇的野鴨。

山本在職務高峰時所攝的一張照片，看出他的身高一五九公分的身材，在日本人的標準中，也是矮個子；寬廣雙肩上壓著大塊肩章，圓滾胸前佩滿了勛標，如果不是面型，這種樣子看起來一定可笑；他雙唇飽滿，兩眼大而鼻梁挺直，灰色的頭髮剪成不相調和的平頭，顯示出他是一位充滿活力和具有無窮意志力的人物。

海軍和外國的外交人員都知道，他是一位特出的日本海軍官員，服裝整潔，毫無錯失，幾近靦覥和彬彬有禮。同他親近的人，發現他是一個富於感情、愛憎強烈、天真爛漫、孩子氣和惡作劇的人。年輕時，他以戲劇性的方式進入藝妓室和船上寢艙而得名——進去就頭朝下倒豎蜻蜓，頭頂著地，兩腳朝天，一動也不動，表示他對力的控制。也經常演農人的舞蹈，這是一種激烈、輕快的舞步，還要在頭上頂著幾個盤子，熟練地保持著平衡而不掉下來。

他出生在日本西北部新瀉縣遙遠的鄉村裡，他的父親高野貞吉是一位校長，入贅高野家的長女，生了讓、登、丈三、留吉四個男孩。妻子死後，後來和姨妹峰結婚，生下嘉壽子、季

八、和五十六三個孩子。給他命名為「五十六」這個特殊的名字，表示這孩子在一八八四年四月四日出生時，高野貞吉正是五十六歲。

最小的五十六，和大哥讓、二哥登，年齡上相差有三十歲以上；跟三哥丈三，和四哥留吉，似乎也不怎麼親密。他最親近的，只有同母生的五哥季八，和姐姐嘉壽子。

五十六的童年生活非常嚴酷，他在長岡中學接受運動訓練和軍訓，也從學校中一位美國傳教士那裡唸英文；從他父親那裡學習書法，這在後來成為他一生樂此不疲的藝術。

小時候，他是個難以預料的孩子。有回，在一位朋友家中，女主人看見他嚥食物時很驚奇：「五十六，我相信你甚麼都能吃，像你這種胃口，除開這枝鉛筆以外，沒有一樣東西保得了險。」五十六說一樣都沒有，這位女主人一下子可嚇壞了，她聽見這孩子啃咬木鉛筆的聲音，簡直是令人難以相信，她眼盯盯看著他若無其事地把鉛筆碎渣嚥了下去。他長大以後，在大尉時，到湯河原觀光，有一次連吃四十七個橘子的紀錄——卻得了盲腸炎。

在青年時代，他讀書用功近乎狂熱，為了更能集中注意力，他會脫去層層衣服，希望由寒冷來驅走疲倦；許多數九寒天的晚上，他的雙親發現他在自己的小屋子裡，幾乎是全身赤裸，聚精會神地在看代數或者幾何。

他十六歲時，參加江田島海軍兵（軍官）學校的入學考試，在三百名考生中，以第二名錄取。日本海軍的訓練方式非常嚴格，學生要到一艘帆船上遊弋一年；每年夏季，每一名學生都強迫作一次七八公里遠的馬拉松游泳，這次游泳總要淘汰十分之一的學生，山本幾乎沒有畢得了業。正值那年——一九〇四年，日本偷襲旅順港俄艦而開戰，這一戰使日本成為世界強國。山本在東鄉元帥指揮下參加對馬海戰，當時他在「日進號」巡洋艦上，還只是一名年紀輕輕的海軍少尉，他在家信中說：

「砲彈開始在我頭上飛過，我並不覺得害怕……一發砲彈打中了日進號，把我震得不醒人事。等到我醒過來，才曉得自己右腿受了傷，左手的中指與食指都不見了……可是到清晨兩點鐘，宣佈作戰勝利時，甚至連受傷的人也歡呼起來。」

日俄戰爭後，他的雙親逝世，五十六就由長岡市富有的山本家族收為養子，他也就繼承了「山本」的姓。這種風俗，在日本遠比西方普遍。山本也就和當地的三橋禮子結婚，禮子是當地一位乳農的女兒，他們一共生了四個兒女：長男義正，長女澄子，次女正子，次男忠夫。

山本一生最愛好是賭輸贏，他是日本海軍中「圍棋」與「將棋」的冠軍，也玩西方的「撲克」和「橋牌」，玩的時候精神貫注，全力以赴。

五十六是一位倔強和傳統的人物，可是在注重傳統的日本海軍中，他的升遷卻是扶搖直上。也像美國鼓吹空權，贊成空軍獨立的比利密契爾（Billy Mitchell, 1879-1936）一樣，他對軍用航空早有遠見。一九一五年，他告訴一名美國記者說：「未來最重要艦隻，是一艘能載飛機的戰艦。」第一次世界大戰終了，他在哈佛大學唸了兩年書，專攻「石油」與「美國飛機」兩門課程。由於他這種勤奮，美國好幾家石油公司都向他提供職位，他卻已在策劃在空中進行的海軍作戰。

他在日本國內，成為建立海軍航空兵力的先驅。一九二三年，他擔任新成立的霞浦海軍航空學校航空隊副隊長，他同飛行生一起上課，研究全部課程——包括理論、射擊、通訊、連飛行課程通通在內。由於他堅持要在學生中找一個最差勁的飛行生，共同橫飛過日本而引起學生的擁護；在校時，同學生一起參加馬拉松長跑得第二名，雖則那跑第一名的學生，年齡只有他的一半；因此他深受學生愛戴。

山本是一位嚴格的老師，儘管夜間飛行造成很多學生死傷，他還是堅持要作夜間飛行教練。他說只有奇襲攻擊，才能在戰爭中獲勝，所以日本飛行員必須晝夜都能飛。他不禁止學生喝酒，反而常把清酒送到學生房間裡，而他自己卻只喝茶。他解釋說：「我任官以後就沒有喝過酒，我發覺自己的頭腦不夠強，喝了酒就不由自己，所以就戒了酒。」

一九二五年，山本重赴美國，在華府擔任海軍武官，這一次奉命研究美國的國防工業。在他以前，有很多日本武官在華府做情報，但沒有一個比得上山本，當時他的對手柴克里斯，就察覺了這種改變：「他以前的同僚只注意戰術性的情報，像射擊技術、我們車輛的數據、戰鬪序列……等等。現在的日本大使館的海軍武官處，似乎對戰術與技術資料不再感興趣了，日本的採購單內，突然變成了最高戰略方面的運作問題，戰術事項交給下級去辦。這位海軍武官有興趣的是大事情，他對戰爭有興趣……山本晝夜縈懷的是航空母艦、海上與空中兵力的聯合作戰。我常覺得攻擊珍珠港的初步計劃，就是在華府這裡他那從不眠不休的腦筋裡策劃出來的。」

一九二六年，山本大佐調回日本，對他未來的敵人估價不高。有一次他告訴一位美國記者說：「美國海軍是玩橋牌和打高爾夫球的社交海軍，一支太平盛世的海軍。」他已經調到與海軍性質完全不同的一座大樓裡，在一九二七年，日本業已有了四艘航空母艦；而快速的驅逐艦，更是「超越當時十年到十五年」，艦上配備的十二點七公分砲，直到第二次世界大戰中期，美國驅逐艦上方始出現。在這支迅速成長中的海軍，很多改革都可以追溯源於山本。他原任航空本部技術部長，後來又晉升為航空本部長。

一九三四年倫敦海軍會議中，使山本成為知名人物。身為海軍首席代表，他決心打破條約准許的主力艦比例——五比五比三，對英美有利而不利於日本。這種比例，他斥為一種「國際降級」，這是一九二二年華盛頓裁軍會議中，美國強迫日本所接受的比例。美國外交官所以能氣勢迫人，是因為他們譯破了日本的密碼，美國曉得日本不會公然接受這種海上劣勢，卻總會順從這一比例。美國譯破了密碼這一回事，日本一直到十三年以後還不知道。

一九三四年初，山本乘坐橫越美國大陸的火車首途赴倫敦。他的坐車是一節關了門的車廂，同隨行人員通宵打撲克，謝絕了記者訪問。有一次他打破沉寂，對日美戰爭想法加以嘲笑，這種想法卻是比利密契爾在國會委員會預言過的。

山本說的是一種溫和的保證：「我對米日間關係的看法，與密契爾將軍的角度不一樣，我從來沒有想到米國會是潛在的敵人，日本海軍的作戰計劃裡，也從來沒有包括米日戰爭的可能性。」在倫敦碼頭，他告訴訪問他的記者說：「日本不能再順從這種五比五比三的比例，敝國政府對於這一點，沒有妥協的可能。」經過為時兩個多月，無數次筋疲力竭的談判，他堅持日本不會再受限制條款的約束。

在會議桌上，他的態度溫和友好，雖則英美代表的立場並沒有動搖，但是日本一位代表三和，好久都還記得山本私底下激烈的詞句：「只要我們等得久，總有一天我們能消滅英米。」在他的眼睛裡閃耀著沒有外交風度的眼光。

這次會議並沒有達成協議，舊條約已經廢止，日本可以放手建立她自己所要求的海軍了。

山本從倫敦凱旋歸來，幾個月後便有了事實，日本向英美照會，她已不再接受海軍條約。許多船塢中，四週由高籬圍了起來，世界上四艘超級主力艦的第一艘「大和號」開始安放龍骨。山本在外表上仍然對美國親善，常同美國海軍官員作社交的往返，謙恭地接受他們對一連串事件的抱怨——像蘆溝橋事件；南京大屠殺、對其他中國城市的屠殺；「誤」炸「巴納號」砲艦；轟炸中國境內美國教會主持的學校、醫院、煉油設施；以及艾蜜麗歐哈特（美國名女飛行家）在日本託管的太平洋群島中失蹤等等。

對內，山本催促海軍要新型航空母艦，兩艘時速三十四節（浬）排水量三萬噸的巨型航空母艦「瑞鶴號」與「翔鶴號」正在建造中，他理想中的海軍即將實現。可是海軍將領卻並不具有全部權力來指導日本境內各種事件的方向，海軍的戰備還沒有完成，卻被陸軍軍閥推在一邊，尤其是關東軍的將領，他們已有征服中國的胃口。

他在東京被舉國視為雄獅的當兒，山本愛上了新橋野島家的一名藝妓，藝名梅龍的河合千代子。他頭一次見到她是在月木區一家高級藝妓樓的酒會上，這位姑娘看見他那殘廢的手笨呵呵地揭不開漆器的湯碗蓋，想過去幫忙，卻傷了他的自尊，魯莽地加以拒絕：「別管我，我自己會打開！」使得她氣得不理老闆的生氣憤然離席。

過了幾晚，千代子又碰上了山本五十六，一位認為山本將來會成為海軍元帥的海軍將領，把千代子向他介紹：「對他要好一點，」這位將領說：「不久這一位就會成為我們最偉大的司令長官——元帥！」

「我看他倒像個鄉巴佬！」千代子說。山本不禁哈哈大笑，他想像中也自認為是一個質樸的鄉下孩子，在東京罪惡的紙醉金迷中，摸索自己的途逕。千代子也為這位小個子的大笑而馬上吃吃笑了起來；後來對他的農夫舞，以及那種令人驚奇的倒豎蜻蜓特技，更是轟然喝采，從此便開始了一段豔緣。山本在年逾知命後，得到女性感情的滋潤，而像年輕人一般熱情奔放，千代子成為他一生中的紅粉知己，不離不棄，到他戰死時，一共持續了八年。戰後，一九五四年四月十八日，《朝日週刊》即以山本五十六與河合千代子的故事，寫成特別報導《提督之戀》發表，轟動一時。

山本確信新日本的一切偉大處，可是他也認識美國，在華府擔任海軍武官時，旅行遍及全美。他常常告訴新去的日本人，要認識美國，不要坐計程車，要坐公共汽車。

他也曉得美國的韌力與樂觀，他的敵人在後來說他在後來說他「大言不慚」，要到白宮簽訂和約；事實上，他是這麼說，如果缺少了白宮簽訂和平條約，日本絕不會贏。

尤其，他了解美國的生產力，一九二三年，他在德州參觀油田，便說過：「只要看看底特律的汽車工業和德州的油田，日本的國力無論如何都敵不過美國。」他或許不曉得在一九四〇年，美國生產了四百五十萬輛汽車，而日本才生產了四萬八千輛，但他絕不會吃驚，他對日本遭遇了壓倒優勢的敵人太清楚了。

對山本來說，唯一的解決辦法，就是在美國發揮力量以前，獲得迅速而具有決定性的勝利。如果他能摧毀珍珠港的主力艦艦隊，那麼華府很可能進行有利於日本的和談。

這明明白白是一種大膽的企圖，可是這又有甚麼不對？他一直是一位賭徒，在美國時，他最喜歡的就是橋牌和撲克。他在華府大使館時，有一次問過一位見習秘書：「你喜歡賭錢嗎？」這位年輕人吞吞吐吐地說還沒有試過，山本馬上就打斷他的話：「不賭錢的人不值得談。」

一九三九年到一九四〇年，日本內閣走馬燈般換了四任，由平沼騏一郎、阿部信行、米內光政、到近衛文麿，政局不安，可見一斑。其中攸關日本歷史的一項人事調動，便是米內下台，在一九三九年八月卅日將海軍省次官（副海相）山本五十六調任聯合艦隊司令長官。

當時第二艦隊司令長官豐田副武中將，認為山本應繼米內為海軍大臣，「太平洋戰爭的問題，其結果就會不一樣……」他以此詰問米內光政，米內頭一次還支吾其詞，說「山本拒絕呀，他說與吉田善吾同為海官卅二期同學，但畢業名次吉田在前，所以……」到第二次被問到，才說了真話：「雖然山本實在適當。但是，山本當上了海軍大臣，恐怕就沒有命了。」因為在陸軍和右翼都傳說，反對德義日三國同盟的，首謀份子就是山本五十六。

海軍知道國內一個極右派團體號稱「神兵」，已經將山本列入暗殺名單，便迫他接受派出的保鑣；因此米內急忙派他下部隊，使他不致於遭暗殺。

山本有兩年時間來使艦隊準備接受考驗，在第一次海上演習時，這位新司令長官看見艦隊航空兵還只是剛剛開始學習，可是當時他除了改進艦隊戰備以外，也在從事戰略性的計劃作為。自從一九〇〇年起，日本海軍以美國為假想敵的作戰計劃，戰略上都是等待敵軍侵入西太平洋，然後以優勢的兵力與火力加以圍殲，這也就是指定日本海軍作守勢作戰。山本視事後不幾個月，便著手把防禦的邊界向東移，移向通過馬紹爾群島的一線上，使海軍得以執行更積極的戰略。

長期的訓練使艦隊的作戰準備有了飛躍的進展。一九四〇年四月和五月間，山本率領了艦隊出海演習，魚雷轟炸機群死死釘住了曲折行駛的航空母艦和主力艦不放，使得裁判官判定艦隊有一半失去戰戰力。「大和號」上，山本同參謀長福留繁少將注視著這次演習的結束，他說：「看來好像沒有一支艦隊能對抗魚雷轟炸機而還能保全。」

福留說：「是否決定性的海戰要靠魚雷轟炸機的時代到了？」

山本意味深長地望了他一眼：「你也想到過對一支毫無警覺的艦隊加以攻擊要更為厲害麼？」

山本再沒有提到魚雷攻擊的事，直到當年十一月十一日，義大利傳來消息，說英國航空母艦「輝煌號」（Illustrious）的機群，炸沉了錨泊在塔蘭托港（Taranto）內的三艘義大利主力艦。他要求在柏林、羅馬和倫敦的海軍武官遞出詳細報告。大約一個月以後，也就是一九四〇年十二月，山本使福留大吃一驚：「現在對珍珠港加以空中攻擊是可以實現的了，尤其我們的訓練進行得這樣好。」這是他頭一次提到打擊美國在太平洋的基地。

有些美國人，戰後認為山本五十六決心攻擊珍珠港，源自於一部小說的啟發，一九二五年《倫敦每日電訊報》駐遠東記者拜沃特（Hector E. Bywater）所著的《太平洋大戰》（*The Great Pacific War*）譯成日文。小說中提到日本同時攻擊珍珠港、關島、菲律賓的仁牙因灣與拉蒙灣（Lamon Bay）。對位於江田島（Etajima）的海軍官校學生來說，極受歡迎；這個構想也納入課程施教。一九三六年，江田島出版了《對米作戰戰略及戰術之研究》（*Study of Străregy and Tactics in Operations Against the United States*），書中提到「一旦敵主力艦隊停泊珍珠港，從空中發動奇襲而開戰，應是正確的構想。」這些論點，在在都讓當時尚在江田島海軍兵學校的學生山本五十六印象深刻。

但是，使海官學生時代的山本，印象更為深刻的海戰史，則是一八〇一年（清嘉慶六年，日本光格享和元年）四月一日，英國海軍艦隊在納爾遜率領下，奇襲哥本哈根，冒險駛入「國王海道」（King's Channel）殲滅了丹麥停泊的艦隊，大獲全勝。到後來，哥本哈根竟成了英國海軍術語的動詞，代表「不宣而戰的奇襲」。

日本海軍師法英國，對納爾遜的輝煌戰史耳熟能詳。一九〇四年，日俄戰起，曾留學英國的東鄉元帥，在宣戰以前，便以魚雷艇攻擊旅順港內俄國艦隊，獲致爾後對馬海戰的大勝利，也可說師法納爾遜「哥本哈根」一役而來。山本承先啟後，也要以「奇襲」珍珠港，以奠定大東亞戰爭的勝利，即本於此。但他卻在致海軍大臣嶋田繁太郎的信中，將戰爭開始的珍珠港奇襲作戰，自承本於日本歷史：便是將「鵯越」與「桶狹間」兩次有名的戰役合而為一的戰術，而非他以賭徒性格所作的乾坤一擲。

「鵯越」為日本神戶市越六甲西北方的山徑，一一八四年（南宋淳熙十一年，日本安德壽永三年），源氏大將源義經，派勇將尾三郎為先鋒，效法公元二六二年（日本神功六二年）三國時代，魏將鄧艾偷渡陰平襲蜀國的戰例；大軍越過絕壁懸崖的鵯越，衝向崖下的一谷，以奇兵殲滅了平氏主力，史稱「一谷之戰」，結束了多年的源平爭戰。

「桶狹間」在日本愛知縣中部的豐年市，一五六〇年（明嘉靖卅九年，日本正親町永祿三年）五月，織田信長在桶狹間奇兵突出一戰，斬強敵今川義元，結束了日本群雄割據的局面。無論山本遵循的是西方或東方的戰爭前例，它們的成功都根據了《孫子兵法》所說的至上原則：「攻其無備，出其不意！」——奇襲！

第七章
不入虎穴，焉得虎子？

日本海軍歷年以美國為假想敵的對抗戰略，都傾向於採取守勢的「消耗作戰（Operation Attrition）」，等候美國艦隊自西海岸發航，越過浩淼無涯的太平洋，離國日遠，銳氣漸消，由日本潛水艦沿途襲擊加以消耗，打擊美軍主力及士氣；及至到達西太平洋，日本以岸基偵察機的遠程搜察，可以「知戰之地，知戰之時，」集中海軍主力「千里而會戰」以「擊其惰歸」。一九〇四年日俄戰爭，東鄉元帥便採用了孫子《軍爭篇》的「三以」戰略，「以近待遠，以佚代勞，以飽待飢」，在對馬海峽一戰，大勝萬里來犯的俄國海軍波羅的海艦隊，使日本一躍而登上世界強權的舞台。

可是，到了一九四〇年前後，有三件事，改變了日本海軍戰略的基調：

一、五月份，美國海軍改以珍珠港為太平洋的主基地，太平洋艦隊從美國本土的西海岸港口，大踏步向東躍向中太平洋達三千公里，與日本海軍望衡對宇，遙遙相望。

二、一九三九年八月卅日，山本五十六大將出任日本海軍聯合艦隊司令長官，開始構想對珍珠港的攻擊。

三、一九四〇年十一月十一日，英國海軍「輝煌號」航空母艦，以二十一架中古的雙翼「劍魚式」魚雷轟炸機，對義大利海軍淺水基地塔蘭托港，作史無前例的攻擊，炸沉了三艘主力艦。這一役使日本海軍信心大增；尤其克服了在淺水泊地發射魚雷會竄進海底的困難，對攻擊淺水基地珍珠港的美軍主力艦，進行魚雷轟炸攻擊，已不成問題。

山本五十六在甚麼時候作出這個大膽決定的？一九四一年十二月十九日，也就是攻擊珍珠港後十一天，他寫信給好友前任聯合艦隊司令長官高橋三吉大將，「在戰爭開始前，發動對珍珠港敵軍艦隊作一次奇襲攻擊，予以致命的打擊，這個計劃在去年（一九四〇）十二月決定。」在同一天，他以同一樣內容的信，告訴原田男爵；這些證據確定了他構想「夏威夷作戰」（Operation Hawaii）的日期，從構想到實施，只有一年的時間。

一九四一年元月七日，錨泊在廣島灣柱島的三萬二千噸的主力艦「長門號」，在微微起伏的司令長官官艙中，聯合艦隊司令長官山本五十六大將坐在辦公室桌前，在一疊信紙上振筆疾書，他以遒勁流暢的行書，寫出了日本帝國海軍有史以來最最揭露歷史的書函之一。他的計劃向海相而沒有向軍令部總長博恭王提出，因為他想親自率領攻擊珍珠港的「機動部隊」，而海相及川古志郎大將（當年五月五日始上任）有人事任用權。

在這封洋洋灑灑長達九頁的長信中，山本向及川提出「有關戰備的意見」有四項：

一、戰備

二、訓練

三、作戰方針

四、開戰時期及兵力運用。

他在信中最後籲請「職衷心願望出任攻擊珍珠港聯合艦隊司令長官，親自指揮此支攻擊兵力。」顯然他知道其中的危險，敦請及川「對職請求惠予決斷……職得以此一最後責任，一力獻身國家。」

就山本所負的大部份責任來說，南進作戰最難克服的障碍，便是美國的海軍。如果要作戰成功，必須在南進的水道上，排除側翼這個海權上麻煩的實力；最低限度也要在作戰開始的前幾個月中加以排除，但是如何達到？

山本是一位飛行專家，一位勇敢和富於創意的思想家、和一位賭徒。他解決這個難題，同他的訓練和氣質有關。他愛引用格言，諸如「猛禽藏爪」、「伏鼠傷貓」，他最喜歡的一句是一句中國格言：「不入虎穴，焉得虎子？」

不可避免地，他注視著珍珠港的「虎穴」，那裡是美國太平洋艦隊的基地，南進作戰以前，能不能把這一支艦隊殲滅？

在旗艦「長門號」官艙中，他寫信給的至友當時任第十一航空艦隊參謀長大西瀧次郎海軍中將。大西是日本海軍中有數的重視航空的將領。他警告大西這件事務必列入最高機密，他用毛筆以行書寫了三頁信，大致提出出其不意從空中攻擊珍珠港的計劃，大西認為這種攻擊是否可行？「請就有關諸問題詳為研究。」山本在結尾時這樣要求。

第八章

困難，但並非不可能

第十一航空艦隊參謀長大西瀧次郎少將，體格魁梧，高大的身材，是「任何場所的中心人物」。一旦遇見問題，他能聚精會神將作戰計劃的細節都擬訂出來。他督促自己遠比對所屬官兵還要嚴格；不過他也愛現，三杯下肚後，「對山本幾幾乎沒上沒下」。

一九四一年元月，山本在致函海軍大臣及川古志郎長信後，一週內，又將珍珠港這一方案，寫了三頁給大西，想使自己的構想具體化，請大西研究，儘快給他一個答覆。當然，這件事是最高機密。

山本要測試自己的構想可選對了人，大西不但為他所信任，而且可以列為日本為數不多的海軍航空將領之一，雖則他當時主要關心的為岸上基地的海軍航空隊，是一位戰術家而不是戰略家，卻熱烈鼓吹航母作戰。野村吉三郎大使以前在中國指揮作戰，大西是他的部屬，便說過：「大西是一位始終一致鼓吹擴大及增進日本海軍航空兵的將領。」

當時在海軍軍令部作戰部作戰課課長長富岡定俊少將說道：「大西是那種認為作戰成了重大崇高的決定，則無事不可能的人。」

第十一航空艦隊參謀長
大西瀧次郎少將

山本寫過信後，又將他的構想和大西討論，地點為九州南部的有明灣，當時山本的旗艦「長門號」錨泊在那裡，時間則是在元月廿六或廿七日的下午。討論注意在攻擊珍珠港的技術上以及可能性上。後來山本形容「太困難、太危險，我們務必冒遭到全部殲滅的危險。」

大西與山本會議後，回到九州南部鹿兒島東岸鹿屋市第十一航空艦隊指揮部，當天晚上便進行工作，站在辦公室中一張桌子邊，聚精會神看一幅珍珠港的地圖。房門開處，他找來的首席參謀前田孝成少佐進來。

前田甫逾不惑之年，以空投魚雷作戰專家夙著盛名，——這也正是大西急切需要建言的這一塊。前田走到參謀長身邊，大西眼光仍望著地圖，深深沉思，猝然抬起頭來問道：「如果米國海軍的戰艦，都碇泊在福特島四週，能不能對它們作一次成功的魚雷攻擊？」

這個問題把前田問了個猝不及防，魚雷攻擊珍珠港！他知道大西參謀長是一位極端喜歡與不喜歡的人，內心時常缺乏寬度聆聽反對的觀點。他不知道大西在這個問題的立場，便小小心心思考這個問題。然後，以可疑的假說推論，一支日本海軍特遣艦隊，能駛畢全程抵達夏威夷，而不會遭到攔截？前田回答道：「光以技術觀點來看，對珍珠港內米國戰艦進行一次魚雷攻擊，實質上不可能，那處基地的海水太淺了。」

大西強力的面孔略略僵硬了一下，銳利的眼光責問前田，因為他不喜歡聽到「不可能」這個字。可是前田以自己的信念堅持：「除非魚雷轟炸能臻致一項技術上的奇蹟，」他說得很堅定：「否則這種方式的攻擊完完全全做不到。」又補充一句：「這種困難的作戰，也許設想是可能的，倘若能在魚雷上綁降落傘，使它們不致入水太深，竄進海底的爛泥裡；或者，假若魚雷能在極低的高度發射。」

可是，有誰聽說過空投魚雷攻擊還帶鼓起的降落傘？而日本海軍迄今為止，在低空投雷的高度，距離理想還遠得很呢。還有，魚雷轟炸機的飛行員，如何能在空中旋迴的有限空間中，把魚雷投在珍珠港中密集碇泊的主力戰艦側面？

因此，他們的談話轉向其他方式的轟炸。前田強調高空轟炸的優點，認為瞄準好可穿透美國戰艦厚實的甲板裝甲；然而，大西卻認為俯衝轟炸，可以確保更準確的精度，產生更具威力的效果。但他們兩人都同意，從空中攻擊珍珠港戰術，是一項嚴重的冒險。以前田所曉得的來說，這些問題純係假設。大西沒有告訴他，山本大將成竹在胸，前田直到年底；才知道這項實際的計劃。

前田退出後，大西繼續在這個問題上打轉，有一件事可以篤定：對珍珠港進行一次奇襲攻擊，哪怕可能性很低，也要由海軍航空兵振翼前往。評估這個基本觀念，使它茁放生機，需要一位坦誠、精細的幹部，是一位道地的飛行員，能確實把握空權的力量；尤其，更要具有放膽的思考力，以及出於天才的原創力。在任何國的海軍中，這份名單不長，但是大西卻確定知道，到哪裡找這種人才。

一九四一年二月初，大西中將最先的動作便是發了個電報給停泊在有明灣「加賀號」上三十六歲的飛行長源田實中佐，「急要，即來鹿屋。」他不可能採取比這更有力量的步驟了。

源田是帝國海軍中最輝煌的航空官員，他那如鷹般的英俊相貌，兩道濃眉，挺直的鼻梁和堅定的下巴，配合著一對銳利的黑眼，眼神奕奕，銳利逼人。他那大膽而富於創意的思想，已經相當影響了海軍航空兵的戰術與設計。

大西把山本的信給他，源田仔細閱讀，山本思想上的放膽與創見，立刻就感動了他：「這個

源田實中佐

計劃很困難，但並不是不可能。」他說。

「山本迫切寄望於粉碎米國士氣所集的主力艦，盡可能多多予以擊沉。」大西告訴源田，雖則航空母艦是特等的打擊武力，大多數美國人——乃至大多數的日本人亦復如是——仍然認為主力艦是艦隊真正的骨幹；因而山本認為殲滅了這些主力艦，將是一種促使美國人心理癱瘓的重大打擊。

山本縈繞著一種異想天開的——可能也是一種健全的觀念，他不要擔任攻擊的飛機飛回航空母艦；這樣，航空母艦可以不必駛近到足以發生危險的海域，飛機離艦後便立刻返航回國；飛行員在攻擊後，便在海面實施迫降，由驅逐艦和潛水艦加以搭救。山本以一種罕有的天真，假定使用這種攻擊方式，米國人可能想到日本人是這麼罕能匹敵的無畏民族，同他們作戰是沒有用處的。

源田切中要害地猛烈反對這種意見，他說，主要目標應是米國的航空母艦，那才是對日本海軍的最大危險；而且，為了獲致最好的效果，所有的日本航空母艦應該儘可能接近珍珠港。一去不回的攻擊，對飛行員會有一種不利的心理影響；在敵人的海域裡迫降，無異乎平白浪費飛機和優秀的飛行員；尤其，航空母艦沒有飛機而向國土駛返，遇到米國人的逆襲將不堪設想。

源田回到「加賀號」，思緒有若潮湧，立刻著手工作，兩星期後，在二月底回到鹿屋，與大西作第二次商談。源田呈出的作戰計劃草案，有八項要點：

一、這次攻擊必須作奇襲攻擊，完完全全出敵意表，這項觀點遵從日本的軍事歷史。源田認為如果不能臻致奇襲，倒不如把整個構想拋棄。因為倘若米軍料到這項攻擊，日本的特遣艦隊可能駛進地網天羅，轟炸沒有效果，攻擊的飛機與機員傷亡率會很高，對航母艦隊造成吃不消的損害。

二、攻擊的主目標應該為米軍的航空母艦，對準了米國太平洋艦隊的遠程打擊兵力下手。倘若日本能炸沉米軍的航空母艦群，己方多數航母群能無害脫離，具有雙重優勢；米國海軍航空兵力一蹶不振，而日本卻依然能進行強力的攻勢行動，可以摧毀敵軍艦隊的其他部隊，使帝國海軍能在太平洋縱橫無阻。當然，源田希望炸沉主力艦，但航空母艦為第一優先。

三、另外一個優先目標，為米國在歐胡島上的岸基機群，儘可能多加以摧毀，最好在攻擊一開始，就將它們消滅在地上。

四、每一艘現有的航空母艦，都應該參與這項作戰。山本假定中，建議使用一支、最多只有兩支航母戰隊。源田和大西一樣，卻要求採取戰爭原則中的「集中原則」，使用最大的航空母艦兵力，對米國艦隊造成最大的損害；日本航母部隊越強，打贏一次成功的攻擊機會就更大。

五、此項攻擊應採取一切轟炸方式——投雷轟炸、俯衝轟炸、以及高空水平轟炸。源田將空中投雷轟炸列為優先。他和大多數日本海軍航空人員都認為空投魚雷，是他們最高威力的武器。

六、在這次攻擊中，戰鬥機應擔任一個積極角色，強大戰鬥機群掩護轟炸機群珍珠港的來去航程，飛抵目標上空，便掃蕩空中的敵機；攻擊中，戰鬥機群應掩護航母艦隊，以防敵機來襲。

七、這項攻擊宜在白晝實施，最好在凌晨時刻。黑夜中，不論帝國海軍或陸軍，都沒有精密的儀器協助空中攻擊。因此，源田建議機群應在日出前很早起飛離艦，在凌晨飛抵珍珠港。

八、海上加油在所必需，日本大多數戰艦的作戰半徑都有限；因此，特遣艦隊應有油輪隨行。

九、一切計劃作為，都應在嚴格的機密中進行，以防敵人揣測日本正準備這麼一項危險的巨大工作。源田強調「這次攻擊的成功，全靠第一擊的結果。」整個作戰務必完完全全是一次奇襲。

源田對特遣艦隊中有主力艦並不以為然，認為並不需要它們，一則使得艦隊過大，增加了被發現的危險，一旦發生岸上戰爭，可以靠航艦飛機的優勢制勝；再則增加主力艦，使得加油問題增多。

後人分析山本五十六的信、源田實的計劃、以及大西瀧次郎的補充要點，建立一項基本的要點：日軍著眼為美軍太平洋艦隊以及歐胡島的航空實力——而不及軍事設施、油槽區、乾船塢、修理廠、或潛水艦基地。對這項事實有了清晰的認識，便可了解日軍珍珠港一役的歷史功過了。

第九章
海軍將領反對

東京海軍大學那棟巨大的灰色大樓中，正舉行每年一度的海軍兵棋演習，用船艦的模型在圖上推演，通常是在每年的十一月或十二月舉行，但是這次由於情況緊急，改在九月十一日到十三日實施。海軍軍令部對於珍珠港計劃毫無熱忱，勉強同意由第一航空艦隊，試行對珍珠港來一次圖上攻擊。

活力充沛的源田實，已經擬定了到歐胡島的幾條可能的接近路線——南線、中線、和北線。北線最短而航道最熟，但南雲認定南線要好，他堅持在深秋季節，北方惡劣的氣候，使這條航線不可能航行。

「假如你認為天氣很壞，」源田告訴他：「記著，米國海軍將領們也同樣會這麼想。」南雲才同意在兵棋推演上採用北線。

第一次攻擊相當失敗，代表美國的紅軍，實施了預期的美國防禦措施，在凌晨就發覺了南雲艦隊的位置。進攻歐胡島的機群，在上空飛進了攔截機群；統裁部判定南雲損失了一半飛機，在緊跟著來的美軍逆襲中，日軍兩艘航空母艦被炸沉，其他的部隊受到重創。

第二次演習的成績比較好，這次直接由北方進擊，以分秒不差的配合，使艦隊恰恰在美國白晝偵察機的搜索距離以外。在理論上說，未遭發現。這次攻擊完全出敵意表，統裁部裁定美國損失慘重，日方除了少數飛機被擊落以外，特遣艦隊毫無損失地脫離。

驚奇的是，這次示範卻引起了一些將領對這個計劃的強烈反對，有些人批評整個計劃，是在所難許的莽撞；其他全心全意要南進作戰的人，覺得他們受到孤立，日本海軍兵力過度的使用到達了極限；最後，「主力艦派」的將領誠實地承認：倚靠像航空母艦這種裝甲薄弱的艦隻，是一項錯誤。

在日本海軍中，「主力艦派」仍然強而有力，因為他們目擊超級主力艦正在建造中。這種主力艦，不是山本旗艦「長門號」的三萬三千噸級，不是美國「南達科塔號」的三萬五千噸級，也不是美國在戰爭發生後建造的大戰艦——「愛阿華號」、「米蘇里號」、「新澤西號」、和「威斯康辛號」的四萬五千噸級；而是海上的真正巨怪，像「武藏號」和「大和號」，這種主力艦的排水量是六萬三千噸，裝有口徑四十六公分的大砲九門，它們是世界上得未曾有的最大主力艦。

日本海軍「主力艦派」將領們知道，這種海上巨無霸，會在一九四一年底到一九四二年初下水，因此他們對海戰的觀念，具有從容的信心；從而對海軍的空權觀念，有一種相隨與俱的不信任。當兵棋推演完了後的一個月中，決心制止珍珠港危險計劃的官員們，至少舉行了六次秘密會議。但是對山本大將來說，這些保守派不啻是蜉蝣撼大樹。

現在，他聽到了關於攻擊珍珠港的嘖嘖煩言。十月十一日，山本在他的旗艦「長門號」上，召集了艦隊中大約五十位艦長，表面上是檢討他的作戰計劃。經過整天的預行演習後，是一頓愉快的晚餐，然後集合在後甲板上，開最後一次會議；這項會議向與會的各員保證不列入紀錄，所以他們可以把對珍珠港的反對意見大鳴大放，在這時提出來。

海軍將領一個個發表了他們的疑慮，在北太平洋作戰的時間所餘無幾，洶湧的海面和惡劣的氣候，使得艦隻再加油根本不可能；何況蘇聯正虎視眈眈；即令是山本在元月份所信托的大西中將，現在也以為這個計劃中，使用現有的艦載機兵力是不智的；南雲最後發言，吞吞吐吐地提出了計劃中有許多冒險，如果米國人有了準備，他問道，把日本人誘進一個一敗塗地的陷穽，將如之何？

「高級將領普遍感覺太遲了！」源田說：「政治情況已經過份惡化，現在，米國海軍對我方的一次奇襲攻擊，已經有了準備。」

山本站起來時，落日的餘暉幾乎已在天邊消逝，他開始以一種緩慢、而不致於錯誤的堅定語氣致詞：他說所指的各點，已記下來予以考慮。不過他已長久研究過整個戰略狀況，日本的大戰略中最重要的，是對夏威夷的攻擊作戰，無此一擊，南進必將失敗。因此他要大家了解一件事：「只要我擔任聯合艦隊司令長官，一定要攻擊珍珠港。」

這項說明一下就廓清了四週氣氛，每一個艦隊司令官知道，從現在起，不應該再徒事嘵嘵；如果日本作戰，艦隊便會以一種聖戰的興奮，團結一致地投入戰爭。

可是，海軍軍令部反對珍珠港計劃仍然堅定不移。山本所要對付的，不是他麾下的將領，而是海軍部門的層峯。山本並不是一個沒有兩手的賭徒，他在十月下旬，決定派一位代表到海軍軍令部去攤牌。他派了首席參謀黑島龜人大佐擔任這個任務，如果旁的方法行不通，另外給他一樣最後的厲害武器。

黑島去見海軍軍令部作戰課長富岡定俊大佐，開門見山地說明來意：「山本大將令我馬上獲得批准的珍珠港作戰計劃，」他宣稱說：「批准或是不准？為時無多，我們要立刻獲得答覆。」

富岡不為所動，列舉出對這個計劃一切的標準批評，黑島以山本的良好觀點加以反駁，但最後他看出來無法可施。

「山本大將堅持要採用他的計劃，」他說：「他授權給我表示，如果不獲批准，他將不再擔負帝國安全的責任；他毫無辦法，惟有率領全體幕僚一併辭職。」

富岡兩眼大瞪，嘴吧也張開了，這個威脅太大了。可是，只有他個人同意這個計劃；因此，黑島揮舞著山本的殺手鐗，向防禦陣線上的另一個人衝去。最後，海軍軍令部的行動一致，核准了對珍珠港的攻擊。這是一項偉大的勝利，但這是山本在日本海軍中具有無可比擬的地位和影響力所致。海軍軍令部中任何人，從來都沒有設想過：要開戰而沒有聯合艦隊的山本去指揮作戰，「那是不可能想像的事。」一位海軍將領後來說。

第十章
技精於勤

一九四一年九月下旬，源田實中佐開始了第一航空艦隊飛行員對攻擊珍珠港的特別訓練。這項任務不能忽視，尤其要絕對保密，因為不能告訴飛行員，訓練的目的是為了什麼。各種型式的飛機——高空水平轟炸機、魚雷轟炸機、俯衝轟炸機、和戰鬥機——必須凝鑄成攻擊的部隊，能作精密的編隊飛行，這種隊形不是四十或五十架，而是幾百架飛機；所餘的時間無多，訓練時間隨著時鐘的每一聲滴答而怱怱消逝。

像這樣一支部隊的指揮官，必須兼備對飛機的絕對優良技術、無窮的耐性、和卓越的領導能力。源田知道有一個人宜於擔任這個使命，那就是他在海軍官校的同學淵田美津雄中佐。三十九歲的淵田，仍然是現役的飛行員（源田則已經停飛），他是侵華戰爭中的老飛行員，飛行時數已經超過了三千小時。飛行時，他自已就像飛機的一部份；而且在日本海軍中，獲有工作最努力官員的令名。當源田告訴他珍珠港計劃時，他就像鷹隼迎風般欣然從命。

他們兩人證明了是一對好搭擋，源田擬訂了才氣縱橫和雄心勃勃的計劃，淵田則耐性地百鍊千錘，打出一個實際可行的總體。源田同許多天份極高的人一樣，把他自己的才華視同標準，旁人心智上稍欠敏捷，他便覺得不耐煩；他不擅於圓通，部屬們欽敬他而不是親近他，他缺乏一種吸引部屬向心力的稟賦。

淵田則不然，他生下來便具有這種溫暖的吸力，他的部屬直覺地轉向他，幾乎到了完全崇拜的程度。第一航空艦隊抽調了日本海軍航空兵科中的精英，這些精神抖擻、感覺敏銳、和身體強壯的飛行員，從來都不容易帶得好。但是打從開始，淵田就切切實實掌握了部屬精神勃勃的衝動，正和他後來所說：「源田寫出腳本，我的飛行員和我來上演。」

淵田美津雄中佐

腳本上要求有針尖精度的俯衝轟炸，淵田要達成這個要求，乾脆降低飛行員的投彈高度，投彈高度原是六百公尺，他把它降到四百五十公尺，這種戰術要求飛行員直接俯衝進死神的牙床裡，在可能是最後一剎那間極陡峭地拉出。但是他的部屬樂於這樣實施，因此俯衝轟炸機的命中精度猛然急劇增加。

高空的水平轟炸更難以改進，日本沒有美國那種高級的「雷登瞄準器」裝備，瞄準完全有賴良好的視力，和在那恰到好處一瞬間的直覺感。海軍高空水平轟炸的記錄，的確是糟不可言，在侵略中國的戰爭中，很少有空軍對抗，命中率仍然低得可怕在百分之十以下。

但是經過反覆不斷而領悟的練習，仍然可以大加改進，淵田拔擢傑出的轟炸員，擔任每一個轟炸機中隊的長機，他老是同一位飛行員飛行，所以兩個人彼此很熟習，然後加以不斷的練習，來增進投彈時間的控制精度，這種訓練都在鹿兒島的出水基地實施。

淵田在最後獲得了可觀的成績，十月二十四日舉行第一次投彈比賽，一艘靶艦在勁風中，以高速曲折行駛，轟炸機獲得了百分之五十的命中率。淵田判斷對碇泊的艦隻，五機編隊可以獲得百分之八十的命中率，就效果上來說，他已替日本海軍航空部隊，添加了一項可怕的新武器。

不論是否湊巧，在這年秋天，源田實和淵田美津雄便擔任起活動日增的角色。山本對這兩位積極進取的官員，具有一種真切的感情。他佩服淵田飛行的技術，以及帶人的能力；看重源田則是他的確確具有「獨一無二和出眾驚人點子」的泉源。這位司令長官對第一航空艦隊的訓練具有深深的個人興趣，三不五時到鹿兒島、笠野原、及有明灣三處基地去視察。南雲、草鹿、和小西也都到「長門號」很多次，和山本、宇垣纏、黑島龜人會面。在這種場所，山本只對空勤人員的士氣關心，使得第一航空艦隊的高階將領都悶悶不樂。

山本知道部隊長的態度，能顯示在部屬上，便偶爾派參謀佐佐木彰直接到源田實那裡，詢問空勤人員的心理，在很多方面，他關懷所屬飛行員遠比關懷南雲忠一為多，因為必需時，艦隊司令可以換人；可是在第一航空艦隊內，即使是山本，也不能把所有的飛官轟走。源田實總是要佐佐木彰放心，也養成一種習慣，南雲忠一每一次去「長門號」，他就暗中跟著去。在這種隨訪中，他都向黑島龜人和佐佐木彰強調：飛行員的士氣高昂。那些知道這次任務的，對最後的勝利更有莫大的信心。

源田實和淵田美津雄可以自由進出草鹿參謀長有歐胡島及珍珠港模型的官艙。草鹿很敬重這兩個人，他也缺乏技術上的知識，能對他們的建議作恰當的評估，而要「源田與淵田兩個人各依所願，自自在在展示他們的才能。」因此他儘可能接受他們的建議，不動聲色地看著他們的活動。他的政策，暗中承認源田，對淵田的程度較少一些，因為源田實在第一航空艦隊中，親自負責珍珠港作戰。這一來，使得南雲忠一的情況很尷尬，在他四週的航空官員，都是步履輕快，精神抖擻，他卻在一個自己完全陌生的世界中活動。吉岡說，這位司令官「在第一航空艦隊中的地位，有點像是養子……他迷失在飛機的氛圍中，覺得不安全，不得不在團團轉中放鬆步法。」

當然，源田與淵田也有他們的難題，直到這時，他們才決定分成兩批攻擊，因為要將所有的飛機在同一時間起飛，實際上不可能。第一批飛機由淵田領隊，一個小時後起飛的第二批飛機，則由嶋崎重和率領，因為在第二批的飛行員中他最資深，飛行技術在行，是一位有力的領導。

令淵田美津雄傷腦筋的一件事，則是要開發一種高空水平轟炸的炸彈，足以穿透美國主力艦的甲板。海軍在九月底便舉行了實驗，試用從口徑四十點六四公分艦砲砲彈改造的特製炸彈。橫須賀港海軍航空兵，由海軍上野啟造少將在霞浦東南方的鹿島機場，進行了這種測試投彈，前後進行了十天左右，卻沒有一枚命中。這時，上野便向南雲要求，派艦隊中最優秀的飛行員，飛他們自己的飛機到鹿島來，看看會不會使這種情況光明一點。

南雲忠一立刻就逮到了這種測試的含義，趕緊把淵田找來，說明這種情況，「這項實驗至關重大，」他說道：「攸關攻擊珍珠港的成敗，你帶手下飛行技術最好的飛行員立刻去鹿島。如果目標靶艦不夠大，一定要擴大到類似『西維吉尼亞號』主力艦的輪廓，花費在所不計。」他更進一步要求淵田嚴守機密：「你們對珍珠港，半個字都不能提，甚至暗示也不行。」

淵田率領手下五架飛機飛到鹿島，他是唯一知道「夏威夷作戰」的人，可以了解這次實驗立即應用。頭兩天，他的飛行員運氣不見得比橫須賀基地的飛行員好些。觀測員都採取了悲觀的看法；他們努力的冠冕為成功，淵田業已建議將目標放大。到第三天下午，古川得到了一枚直接命中的炸彈，穿過了鋼板。淵田連忙回到旗艦作出口頭報告。南雲對目標艦並不完全與「西維吉尼亞號」同樣大小不那麼焦急了；不過淵田卻可以向他保證，在目標的準備上，作了最多的照料與技術。

雖則如此，他掌握了一張王牌，古川投彈成功的高度為三千公尺，解決了珍珠港策劃人員擔心的問題；如何能獲得最大精度，同時又有充足的衝力，可以穿過美軍主力艦厚實的裝甲甲板。當時考慮到最低高度為四千公尺，才有充份的衝力；而五千公尺則有利於躲過可能的防空砲火。淵田最初的簡報中，三千公尺為最有效的高度，現在已滿意了。便向南雲報告，要說服這位司令官有一些困難，因為他總把防空砲射擊火力的事提出來。話又說回來，如果他相信的源田，屬於採用較高的轟炸高度又當如何？不過淵田隨隨便便一句「別擔心那個。」便把南雲的顧慮刷開了。

淵田也對習以為常的九機箭頭編隊不贊成，而建議變更為五機分隊，隊形就像這樣：

X
XX
X　X

這種編隊隊形雖然小一些，但卻可對任何指定目標密集集中投彈；還有一個因素，可以提供更多的轟炸分隊。第一航空艦隊可以使用的九七式轟炸機共九十架；其中四十架已決定作投雷攻擊；把剩下的五十架分成五架一個分隊，在這局棋的棋盤上，淵田就有十枚棋子供他落子。

不過這些突破，除非高空轟炸的精度顯著增加，否則沒有多大用處。自從淵田報到就任以來，就將這個方案順利實施，也派吉岡從事這項工作。大約在這個時候，天谷孝久到「飛龍號」出任飛行長，在工作上有了優異紀錄；在十月初的簡報後，他接受了兩項重大任務：協助水平轟炸以及魚雷問題。

十月十日這一天，派在第五航空戰隊的最後一批飛行員，充實了第一航空艦隊的實力，他們便在嶋崎重和指揮下，在宇佐訓練。

淵田對這個方案，奉獻了可觀的全部精力。的確，在「加賀號」艦上的簡報後，所有的訓練立刻猛然加快腳步，從前水平轟炸機與魚雷轟炸機並沒有特別的區分，飛機相同——九七式艦攻——空勤人員兩種都訓練。而現在，淵田卻把他們分開。在原來的九隊中，他挑選了最好的四個分隊作魚雷訓練，其餘的五個分隊則進行他的高空轟炸方案。很多飛行員想飛魚雷轟炸機，可是都不合格，便隨而產生了一些氣憤與失望。而這些選上飛魚雷轟炸機的飛行員，一定要能作迅速、精確的決定，一定要毫無畏懼，還一定要有天賦微秒的時間控制感。

在南雲的旗艦「赤城號」上，舉行珍珠港計劃的幕僚會議。源田首度提示任務，大致提出用魚雷攻擊時的問題；美

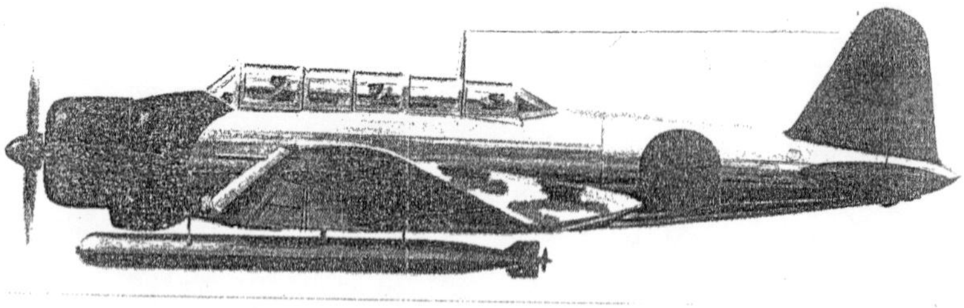

日本海軍夏威夷作戰的三種機種：97式轟炸機（水平轟炸及魚雷轟炸，97式艦攻）

國主力艦以兩艘併列碇泊，在裡面的一艘，根本不可能被魚雷擊中，尤其錨泊場很狹窄，外面這艘主力艦到海岸邊只有五百公尺，岸上還有高矗的起重機、煙囪、和碼頭地區的其他建築。

日本還沒有這種情形下的魚雷，珍珠港的水深僅達十三公尺，不論魚雷轟炸機在投擲以前如何低飛，現有的魚雷最少也要沉到水面下二十二公尺才能開始前進，這樣一來，魚雷當然會一無作用地送進海水下的泥底中。

技術專家狂熱地工作，來改進一種能在淺水中前進的魚雷，如果他們成功，毫無疑義，將會是一種最有效的破壞武器，所以，淵田該不該著手訓練飛行人員？

淵田選定了鹿兒島灣作為訓練地點，因為那裡的地形很像珍珠港，海灣中一個高度七百公尺的櫻島活火山代表福特島，鹿兒島市就好像是美國海軍碼頭，山形屋百貨公司就是碼頭上的大建築物。

源田和淵田也決定：第五航空戰隊的空勤飛行員，都不參與魚雷攻擊，因為他們缺乏實際作戰的技術與經驗。因此，原忠一少將的俯衝轟炸機與高空轟炸機只攻擊米空軍基地，因為那些都是比戰艦大得多的目標。

淵田決定四個魚雷轟炸機分隊成單行攻擊，而不採取密集編隊。便由於珍珠港水道狹窄，有很多障礙物，特別宜於採取長長單薄的直線攻擊。因此，在秋高氣爽的一天，村田重治在附近走動，淵田在鹿兒島集合他的空勤人員說道：「你們已經完成了初級訓練，模仿艦隊的攻擊。現在，從今天開始，進入高級課程，訓練你們攻擊停泊的軍艦，作魚雷淺水攻擊。」他把這一點隨隨便便一口帶過，使飛行員察覺不出有甚麼突兀。

「由於訓練魚雷還沒有準備好，」他繼續說道：「你們僅僅只做飛行動作；在分隊長帶領下，爬升到兩千公尺，衝過櫻島（鹿兒島灣東面突出的一座活火山，高七百公尺，二〇一一年三月，曾在日本東北部福島大地震、大海嘯、及核變中爆發過）的東端，然後以五百公尺的間隔，向北飛左轉進入香月川河谷，保持五十公尺高度，向河谷下面飛，從岩崎谷飛向鹿兒島市，以四十公尺高度飛越市區。」

這些指示造成飛行員真正的震撼，淵田這位嚴格要求飛行紀律的人，竟下令要他們以以間不容髮的三十公尺高度飛越市區；然而更糟的是「你們飛過山形屋百貨公司，左邊便可看見岸上一個大水槽，飛過水槽，便降低到二十公尺，投下魚雷。」他們會發現離岸五百公尺，有一個目標浮標，投完魚雷後，必須以每小時兩百七十公里的速度保持平穩，向右邊爬升，飛回基地。這時，淵田的所有飛行員幾乎都驚訝到不行，以這種高度，任何嚴重的錯誤，都足以使飛機墜毀在鹿兒島灣內。

「這——」淵田多餘地補充一句：「是一項危險的任務。」警告他們要大膽，但卻要小心。他結束講話：「村田大尉會示範。」他和村田重治走向這位投雷王牌的座機，淵田說道：「希望大家也能做到。」村田聽到淵田下達這種希奇的指示，出之以漫不經心的口氣，毫無表情的動作，不禁微微笑道：「你真是個好演員！」淵田把村田拉在一邊問他：「你幹得了嗎？」這真是問魔鬼能不能犯罪，村田是海軍中公認的「雷擊英雄」，是那種願意在整個演習飛行中倒飛的那一型人。他爬上飛機，起飛，表演動作，漂漂亮亮精準到家。

這天，鹿兒島市的老百姓，大為驚訝地看見飛機一架又一架，川流不息從河谷中飛向海灣，就在屋頂上飛過。淵田滿意含笑，飛機一架架在狹窄的河谷中作之字飛行，直直地在水平面上飛出去，宛同從大砲發射一般。從此，這種飛行每天不斷進行。鹿兒島的好老百姓開始對海軍紀律死了這條心，似乎這些飛行員隨心所欲，把全市吵翻了天。甚至紅燈區的雌兒們彼此傳話，這些海軍飛行員都變得神氣活現起來了。

淵田說，那時當他注視時，鹿兒島的景色消逝了，出現的是珍珠港，港內碇泊著「賓夕凡尼亞號」、「內華達號」、「亞利桑那號」（主力艦）、「薩拉托加號」、和「企業號」（航空母艦），然後他看見魚雷的白色浪痕、噴向天空的水柱、爆炸的轟聲、傾斜的軍艦、和猛烈的防空砲火彈幕。

同時，源田緊迫著海軍研究所要淺水魚雷，困擾的技術人員試驗著各式各樣的尾翅面和安定面，這些在以前都沒有供魚雷控制用過的。他們在熱狂的研究中，不眠不休，想到了一種原供飛機用的安定面控制系統，決定作一次水下進行的試驗。

出乎意料，它雖則不算是十全十美，但居然行得通；第一批魚雷出廠，只有一半在所望的深度，後續的試驗終於達到百分之八十。

這項成就剛好趕上時間，即使新的安定面在加工生產，第一批三十枚魚雷要到十月中才能出廠，最後一百枚要到十一月底交貨。後來艦隊在單冠灣集結時，民廠的工人，還在航空母艦上工作，完成最後的裝配。

第一航空艦隊的主力機種，便是兼可作為高空水平轟炸機和魚雷轟炸機的「九七式艦攻」，六艘航艦共有九十架。淵田精挑細選的四十架魚雷轟炸機，都在第一及第二兩個航空戰隊：「赤城號」與「加賀號」各十二架；「蒼龍號」與「飛龍號」各八架。

「九七式艦攻」機為中島航空株氏會社所造，發動機為九百八十五匹馬力、十四缸、雙環氣冷式的中島十一型。飛機翼展十五•五二公尺，機身長十•三公尺，高三•七公尺。飛行速度每小時為三七八公里，航程九八〇公里；機身重二、二七九公斤，卻能載一、八二一公斤。全機配備前後共有四挺七•七公厘機關槍；能載魚雷一枚。美軍稱這種轟炸機為「凱特（Kate）」。

雖則早在一八六八年，蘇格蘭工程師懷德海（Robert Whitehead）就造成了魚雷，成為海上戰爭的利器。日本自明治維新後，師法西洋，各種武器都能自製，有些甚至青出於藍。但在魚雷卻起步較晚，一直到昭和六年（一九三一），才造出了可供機艦兩用的九一制式魚雷。

九一式魚雷長五・七七公尺，直徑四十五公分，重八百公斤，由高壓氧（裝氣壓一七五）推動六十匹馬力，雷速每小時七十・五公里，射程兩千公尺，雷頭黃色炸藥一百六十公斤。

村田向魚雷轟炸隊員強調，他們未來的作戰，或許是得先飛過陸地地區，然後下掠到水面高度發射魚雷；他強調發射的海域水淺，而在那裡活動也許受到限制。「赤城號」魚雷轟炸機隊長後藤仁一大尉，覺得淵田與村田兩人的指示都棒極了；他們根本沒有暗示真正的目標是甚麼，所以後藤也好，他的任何同僚也好，都沒有猜測出目標竟是珍珠港的戰艦。大多數人都猜測所受的訓練為攻擊新加坡；淵田將錯就錯，寧可鼓勵這種適宜的想法。

與鹿兒島相鄰近的出水基地，過的日子不見得比鹿兒島好，那裡「蒼龍號」與「飛龍號」的魚雷轟炸隊隊員，在他們的中隊長永井強大尉與松村平太大尉不分晝夜的拚命訓練。永井也像村田般勇猛善戰，只不過愛喝酒，多多少少有點發福。松村則是一位帥哥，工作努力，他說道：「有時我們一天訓練十二個小時，課目很嚴格。」

在八月份和九月整整一個月，松村和永井接收了一批年輕的「菜鳥」飛行員，加入訓練的隊員中，但是計劃進行得比預期的還要好些；在一個月到六個星期中，即令是新來的隊員，也能進行艦上作業了；在夜間訓練有一些進展，尤其是艦上起飛及返艦。這個計劃的特色便是大編隊夜間飛行，因為計劃要求飛機起飛，以及接近目標的大部份飛行都在夜間，在日出時飛抵珍珠港。可是第一航空戰隊與第二航空戰隊，也要進行困難的課目：晚上在敵方照空燈下，使魚雷轟炸機起飛。松村的隊員練習攻擊九州西南方阿久根海外的一塊岩石，他們的精神一直很旺盛，可是當地的莊稼人卻抱怨，飛機發動機繼續不斷噪耳欲聾的聲音，使得他們的雞都不下蛋了。

就在這時，淵田接手擔任飛行總指揮官，俯衝轟炸機在哪一個高度投彈最適合，形成一個問題。最先，飛行員在四千公尺開始俯衝，在六百公尺時投彈。但經過一陣短短時間後，率領第二批攻擊俯衝轟炸機的江草隆繁少佐，建議降到四百五十公尺投彈，可以增加直接命中的機會。

這是一種危險步驟，因為飛行員也許沒法子拉平，淵田十拿九穩，上級會禁止這種危險的策劃；但下定決心，要把俯衝轟炸機飛行員最後一分效率擠出來，他自行負責對這種改變加以批准。這一下幾幾乎把他砸進了滾水，因為他下了決心沒多久，就摔了一架俯衝轟炸機，引起上級認真討論。然而，同時也發現改變了投彈高度，證明極具效力，南雲也同意照辦。

99式俯衝轟炸機（99式艦爆）

江草繁隆在笠野原建立他第二航空戰隊的人員，笠野原是一處小小訓練機場，接近鹿屋大補給基地，有明灣中泊有一艘古舊的「攝津號」主力艦，作為俯衝轟炸機的目標。他們使用練習彈，直接命中時會冒出白煙。他們試用三種彈種，通常固定用十公斤的一種，因為彈重超過這一重量，就有炸沉那艘老骨董的危險。最後定案的炸彈為九九型炸彈，重二百五十公斤；不過，傳統的投彈裝備需加修改以適合這型炸彈。這項裝備的修改進行了整整一個秋季，直到十一月航艦要駛往集結區以前才告完成。

日本海軍的九九式俯衝轟炸機，稱為「九九式艦爆」，在一九四〇年，堪稱舉世最優秀機種之一。機身堅固耐操，雙座，配合三菱金星四四型，十四缸發動機，有一千零七十五匹馬力，最大速度可達每小時三百八十九公里，掛彈航程為一千八百廿公里，高度可達九千五百公尺。

機身有三挺七•七公厘機關槍，前二後一，可載一枚兩百五十公斤的炸彈，兩翼還可附掛三十公斤炸彈兩枚。二戰時期，美軍稱它為「沃爾」（Val），真正機型名稱D３A１反而沒沒無聞。第一航空艦隊中，六艘航母都有「九九式艦爆」。「翔鶴號」與「加賀號」各二十六架、「瑞鶴號」二十五架、「赤城號」十八架、「蒼龍號」與「飛龍號」各十七架，合計一百廿九架。隨著來的一些事，使得第一航空艦隊面對一項不受歡迎的可能事實，阻止淵田不能領導這次攻擊。因此，他和源田推舉橋口喬少佐，取代自己在「加賀號」飛行長的職位。橋口是帝國海軍水平轟炸的至高權威，具有在上海地區作戰的經驗，他沒有淵田那種敢作敢為的幹勁，而是一種斯斯文文的性向和沉沉靜靜的態度。

十月十日這一天，自第五航空戰隊最後一批人員到達，人事上有些調動，「翔鶴號」的高橋赫一少佐，論資高於江草隆繁，正式成為廿六架俯衝轟炸機隊長，帶了他們參加第一批攻擊。高橋也和內兄及至友嶋崎重和一般，是一位穩重實在的人，對柔道有興趣，形貌強悍，以日本人的標準來說，塊頭不小，但性情老實、溫和，沒有脾氣。任何集會，他也許不是最快到場的一位，但他審慎的心思為人所接受保存，是一枝可靠的錨。

高橋赫一不但接手俯衝轟炸的訓練方案，也親身督導在九州東北大分第五航空戰隊的訓練，這個方案使珍珠港計劃中加入新項，便是對福特島的美國海軍航空基地，以及珍珠港地區中所有機場，實施俯衝轟炸。

關於戰鬥機訓練，淵田能著力的不多，「夏威夷作戰」的三大主力機種：「九七式艦攻」、「九九式艦爆」與「零式艦戰」，以後者最新問世，性能也超過美國同型戰鬥機多多。

零式戰鬥機（簡稱「零戰」）

三菱公司製造的A6M，出廠為一九四〇年，也是日本紀元兩千六百年，日本海軍稱為「零戰」，一般簡稱「零式機」，美國軍方卻偏偏要賦與它「瑟克」（Zeke）的稱呼。

零式機艦岸兩用，機型不大，翼展十二公尺，機長九公尺，高為二・九一公尺；機重只有一千六百八十公斤，卻可載重二千四百公斤；配合三菱雙環十四缸發動機，有七百八十匹馬力。最大速度每小時可達五百公里；加掛油箱，航程可達三千一百公里。操作性能好，纏鬥中，以它兩門九七型兩公分機關砲（配彈各六十發）與兩挺九七型七・七公厘機關槍（每槍五百發）的熾烈火力戰勝敵人。一九四〇年七月，日軍以兩個中隊十五架零式機飛往四川挑戰，使我國空軍迎擊的俄製雙翼I－15、單翼I－16戰鬥機，速度每小時才三百六十公里，根本不是對手，吃了大虧。這次在即將來臨的「夏威夷作戰」中，更準備要大顯身手一番，與米機相較量。

源田實對零式機特別有興趣，板谷茂是海軍優秀的戰鬥機飛行員之一。不過，淵田和源田兩人都用盡一切力量，以獲致充滿了新活力的年輕飛行員；調到第一航空艦隊的很多飛行員，都有在中國的作戰經驗，可是夏威夷作戰策劃的這兩位精神領導，並不特別要這些「中國老手」攻擊珍珠港，老手會走自己的路子；源田和淵田毫未看不起久歷風霜的作戰經驗，卻物色那些精神勃勃勇氣十足的年輕飛行員來飛戰鬥機。

有一陣子，似乎任何一位在零式機座艙中的溫暖肉體都受到歡迎，因為有技巧的戰鬥機飛行員太短缺了。

九月二十四日，聯合艦隊與海軍軍令部雙方幕僚代表討論後，決定把熟練的戰鬥機飛行員，從第三航空戰隊與第四航空戰隊，調到第一和第二戰隊來；尤其，零式機的數量應該增加。這一下，使第一航空艦隊的零式機增加不少。第一次攻擊隊「赤城號」「加賀號」各九架，「蒼龍號」八架，「飛龍號」「瑞鶴號」各六架，「翔鶴號」五架，共四十三架。第二次攻擊隊「赤城號」「加賀號」「蒼龍號」各九架，「飛龍號」八架，共三十五架，兩次的零戰共達七十八架；卻使得三、四兩個戰隊的零式戰鬥機幾幾乎罄空，不過這卻無法可施。其次，他們還從橫須賀航空大隊摳來大部分優秀的飛行員，迫得橫須賀減少了訓練飛行生而增加的飛行教官。

調撥零式機的最高優先，為第一航空艦隊的第一、第二、及第五航空戰隊；支援南方作戰的第十一航空艦隊，反而成了可憐兮兮的第四優先，預定目標為在十一月初，第一航空艦隊全員補足。

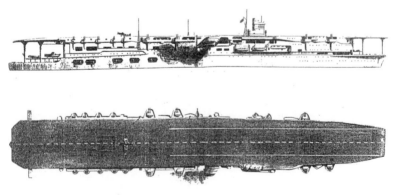

「加賀號」航空母艦

這麼一來，十月初，南雲的訓練方案進入高檔，九州爆發了新生命；現在，第一航空艦隊明白山本計劃的人，以一種新使命感進行，死心塌地決心要成功。如果南雲手下官員感到重大責任的沉重，但也深為自己成為這次重要作戰的一員，祖國的命運全繫乎這一役，而湧起莫大的驕傲感。可是，艦隊司令官南雲忠一中將的神經還繼續折磨他，他的上司長官沒有一位感受到這項重大的挑戰，以及計劃中引起的固有危險，要做的事忒多，去辦事的時間又這麼少，時間是所有這些事情的惡魔。

十月十五日，淵田美津雄晉升中佐，村田重治也升為少佐。到了二十三日，鹿兒島訓練基地，來了一位要賓，也是淵田美津雄的好友，日本駐柏林大使館海軍副武官名渡正武少佐。去年十一月十一日，英國皇家海軍「輝煌號」航空母艦夜襲義大利南部海軍基地塔蘭托港，起飛兩批廿一架老式的「劍魚式」雙翼魚雷轟炸機，一舉炸沉了義國海軍新型主力艦三艘及重巡洋艦四艘一共七艘巨艦，卻只損失兩架飛機。山本五十六得到這個消息，大為振奮，肯定了自己力主以海軍航空兵為作戰主力的信念，對「夏威夷作戰」的勝算更添了把握。便要軍令部將曾遠赴塔蘭托造訪、調查那次戰役極為深入的名渡正武返國。先對聯合艦隊，再赴下級部隊向各級幕僚發表那一戰役的研究所得；重要的是，英國皇家海軍放膽奇襲強大敵人，以寡擊眾，獲致重要戰果；而且，還以改造的魚雷能在比珍珠港更水淺港內碇泊區發揮作用，塔蘭托一役，可以提供日本海軍改進魚雷潛水深度的方法。

名渡正武在鹿兒島待了一夜，淵田美津雄卻纏住他，詢問了整整一天。英機夜襲塔蘭托港，重創義大利艦隊，炸沉三艘主力艦這一戰例，大為鼓舞了淵田和源田。當然，珍珠港的狀況不同，可供機群旋迴的空間不大，港內各種設施與廠房船塢的障礙很多。然而，終究雲高日出，許許多多的困難漸漸都在他們苦心孤詣的努力下，漸漸獲得解決。

第一航空艦隊飛行訓練地（一九四一年八月三十一日至十一月十五日）

飛行基地	基地指揮官	航艦及陸上基地	基地及機數			航空母艦	飛行長
			機型	架數（387架）			
鹿兒島	增田正吾	赤城	水平轟炸機	30	54	赤城及加賀	淵田美津雄中佐
			魚雷轟炸機	24			
富高	佐多直宏	加賀	俯衝轟炸機	45		赤城及加賀	千早兵彥大尉
出水	天谷孝久	飛龍	水平轟炸機	20	36	蒼龍及飛龍	久住正少佐
			魚雷轟炸機	16			
笠原	楠本育	蒼龍	俯衝轟炸機	36		蒼龍及飛龍	江草隆繁少佐
佐伯	佐伯航空隊指揮官	佐伯航空隊	戰鬥機	72		赤城、加賀、蒼龍、飛龍	板谷茂少佐

宇佐	宇佐航空隊指揮官	宇佐航空隊	水平轟炸機	54	翔鶴及瑞鶴	島崎成一少佐
大分	大分航空隊指揮官	大分航空隊	俯衝轟炸機	54	翔鶴及瑞鶴	高橋赫一少佐
大村	大村航空隊指揮官	大村航空隊	戰鬥機	36	翔鶴及瑞鶴	金子直大尉

第十一章
潛水艦作戰部署

一九四一年時，日本海軍聯合艦隊的第六艦隊為潛水艦，共六十五艘，數量之多，除驅逐艦外，超過任何其他艦隻。而且番號齊整，不像其他艦種各艦自有命名，而是從「伊一號」到「伊六五號」，順序井然。

日本巡洋潛水艦的排水量為兩千六百噸，略高於驅逐艦的兩千五百噸，但續航力達兩萬六千公里，幾幾乎達到驅逐艦一萬一千公里的一倍多；這種遠程航行設計，便為了適應與美作戰的「消耗戰略」，潛水艦可以遠達美國西岸及巴拿馬運河，進行攻擊及牽制作戰。

一九四一年七月二十九日，山本才和第六艦隊司令清水光美中將談及「夏威夷作戰」。

「在目前的狀況下，我認為戰爭是不可避免了，」山本憂鬱地說道，然後談到正題：「如

第六艦隊司令長官
清水光美中將

果戰爭來臨，在我來說毫無辦法，只有一開始便攻擊珍珠港，使威力均勢傾向我方。」

清水深深知道，山本會把他這種放膽的創意觀念說出來；雖則如此，如果不是從他親口說出這種難以置信的訊息，還是不會相信。「我知道這一次作戰是賭博，」山本繼續說道，似乎看透了清水的內心：「但是我絕對有信心，這是面對當前狀況，唯一可用的方法。也會是遏止米國艦隊有效的方法，這也是他們最最料想不到的手段。」然後山本又現示給清水看，第六艦隊在這一幅拼圖中的所在位置：「我很樂於要你指揮潛艦，擔任『先發部隊』指揮官。」

山本的信任與關注，使得清水深深感動，他認為，這是一項非常崇高的任務，尤其本人並不是潛艦科出身，即令想到自己毫無經驗，但有沉著的自信，本艦隊自參謀長以下，都是潛艦作戰的能手，在一批能征慣戰的潛艦高級官員面前，授予我這項光榮的職位。因此他真摯回答山本說：「我將竭盡全力以達成司令長官的期待。」

就在這一天上午的會議中，山本奠定了珍珠港計劃的三首長：他自己，一位痛恨自己要從事這次戰爭的聯合艦隊司令長官；南雲忠一，一員艦上魚雷專家的航母特遣艦隊司令；還有清水光美，一位連潛艦這方面專長經驗都告闕如的潛水艦隊司令。

從這時開始，兩種攻擊方式——空中與水底——合而為一。第一航空艦隊官員知道潛水艦將參與作戰時，都有些憂心忡忡。在珍珠港的計劃作為中，水下作戰增加了一項新的、困難的和引起爭議的層面。不論源田實或者大西瀧次郎他們的計劃草案中，都不包括使用潛水艦。飛行員無法想像在這種環境下，這一海水下兵科能幫上甚麼忙，但卻很可能提前曝光，有毀及整個作戰的危險。

但在美方來說，太平洋艦隊從頭到尾，可能始終都預期、以及準備對付潛艦攻擊，遠過於空中攻擊。基梅爾心中，海下攻擊是戰爭伊始時，日軍最可能的行動方案。一枝潛望鏡後分裂海水的一線白帶，便可陷南雲特遣艦隊進入雙重陷阱，不但陪上了「機動部隊」，也有日本整個國家。

不過，儘管對珍珠港進行攻擊，不論多麼精彩構想與週到的準備，但仍有太多無可預料的情況，即令沒有事故，使敵人事先警覺，也沒有人能保證一定成功。「空中攻擊計劃，從一開頭便是一種新而冒險的發展，」清水光美的參謀長三戶壽少將解釋說道：「眾說紛紛，沒有一個人知道會不會成功，」三戶壽與他的老闆清水光美不同；根本就是海底的生物，打從第一次世界大戰起，便是潛艦官了。「但是潛艦作戰則基於計劃作為，已有很長的一段時間；被認為計劃健全，有相當程度的確定性。希望便在於一旦空中攻擊不成功，美國艦隊出港，便用潛水艦使進行徹底的打擊。換句話說，潛水艦是加倍保險。」整個計劃卻是一項可怕的賭博，為甚麼爭執再加一點點冒險？這項攻擊目標，在造成敵人的最大損害，為甚麼不對每一種潛在的弱點加強攻擊。

因此，在「夏威夷作戰」計劃中，策定了第六艦隊的兵力運用方案：

第六艦隊司令長官 清水光美中將	艦隊旗艦：香取號	
第一潛水戰隊司令官 佐滕勉少將	伊九號（伊九型） 伊十五號 伊十七號 伊廿五號（均伊十五型）	四艘
第二潛水戰隊司令官 山崎重暉少將	伊一號至伊六號（伊一型） 伊七號（伊七型）	七艘
第三潛水戰隊司令官 三輪茂義少將	伊八號（伊九型） 伊六八號至伊七四號（均為伊六八型）	九艘
特別攻擊隊 佐佐木半九大佐	伊十六號 伊十八號 伊二十號 伊廿二號 伊廿四號	五艘（均為伊十六型 載特殊潛航艇五艘）
	要地偵察　伊十號（伊九型）伊廿六號	兩艘

補給部隊	隱戶號 東亞丸 新明丸 第二天洋丸	四艘

這五個隊的潛水艦二十八艘，依據任務，屬於能越洋作戰的中、小型潛水艦，噸位、武器與人員都不相同，艦種共有六型。

戰術運用上，第一潛水部隊部署在歐胡島東北海面，對於珍珠港出港的敵艦加以擊滅。十一月廿一日自橫須賀發航，取北線赴夏威夷。

第二潛水戰隊在歐胡島與考艾島、毛洛開島間，任務與第一潛水部隊同；十一月十六日，自橫須賀發航，採中線赴夏威夷。

第三潛水戰隊，以伊八號為旗艦，下轄八艘潛艦，配備在歐胡島以南，任務與一、二兩隊相同，但增加對珍珠港的事前偵察；以及搭救「機動部隊」落海機員一項；十一月十一日，從佐伯出發往爪加林，廿三日取南線自爪加林發航駛向夏威夷。

特別攻擊隊十一月十八日，自吳港出發，不走一、二、三戰隊的路線，採用幾近直線航向珍珠港，十二月二日駛抵。四個戰隊共有潛水艦二十八艘，及特殊潛航艇五艘，在夏威夷群島的外圍，佈下了海下羅網，邀擊美艦。五艘潛艦，則以特殊潛航艇向珍珠港內米艦隊攻擊；

十一月十五日，聯合艦隊以命令發佈潛入珍珠港的艇長（駕駛員）與整備員共十名，含隊附一名的任命狀；十二月七日，特殊潛航艇離開母艦向珍珠內潛航。

然而，在珍珠港一役中，聯合艦隊第六艦隊的「特別攻擊隊」全軍覆沒，五艘「甲標的」特殊潛航艇，四艘遭美艦炸沉，一艘被美軍鹵獲；尤其，埋伏在珍珠港外的伊七十潛水艦（艦長佐野孝夫中佐，艦員官兵六十八人），未能歸隊駛返日本。據判斷在十二月九日以後，在珍珠港南方海面沉沒，交戰的對手美艦、及使用的武器、及交戰經過均不詳。

這是日本海軍這一役中，水下艦隊的大損失。尤其，不出源田實所料，特殊潛航艇十二月七日凌晨急於建功進港，為美軍驅逐

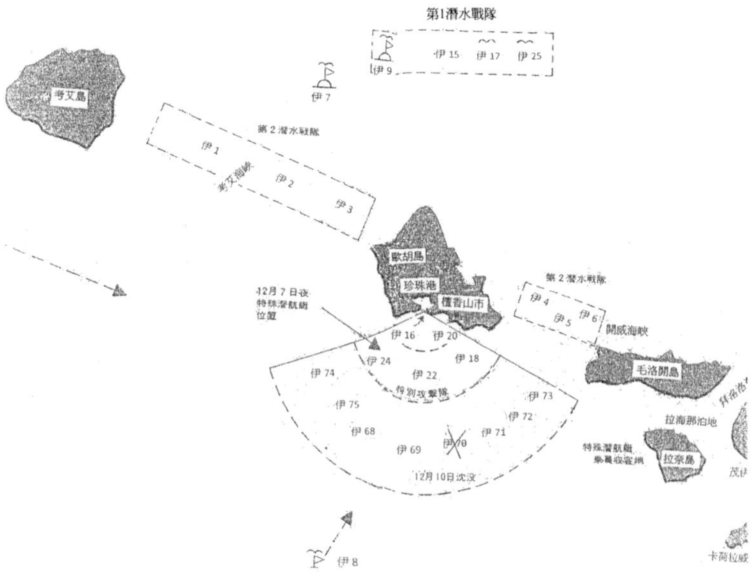

艦「華德號」發現予以攻擊，成為珍珠港的第一聲砲響，使日軍攻擊的企圖提前曝光；如果美軍指揮部因而提高警覺，立即下令備戰，日軍「機動部隊」機群失去奇襲因素，遭遇到美軍迎頭痛擊，歷史可能是另一番局面了。

第十二章
第一航空艦隊

一九四一年四月初，聯合艦隊司令長官山本五十六大將在「陸奧號」主力艦官艙內——「長門號」正在進行翻修——陪他的是兩名重要參謀，黑島龜人大佐和渡邊安司中佐。自從大西瀧次郎和源田實第一次向山本呈出攻擊珍珠港計劃草案以來，已經有好幾個星期，黑島和渡邊都已曉得了山本的意圖和想法；尤其是黑島，對老闆的主意，一點都不奇怪。一九四〇年中，山本就和他討論過：日本一旦與米國發生衝突，日本該採取甚麼反抗戰略？日本是弱國，不能打一場防禦戰；唯一的機會就是把握主動先下手。

山本早在元月中，就要參謀們研究攻擊珍珠港計劃。就在那一個月中旬，首席參謀黑島龜人，便要航空參謀佐佐木彰中佐，研究三種可能的作戰方式。首先假定美軍會嚴密戒備，在這種情形下，日軍艦隊接近在目標在六百三十公里內，由戰鬥機護航轟炸機，轟炸美軍航空母艦；第二種作戰方式：便是突破進入三百六十公里內，使用全部日機進行攻擊；第三種便是有去無回單程攻擊，僅在遠距離外使用轟炸機，返航油盡跳傘，由潛水艦巡迴附近，救起機員。

當然，佐佐木彰意識到這個計劃冒險、危險；但他認為如果局勢日益惡劣，也許是日本的唯一出路。佐佐木畢業於江田島海軍官校及霞浦飛行學校，一九三一年時，曾在美國擔任海軍副武官兩年；調到「長門號」以前，他在上海的中國地區艦隊部任航空參謀。

大致在三月底時，參謀長福留繁將大西與源田實的草案給黑島看，渡邊隨後也看到了。福留和黑島都同意，倘若與米國有戰爭可能，應該將這個方案呈報軍令部；佐佐木也在這個時候見到了這份草案。但當時他們還只能在「長門號」審慎研究，評估這個計劃的難處，便難在進行魚雷攻擊，這一點顯然使山本躊躇不前。據說他這麼說過：「由於珍珠港水淺，我們不能使用魚雷攻擊，便沒辦法期待所指望的效果；因此，我們無所抉擇，只有放棄空中攻擊。」不過，山本是那種除非充分試過所有路子，不會放棄任何辦法的一型人；因此，在這個四月天，他又一次向黑島和渡邊提到這件事。

聯合艦隊參謀
黑島龜人大佐

黑島龜人自從一九三九年秋天以後便追隨山本。基本上他是一位炮術官員，自海軍參謀學院畢業，也曾留校執教，在海軍服役久；目前是山本聯合艦隊的首席參謀，實際職責主要為整體計劃作為。他顴骨突出，蒼白的權威臉孔，同袍都稱他為「甘地」，日本式的甘地。雖然當時的日本講究一致，黑島卻確是一種異數，古怪得不可思議。連名字「龜人」都不同凡響，但確很適合黑島。他一旦從事策劃，就像烏龜一般縮進殼裡，把自己鎖在船艙中，拉下窗簾，閉門不出，兩手捧頭，在黑暗中坐著。一旦有了點子，便開燈奮筆疾書；艙地板到處是紙張，甚至在艙內一個髒盆子吃飯，頻頻抽菸，塞滿了菸蒂的玻璃杯越來越多。直到同袍抗議，要他清掃寢艙；勤務兵私底下稱他是「呆氣參謀」（Boke-Sambo）。

一到黑島從這種閉關方式後出艙，他就有了對各種問題的想法，任何細節都不放過，至少對他很滿意。不過，有時也沒有把握住現實，產生一些天馬行空的想法。 山本十分知道如何挑選黑島的計劃，刪掉冗節。

有時候，有人問山本，他的幕僚中為什麼有這種怪官員，他回答說道：「除開我以外，誰還能用黑島？」艦隊參謀中，對夏威夷作戰計劃，沒有一個比黑島工作更辛勤、支持更狂熱。事實上，連源田實都以為這位首席參謀很可能比自己還要先知道這個計劃。佐佐木彰也深信，山本對參謀充分信任，「像這樣重要的計劃，他會先與外界任何人磋商，而不首先與參謀長福留繁、首席參謀黑島龜人，和我這個航空參謀談過，幾乎是不可想像的事。」

如果黑島有知交，那便是渡邊了。渡邊安次身體健壯，身高一八二公分，散發質樸的雄性氣慨，顴骨有若印第安人，橢圓面孔，黑眼有神，大嘴中巨齒燦白。他陽光樂觀，與黑島的暗黑憂鬱相對襯。他頭腦中滿滿的點子，迅捷處事的能力，遵從職務的紀律性，使他成為一員理想的幕僚。

山本對渡邊視同兒子，兩個人經常下將棋、打撲克。而山本也把棋、牌的競智，幾似看成職務工作，認為這些可以清除雜念，保持頭腦的清醒。

一般來說，日本海軍軍令部擬訂計劃，再交由聯合艦隊執行。緊急時，派出一員參謀送往聯合艦隊司令部。然而，夏威夷作戰計劃卻反其道向行。

一九四〇年九月十日，日本海軍在山本的推動下，前進了一大步，象徵了它戰略思想的革命。在這一天，把散編在各艦隊中的航空母艦集中，編為「第一航空艦隊」，下轄三個「航母戰隊」：

第一航空戰隊為「赤城號」及「加賀號」，四艘驅逐艦。
第二航空戰隊為「蒼龍號」及「飛龍號」，四艘驅逐艦。
第四航空戰隊為「龍驤號」，兩艘驅逐艦。

這一來，使日本海軍組成了一支空中攻擊部隊，足以集中兩百架以上的飛機，攻擊一個目標，源田實鼓吹了近五年的航空艦隊，終於成形。

日本第一航空艦隊，對海權來說，是一種革命性而潛力至鉅的武力。同時，新的指揮官一職並非泛泛尋常，人們定會期望海軍省指派一員真正的航空將領，至少也該是懂得海軍航空的將才，可是論輩份，沿俗套，卻把這個位置落在南雲忠一中將身上。他一生悠久光榮的經歷，卻和海軍航空半點聯繫都沒有。

南雲忠一為本州北部山形縣人，一八八七年三月廿五日生，海軍官校畢業時，為那一年班的前十名之一。以後經歷驅逐艦，巡洋艦、和主力艦服役。一九二零年代，曾旅行到歐美。回到日本，還是在海上歷練，然後在海軍參謀學院任教官，升為一心想得的大佐，然後任職巡洋艦「那賀號」艦長，及第十一驅逐戰隊指揮官；在海軍軍令部兩年後，在一九三四年十一月十五日，任「山城號」主力艦艦長；整整一年後，晉升海軍少將，年方四十八歲；他寫日記，內容卻非常稀少。

南雲身材結實，挺胸腆腹，外貌上使人覺得他是日本的「蠻牛海爾賽」（Bull Halsey）。實際上，他在作戰時的謹慎保守，與美國海軍驍勇善戰一往直前的海爾賽差得很遠。他的老友，第十一航空戰隊指揮官塚原二四三中將說：「南雲是老式將領，專長魚雷攻擊及大規模海戰。以

第一航空艦隊司令官
南雲忠一中將

他的背景、訓練、經驗、及興趣來說，完完全全不適合擔任日本海軍航空兵的主角；他擔任第一航空艦隊司令時，對航空兵的真正力量與潛力毫無概念。」

事後論斷，很容易就各方指責南雲。不錯，他對海軍航空是一位外行，可是在一九四零年代，全世界的海軍並不期待海軍每一員將領都是專才。事實擺在那裡，一位官員能臻致這種要職，顯示出他一定經歷豐富，具有高職才能。

論資晉升，使南雲接任司令官，這種方式有它的好處，會使軍官團有一種安全與安定感，知道一個人的事業，並不完完全全靠政治背景、得寵、或上級的隨意決定，反正站久了就輪得到。海軍要在為數眾多、幾乎學經歷相等的將領中，選出一員作為高階指揮官時（一向是充滿了陷阱最傷腦筋的事），這種取才方式也可以省掉仲裁的需要。當然，這種談資論輩的制度，有它的缺憾，時常派職與職位格格不入；或者獎勵了庸才超越真才。

大西瀧次郎幾乎全部批可了源田實的意見，再加上他自己少數幾點意見，把草案轉呈給山本。

計劃已經在三月上旬採用，不到一個月，海軍航空人員長期鼓吹的戰略觀念終告生效，編成了第一航空艦隊。這個行動，遭到「主力艦派」海軍將領的強烈反對，他們對珍珠港計劃一所無悉，假定他們知道也不會批准。但是山本一往直前，不遑後顧；而源田實從這時起，致力於這一計劃，就像苦行僧的宗教熱忱般沉溺其中。

山本本人亟想擔任這個艦隊的司令官，但由於現職的不可或缺，便改派了南雲忠一海軍中將擔任。南雲膺斯重任，主要是由於資深，當他獲得通知有關珍珠港計劃時，不禁嚇呆了，派遣一支龐大的特遣艦隊，越過六千三百公里的怒海狂濤，進入敵人主力的根據地，對於這件事所含的危險性，得要從長計較的。

南雲深深覺得，要在米軍不知不覺中到達夏威夷的這種本事、航程中的再加油——在最良好的狀況下，也是很困難的工作——以及要依據極準確的時間到達……等等，這些都是不能克服的困難。而這次突襲的成功，幾乎完全有賴於出敵意表，如果一旦給敵人發現，可能使日本海軍遭受重創，只要在一天以內，這場戰爭便輸定了。

當時，遲鈍的南雲還安心相信，這個魯莽的計劃不致於實施；第一，同米國作戰決不可能，同米國的談判仍在進行中——這是一項有計劃的欺騙，直到第一枚炸彈落下時，日本還在進行談判——；第二，山本大將進行這個計劃，根本就是越權，計劃作為職掌屬於海軍軍令部，除非軍令部批准山本的計劃——看來不可能，這份計劃注定了會在機密檔案室裡不見天日。

為了補強南雲在專業上的缺憾，海軍省派草鹿龍之介少將擔任他的參謀長，這倒是一項上上選擇，草鹿雖不是飛行員，但在海軍航空兵種的職位中，紀錄很好，他擔任過小型航空母艦「鳳翔號」艦長；後來更出任巨型航空母艦「赤城號」艦長，他身體結實，略有點蘿圈腿；內心像身體一般動得慢，凡事三思後行，專注事實，鄙棄幻想。

草鹿在航艦方面的歷練，不但彌補了南雲在這一塊所缺少的經驗，而且他個性的沉靜，也協助克服南雲在以後幾個月中，內心纏綿久久不去的憂心忡忡，成了南雲的得力右臂。草鹿又派大石保大佐為艦隊首席參謀，源田實認為大石「原先是航海官，一半保守，一半先進，並沒有特色；他不是飛行員，對於空權及使用所知無幾，但他並不頑固，聽得進道理。」

南雲忠一雖是第一航空艦隊司令官，但也兼任下轄「赤城號」與「加賀號」兩艘航空母艦第一航空戰隊司令（日本海軍高階的職銜，分別為司令長官、司令官、司令）。這兩艘航母排水量各四萬二千噸，乘員官兵兩千人。

第二航空戰隊，則為「蒼龍號」及「飛龍號」航空母艦，各為二萬噸，司令為山口多聞少將，一九四〇年十一月視事。所以，他納入南雲麾下時，對海軍航空兵的經驗不多。

山口多聞中等身材，身體結實，橢圓臉孔有一種使人誤解的悲傷表情。與南雲不同，他靈活、精確、一向儀容整齊，個性為進取與不顧一切的典型。雖則他鼓吹斯巴達式的訓練，要求很高，麾下的航空兵卻認為他是自從飛機以後最偉大的發明，把他當成是航空兵的一分子。

第二航空戰隊司令
山口多聞少將

他具有非等尋常而廣泛多端的海軍經驗背景；對美國

認識也很深，在那裡任職三次，最後一次為一九三四年六月到一九三六年八月任海軍副武官。美國長春藤聯盟的幾所大學與日本海軍夙有淵源，不但「美國通」的永野修身與山本五十六進過耶魯與哈佛大學，山口多聞也是普林斯頓大學出身。

他和山本關係密切，山本對他很有信心，尊敬他的知識、經驗、及判斷，經常在「長門號」上長談，很關心他；行家開始談到他是山本的接班人。

大約就在這時候，有更多重要的航空兵將校，加入第一航空艦隊。新造的航空母艦「翔鶴號」，原先排定在一九四一年初秋完成，而姊妹艦「瑞鶴號」則是初冬。這二「鶴」不止是姊妹艦，根本就是雙胞胎，排水量都為兩萬九千八百噸，較「赤城號」少了三千噸，但卻在全艦長度上，足足多了一公尺，航速也比「赤城號」每小時快三點二節（五點八公里）。這兩艘新建航艦的真正優點，則是所載飛機的數字。各艦可載戰鬥機十二架，俯衝轟炸機及魚雷轟炸機各十八架。

這兩艘新航母，連同護航驅逐艦，在一九四一年九月十一日，成為暫編第五航空戰隊。有一陣子，由商輪改裝為航母，可載機二十一架的「春日丸」，隨同「翔鶴號」；但到一九四一年九月二十五日，「瑞鶴號」成軍，這兩艘姊妹艦便組成永久的第五航空戰隊，撤消了「暫編」的軍銜。

原任中國遠征軍第二艦隊司令原忠一少將，調任第五航空戰隊司令。第一、第二航空戰隊司令南雲忠一與山口多聞，加上原忠一的三重唱，命中注定要參與對珍珠港的攻擊。他們三員海將都不是航空兵科出身，原忠一的長才為魚雷專家。

他身材魁梧，有摔角家的肩膀，猿臂巨掌，看上去力足以把人的腦袋像瓶塞般拔下來，外號「金剛」，果然不差；體重使他走路慢得像鴨子；但他的肥胖止於頸部，思路卻迅速有創見。源田實說原忠一「樣子很強悍，但卻沒有老虎膽。」

所以，到了夏末，第一航空艦隊編組大致定型，加上飛行總指揮官淵田美津雄中佐就職，裕仁天皇的「海鷲」群聚在九州。訓練更是耳目一新，步速更為加快。

一九四一年十月二日，「加賀號」航空母艦熱鬧起來，在南雲忠一召集下，第一航空艦隊其他航艦一批批的官員，上了停泊在有明灣這艘臨時旗艦上。旗艦「赤城號」則在橫須賀海軍基地進行維修。這次聚會包括了南雲和他的大部份參謀，第二航空戰隊和第五航空戰隊司令和他們的參謀，六艘航空母艦艦長和飛行長，還有許多重要的航空官員，其中便有淵田美津雄少佐和村田重治大尉。

第五航空戰隊司令
原忠一少將

六艘航空母艦的艦長都是海軍大佐，三位曾在霞浦飛行學校畢業；「赤城號」的長谷川壽一；「加賀號」的岡田次作；「飛龍號」的加來止男。尤以「蒼龍號」的柳本柳作，是日本海軍的傳奇人物，他既不抽菸，也不喝酒，足以列為怪人，雖然不是飛行員，但就任「蒼龍號」艦長以後，便對海軍航空有了真摯的興趣；由於這一點，他手下的官員，尤其是所有的飛行員都欽敬他。另外來與會的航艦艦長，為「翔鶴號」的城島高次，和「瑞鶴號」的橫川市平。據說，城島高次甚至能在乾土上為軍艦導航。

南雲忠一航空母艦群上的飛行長都是深饒經驗的飛行員，由他們負責飛機的起飛，返艦、加油、掛彈，以及一般處理諸如這類的事。在作戰時，由他們管制飛行甲板。到一九四一年十月十五日後，他們全都升了中佐。

在「加賀號」上開會時，每一位飛行長都正忙著訓練飛行員，其中四人還兼任九州的四處航空基地的指揮官。

「赤城號」飛行長增田正吾，鹿兒島基地。

「加賀號」飛行長佐多直宏，富高基地。

「飛龍號」飛行長天谷孝久，出水基地。

「蒼龍號」飛行長楠本育，笠原基地。

另外兩位飛行長在艦上訓練：「翔鶴號」為和男哲次郎；「瑞鶴號」為下田久男。

這時，第一航空艦隊還不是一個同一海港內的完整部隊。「赤城號」在九月十六日，就錨泊在有明灣，接近飛行訓練活動中心，秋天大部份時間都停泊在那裡，偶爾這艘旗艦駛往佐伯，南雲可以到「長門號」上，與山本商談。

九月十六日，「蒼龍號」在九州東海岸約一半的細島下錨，這艘航艦也是一處浮動補給倉庫，富高基地只是臨時的基地，設備並不好。「蒼龍號」的姊妹艦「飛龍號」，在同一天駛進九州另一面的出水基地。至於這兩艘新造成的航空母艦，「瑞鶴號」在瀨戶內海中的海軍大基地吳港，進行最後的艤裝。飛行員由「翔鶴號」訓練，「翔鶴號」在十月十日便停泊在九州東北的別府灣。

「我要各位到這裡來，因為一旦日本發生戰爭，我們便要攻擊夏威夷。」南雲把話說得小心謹慎：「……我們務必盡一切努力成功，問題在保密，如果有所洩漏，那就是敗定了。但是，如果我們使一切事情都蓋在秘密下，便沒法專心致志來訓練，計劃與訓練都不能有效進行……」很多官員還是頭一遭知道真正的任務。

「我十分覺得本艦的官兵訓練不夠。」「翔鶴號」艦長城島高次說道：「最使我們麻煩的，便是如何安排我們的訓練，使這艘新航艦能發揮作戰的聯合力量達到極致。」

很多航空官員衷心支持山本的方案，「瑞鶴號」飛行長下田久男，認為這個計劃「了不起」，雖則它要作使人寒毛直豎的冒險，「但是使這次作戰更有力量。」他解釋說：「因為險冒得最大，米國海軍會料到這種打擊的機會就更少。」在這次會議中，下田與將率領第二次攻擊隊的嶋崎重和談了很久，「嶋崎也認為這次攻擊會成功，因為米國從來不曾料到有這麼一次的大膽攻擊。」

「加賀號」飛行長佑多直宏深信，如果日本進行戰爭，珍珠港計劃正確、必需，他「從沒聽到過任何人反對，」他又補充說：「年輕官員當時的士氣很旺盛，對這個計劃很熱心。」

「飛龍號」飛行長天谷孝久想到過，戰爭爆發，日本海軍會攻擊美國艦隊，雖則他並沒有仔細想到珍珠港，但他一聽到這個計劃，高興多於驚異，「現在雲升日出，人人都知道理由了，」他說道：「每一位出席的官員，都以誠心誠意下定決心，在即將來臨的攻擊中竭盡所能，成為每一天的誓詞。」航艦艦長中，有幾位同一樣的熱忱，「飛龍號」艦長加來止男認為這項計劃是歷史上最偉大的作戰，認為人人應全力以赴，達成一項舉世聞名的勝利。

艦隊參謀長草鹿龍之介，繼南雲之後，說了幾句話，他強調：「這次作戰的成功，端賴魚雷攻擊。」然後源田實說明這個計劃，他使用歐胡島和珍珠港的模型，指出要加以攻擊的基地、艦隻位置所在，將各目標指定給各航空大隊；他尤其強調專精，舉例來說，指定對戰艦作俯衝轟炸的大隊，就要將訓練集中在特定目標上，時間太短得不能浪費在其他目標上。

兩小時的會議結束，第一航空艦隊已經經過往珍珠港之路的一塊里程碑。這次重要的會議，大致上擴大了知道這項計劃的圈子，也使南雲艦隊中的要職官員有了方向感、目的感、與緊急感。

山本五十六如果他眼見「加賀號」上，舉行熱忱及積極的計劃作為，毫無疑問會很高興。不過這一次，他卻變得對反對他的計劃極為關心；他知道，南雲忠一和草鹿龍之介並沒有改變內心的信念，只不過屈服在自己的優越意志與權威下。「聯合艦隊中有些將領反對攻擊珍珠港，」他和草鹿龍之介及大西瀧次郎開過會後不久，便對參謀渡邊安司說，若有所思地補充了一句：「也許靠能夠信得過的青年官員要好一些。」

「機動部隊」戰鬥序列

聯合艦隊幕僚最先使用的珍珠港作戰計劃名稱為「夏威夷作戰」（Operation Hawaii）。但到了一九四一年四月，這個計劃有了個新名稱：「Z旗作戰」（Operation Z），既可保密，也可鼓舞士氣，更是尊敬東鄉元帥在一九〇四年對馬海戰的勝利。那一戰，東鄉元帥的旗艦在會戰開始前，升起Z字旗：「皇國興廢，在此一戰，我艦隊官兵須全力以赴」。現在該把Z旗轉移到全力以赴的航空第一艦隊了。

「機動部隊」司令長官——第一航空艦隊司令長官南雲忠一中將

一、空襲部隊　指揮官南雲忠一中將

（一）第一航空戰隊

赤城號　長谷川壽一大佐

加賀號　岡田次作大佐

（二）第二航空戰隊　指揮官山口多聞少將

蒼龍號　柳本柳作大佐

飛龍號　加來止男大佐

（三）第五航空戰隊　指揮官原忠一海軍少將

翔鶴號　城島高次大佐

瑞鶴號　橫川市平大佐

二、警衛隊　支援空襲部隊，擔任航空母艦警衛

指揮官　大森仙太郎少將

第一水雷戰隊（驅逐戰隊）

旗艦　輕巡洋艦阿武隈號

（一）第十七驅逐隊

浦風號

磯風號

谷風號

濱風號

（二）第十八驅逐隊

霰號

陽炎號

不知火號

霞號

秋雲號

攻擊珍珠港日本海軍機動部隊艦船航力表

艦種	艦（船）名	排水量（噸）	最高速度（公里／小時）	續航力（公里）	攜油量（噸）
航空母艦	加賀	42,000	53	30　18,520	8,200
	赤城	41,300	58	30　15,186	6,000
	翔鶴	29,800	63	33　17,864	5,000
	瑞鶴	29,800	63	33　17,864	5,000
	飛龍	20,250	63	33　14,075	3,500
	蒼龍	18,450	63	33　14,075	3,500
主力艦	霧島	36,700	55	33　18,150	6,300
	比叡	37,000	55	33　18,150	6,300
重巡洋艦	利根	14,000	66	33　14,816	2,600
	筑摩	14,000	66	33　14,816	2,600
輕巡洋艦	阿武隈	5,500	65	27　7,408	1,600
驅逐艦	浦風	2,500	65	33　11,112	600
	磯風	2,500	65	33　11,112	600
	谷風	2,500	65	33　11,112	600
	浜風	2,500	65	33　11,112	600
	霞	2,500	65	33　9,260	600
	霰	2,500	65	33　9,260	600
	陽炎	2,500	65	33　9,260	600
	不知火	2,500	65	33　9,260	600
	漣	2,500	65	33　9,260	600
	潮	2,500	65	33　9,260	600
	秋雲	2,500	65	33　9,260	600
潛水艦	伊－19	2,600	44（水上） 15（水中）	30　25,928	800
	伊－21	2,600	44（水上） 15（水中）	30　25,928	800
	伊－23	2,600	44（水上） 15（水中）	30　25,928	800
油輪	健洋丸	總噸數	各30		約2,000
	極東丸	各10,000噸	（滿載狀態）		約2,000
	國洋丸				約2,000
	神國丸	重油搭載量			約2,000
	東邦丸	各13,500噸			約450
	日本丸				約450
	東榮丸				約450

三、支援部隊　支援空襲部隊

第三（主力艦）戰隊指揮官　三川軍一中將

（一）第三戰隊

比叡號主力艦　西田正雄大佐

霧島號主力艦　山口次平大佐

（二）第八戰隊

利根號重巡洋艦

筑摩號重巡洋艦　古村啟藏大佐

四、警戒部隊　艦隊航路警戒

第二潛水隊司令　今和泉喜次郎大佐

伊十九號潛水艦　小林茂馬少佐

伊廿一號潛水艦　稻田洋中佐

伊廿三號潛水艦　柴田源一中佐

五、中途島破壞部隊　攻擊中途島基地

第七驅逐隊司令　小西要人大佐

尻矢號　東鄉實大佐

漣號

潮號

六、補給部隊　燃油補給

極東丸特務艦長大藤正直大佐

第一補給隊油輪

極東丸

健洋丸

國洋丸

神國丸

第二補給隊油輪　東邦丸監督官新美和貴大佐

東邦丸

東榮丸
日本丸

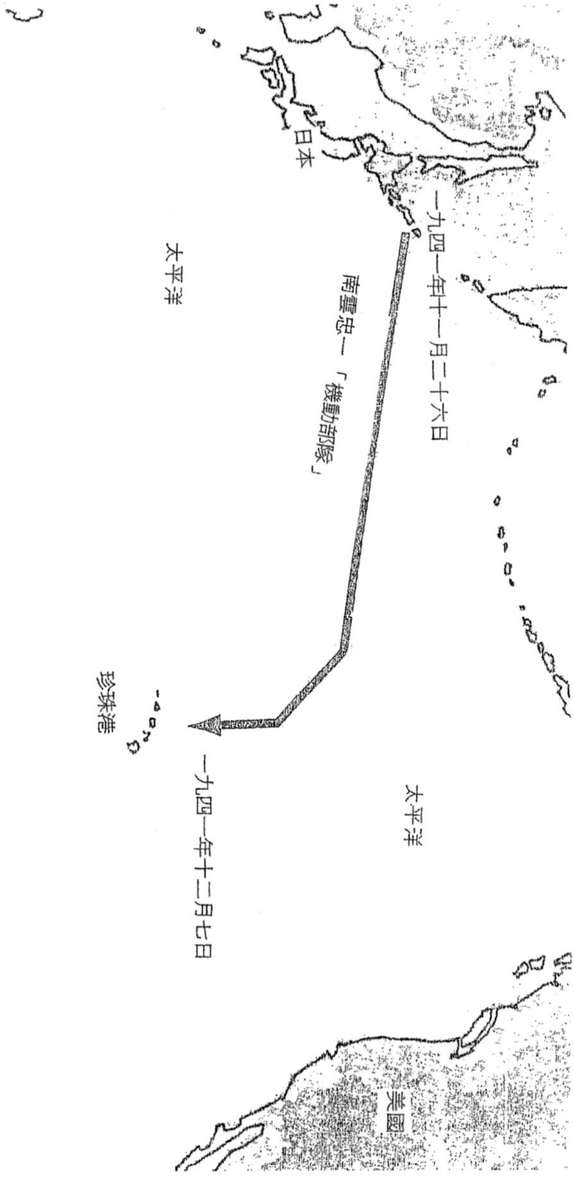
一九四一年十一月二十六日
日本
南雲忠一「機動部隊」
太平洋
太平洋
美國
一九四一年十二月七日
珍珠港

第十三章
集結單冠灣

而今，準備的步驟加快了。十一月六日，淵田安排了每一種方法都盡可能模擬攻擊珍珠港的最後彩排，這一支特遣艦隊命名為「機動部隊」（Kido Butai），一共有六艘航空母艦、和三百五十多架飛機。演習的目標艦離出發點三百六十公里，代表歐胡島；起先兩次進入都很糟，山本大將大為不快，作了嚴厲的講評；第三次攻擊通過，協調得幾乎了無遺憾。山本因為太忙而在旁的地方，沒有親眼目擊，但是目標艦「長門號」上，閃亮著摩斯電碼的嘉獎訊號：

「此次攻擊極為出色！」

現在在各海軍基地，艦隻都卸下一切不必需的物件，像小艇、沙發、多餘的椅子、裝飾品、和私人的物件，為作戰效率或安全所不需要的每樣東西，都無情地拋棄。使艦隻便於作戰，節省空間來裝額外的燃油。

艦隊在航行中，實施全部無線電靜止，海軍早在幾個星期以前，便已開始發送大量的掩護電報。所以當艦隊前進，即令本土的電報與訓令數量增加，也不致引人注意，每一樣都在造成「一切如恆」的印象。

十一月十七日下午，山本和他的幕僚們上了「赤城號」，在佐伯灣內下錨，來祝艦隊官兵的武運長久，淵田注意到山本的面色憂慼而冷酷，他想那是山本並不想同米國作戰。

山本致詞，並不像平常一成不變的精神訓話，他率直告訴部屬，雖則日本人希望獲致奇襲，每個人都當準備應付「米國人可怖的抵抗」。日本的光榮歷史中，曾經面對許多勁敵——蒙古人、中國人、和俄國人，但是他強調他們要面對最強大、最有力量的對手；顯而易見地，山本不要他們沉溺在過度的自信中去作戰。

致詞以後，便在官廳舉行告別酒會，氣氛嚴肅而莊嚴，甚至有一點沉重。不過在這幕插曲中，山本也露出了他真正的感覺：「我預祝這次作戰成功！」根據儀式上的習慣，指揮的司令官通常只對未來使命的成功表示「希望」，山本這一具有肯定信念的短句，給予他的聽眾以莫大的振奮；他們吃著象徵快樂的乾魷魚，和象徵勝利的「勝栗」（一種栗子）。然後為未來的一戰，舉杯為天皇祝福：「萬歲！萬歲！萬歲！」

編組完成的「機動部隊」各種戰艦，一艘艘單獨駛離駐泊地點，決不構成顯而易見的彼此相關。一旦脫離海岸的視線，根本就被大海所遮沒，經過沉寂的航行，它們一艘又一艘駛進單冠灣。兵力漸漸到齊，龐大的平頂巨艦「赤城號」與「加賀號」；新近下水的航空母艦「飛龍號」與「蒼龍號」，舊型主力艦「比叡號」與「霧島號」，嶄新的巡洋艦「利根號」與「筑摩號」，三艘打前鋒的潛水艦「伊十九」「伊廿一」及「伊廿三」；九艘驅逐艦由領著他們戰隊旗艦的輕巡洋艦「阿武隈號」，稍晚駛到的是七艘油輪，最後來到的是航空母艦「瑞鶴號」，抵達時已是十一月二十一日了。

艦隊的會合點，選定了擇捉島的單冠灣。那是千島群島或者「煙群島」——其所以這樣稱呼，是由於各島終年為霧所蔽的緣故，——一處荒涼的巉岩海灣，位置在東京東北方一千八百公里，極少人船行經的海洋，這是處理想的隱伏處，海盜時期中，是海盜出沒的所在，除了兩處凄涼的漁村以外，這一帶沒有什麼生命；而且在南雲部隊到達以前，所有對外的通信，包括電報、電話、和郵件，全部加以切斷；在這種完全的隔離下，從冬天黑色的天空中，間或飄落著雪花。在這個時代以前，從未集結過的最強大的航空母艦艦隊，在這裡下錨，等待進一步的命令。

駛到擇捉島的一艘補給艦艦長清水中佐和其他補給艦艦長，把艦上的食糧、被服，和數以千桶計的燃油，以大桶分裝到「機動部隊」的艦隻上，各艦每一個空處都塞滿了十九公升的燃油桶。到一切下卸完了，清水告訴補給艦上的官兵，在單冠灣留下來，直到十二月十日：「去釣魚吧，去幹自已愛做的事情，但是不能離開這片地區。」而他自已則請調到「赤城號」，他沒法子制止自己不參加這一戰。

南雲不失時間間進行工作，十一月二十二日上午八點鐘，他在「赤城號」上戒備森嚴的官廳裡，召開幕僚會議。這裡佈置了珍珠港和歐胡島的縮小模型，再加上有關這些目標所蒐集的資料，由剛從夏威夷擔任情報工作歸來的鈴木英少佐擔任講解。

鈴木開始講解，每個人都聚精會神，他所說有關珍珠港的事物，目前已不是新資料，但是現在卻熱切歡迎任何現身說法的報告。他強調米國艦隊，習慣上每到週末便駛返基地；他描述機場的情況，甚至連棚廠屋頂的厚度，列舉出島上空軍兵力的各部門。（他判斷的美軍航空兵力高出了一倍，他說歐胡島有四百五十五架飛機，實際上，在全部夏威夷地區的陸軍飛機，總計只有二百三十一架。）

鈴木報告時，南雲像一尊偶像般端坐著，雖則他一聲不發，但內心卻記住了每一點。鈴木講解完了，等候詢問時，南雲所有的顧慮便憂心忡忡地提了出來，在航行中被發現的可能性如何？敵人的警覺程度？報復的公算如何？如果珍珠港內根本沒有美國軍艦的機會如何？

對每一點都提供確切的保證，是一件困難的工作。鈴木也不可能希望驅散南雲的慢性恐懼，他只能一再申述他在東京海軍軍令部報告的事實，這些事實看來對「機動部隊」有利。

鈴木報告中，有一項收獲不佳的註記，便是缺乏有關米國航空母艦的準確資料。源田和淵田追問他有關這種平頂艦的事項，他們害怕在這次偉大的出擊中，捕捉不到這種第一優先的目標，鈴木對他們無法保證。

第二天晴朗的清晨，「赤城號」上像一個蜂窩，「機動部隊」中每艘艦隻的官員，都湧上了這艘航空母艦，來參加一次特別會議。官廳裡擠滿了艦長、各艦的重要官員，以及空中攻擊部隊所有的飛行官員，空氣中是一種預期的緊張。

南雲開會，宣佈他們的任務是攻擊珍珠港！一陣興奮的浪潮傳佈到與會的全體人員，然後便是一陣嗡嗡的低語聲，這是司令官首度公開宣佈「機動部隊」的目標何在。雖然很多與會人員，幾個月來已經參與其事，其他人卻完全矇在鼓裡，有些人還天真地以為他們是在舉行訓練演習呢。

南雲解釋，直到現在為止，還不能絕對確定是否要執行攻擊。一旦日本與米國的談判成功，「機動部隊」便將奉命返航；如果兩國間的關係，還沿著現在這種毫無希望的途逕走，那就別無他途可循，惟有實施攻擊。這會很危險，但對於日本的戰爭計劃，有無可比擬的重要性，每一個人都一定要竭盡己能，確保成功。

南雲的參謀長草鹿龍之介海軍少將，概略說明作戰性質以後，首席參謀黑島龜人大佐報告應遵守的事項，以及向夏威夷前進這段危險航程各部隊的職責；然後會議的實質上，便轉向了空勤人員，源田一個人報告了將近一小時，說明在每一種可能偶發事件中的行動方案；村田和淵田其他人也隨著報告。

當天下午，這兩批擔任攻擊的飛行官員，商討從攻擊開始到結束時的每一個可能階段；由於他們和他們的空勤人員，都是死神黑色肩章的候補人，任何事情都不能試試看的。

十一月二十五日，南雲所害怕的電文到達了，山本命令他駛向夏威夷：

「x日（日期另令通知）拂曉實施首次攻擊，如與米談判獲致協議，機動部隊立即折返日本。」

這個龐大的計劃，經過殫精竭慮的擬訂，只在內部預習過。現在，不顧南雲一切相反的希望，他不得不要來擔任執行了。南雲忠一又是一夜無眠，熬到清晨兩點，終於把鈴木英少佐找到官艙，說把他叫醒不好意思，他只是一再檢查一點：「你絕對確定沒有見到米國太平洋艦隊在那海拉（Lahaina，茂伊島外泊地）？」

「報告司令，是。」

「不會有在那海拉集結的任何可能嗎？」

鈴木要他放心，不會有這種可能才回艙，他見到這員海軍老將，披著睡袍，孤零零一個人在艙內走來走去，那種憂心耿耿忐忑不安的神情，深深使他感動。

十一月二十六日，在灰黯的破曉中，「機動部隊」開始了這一次決定命運的航程，在晨霧繚繞中，艦隻就像幽靈般，開始駛離了泊地。黎明時分，鈴木英少佐離開「赤城號」，站在岸邊，在鏘鏘起錨的錨鏈聲中，向發航的「赤城號」揮手道別。在上午八點，整個「機動部隊」離開了擇捉島，一艘巡邏艦在濛霧中向「赤城號」拍發閃光信號：「一戰成功」。

大多數時間，「機動部隊」力求保持隊形，航空母艦分成平行的兩行，每行三艘；七艘油輪跟在後面，主力艦及巡洋艦擔任側衛，驅逐艦則遍佈整個艦隊，三艘潛水艦擔任前鋒，可是到了晚上，油輪不習慣編隊航行這一套，往往落後走偏很遠，就得要驅逐艦在白天把它們趕回到艦隊內。

第一航空艦隊參謀長
草鹿龍之介少將

第二天，南雲忠一司令官與參謀長草鹿龍之介，爬上「赤城號」起起伏伏的指揮台，想同往常一般把散落的油輪趕攏來。突然，南雲說道：「參謀長樣，你的想法如何？我覺得自己擔負了一項沉重的責任，如果我能更堅定拒絕一點就好了。現在我們已經離開了我國的海域，我開始琢磨這一戰會不會成功。」

草鹿立刻作出正確答覆：「司令官，用不著煩惱，我們會完全達成任務。」

南雲微微笑道：「我羨慕你，草鹿樣，你竟是這麼樂觀。」

海上最初幾天中，平靜無事，天候很理想，濁重的天空，和恰好能降低能見度的霧，為了配合慢速的油輪，航行保持著每小時十二節到十三節的速度。

為了確保無線電靜止，無線電機的發報電鍵都加以封套或拆走，艦隊間通信只使用信號旗和閃光燈；晚上，所有的艦隻保持著嚴格的燈火管制，通信由特殊聚集和波束極窄的閃光燈實施；油輪上竭盡一切方法，來減少通常形成的大量黑煙。

任何這些保密措施，都不能驅散南雲打從發航瞬刻心頭懸慮的重壓，幾幾乎沒有一位海軍指揮官，曾經肩負過他這樣的重擔；這支由多艘航空母艦編成的「機動部隊」，只有在達到完完全全的奇襲，才能達成任務。——南雲無法使他自己驅散美國潛水艦經常監視的縈繞暗影，尤其他唯恐外交談判成功，沒收到東京決定取消這次攻擊的電報。

司令官的焦灼，和經常累積的緊張氣氛，都不會影響到那些置死生於度外的飛行員、空勤人員的精神，他們習慣了危險職業中的每天冒險，以及牢不可拔跡近狂熱的忠君愛國思想。他們在晚上輕鬆自在，喝酒、下圍棋或將棋；白天，他們以永不衰退的熱心，繼續進行訓練的進度。魚雷轟炸機和轟炸機的飛行員，特別著重研究歐胡島和福特島的縮小模型，直到他們熟嫻每一處地形、地物、和海岸的輪廓，並且熟稔了美國戰艦模型，一眼就可以識別它們。

十一月二十八日，「機動部隊」頭一次嘗試艦隻加油，南雲忠一一定覺得更為洩氣，這竟是一項累死人的危險工作。艦隻與油輪雖然減速靠近，但仍然在起伏大海向前衝中，自油輪輸出燃油的大油管，會猛然鬆脫掃過飛行甲板，好些水兵被甩出艦外，可是卻無法可施。

到三十號以前，加油才算熟悉了一些；不過又有了問題，天氣變得愈來愈壞，航空母艦「飛龍號」甲板上存放的油桶漏油，成了一處溜冰場，飛行長天谷孝久中佐在甲板上，只得在靴上加捆草繩以免滑倒，但還是扭傷了腳脛骨。

在緊張兮兮的白天和一夜無眠的晚上，艦隊衝風破浪前進，參謀長草鹿在「赤城號」指揮台的一把布椅上，偶爾打個盹；在艦身遠下方的輪機長丹保義文中佐也是一樣，他和輪機部的三百五十名官兵，很少離開油輪艙，過著燃油和汙水的日子，生活在他們熱愛的油機旁，由膳勤兵把他們的伙食送下艙去——通常是用竹葉包起來的飯糰、醃梅、和醃蘿蔔。

第十四章
太平洋艦隊易帥

夏威夷迎接一九四一年的新年時，毫無疑問，美國海軍艦隊總司令李察遜（James O. Richardson）上將，樂於見到一九四〇年在歷史中消逝。在他來說，過去這一年備極挫折，很不滿意；一九四〇年元月六日他甫就任，海軍軍令部便派他到夏威夷演習；四月十日，他率領的艦隊停泊在夏威夷群島的茂伊島（Maui）拉海那泊地（Lahaina Roads，西經一六五－四一，北緯二〇－五二）；當時，珍珠港（西經一五七－五八，北緯二一－一九）只有由航空母艦、重巡洋艦、和驅逐艦組成的小小一支海軍兵力，稱為「夏威夷分遣艦隊」（Hawaiian Detachment）。

演習結束後，李察遜預料可以率領艦隊（欠「夏威夷分遣艦隊」）在五月九日回到加州的永久基地聖伯多祿港（San Pedro，西經一一八－一七，北緯三三－四三，或譯聖彼德洛）。不料海軍部卻要他和艦隊留在夏威夷；以美國海軍軍令部長史塔克（Harold R. Stark）的話來說，便是「本部認為貴部駐在該一地區，也許對日本擬進出荷蘭東印度群島，具有嚇阻效應。」李察遜問道：「倘若日本真的入侵那帶地區，美國以什麼辦法應付？」史塔克承認：「我的答案是『沒有』，我不知道；我認為在上帝的綠色地球上，沒有半個人能告訴你答案。」

在美國艦隊漸漸待在夏威夷後不久，美國陸軍部也達成頗為奇特的結論「最近在美國艦隊離開夏威夷以後，日蘇達成結合了彼此歧異的一項協定，及時達成了准許日本攻擊歐胡島。」因此，華府便以一項文電，下達給「夏威夷軍區」（Hawaii Department）司令侯倫少將（Charles D. Herow）：「立即警示全部隊防衛編組，以應付越過太平洋的可能襲擊……」

侯倫剛剛在一九四〇年七月三十一日升中將，只相信一種警戒——全面。所以他「在一個小時內」立即和海軍第十四軍區指揮官布洛克（Claude C. Bloch）少將、珍珠港海軍「夏威夷分遣艦隊」指揮官安德魯（Adolphus Andrews）中將會商，開會結果作成決定：由海軍提供「早上及薄暮的搜索巡邏……」

李察遜對這一次動作了無所知，海軍軍令部也沒有警告他在夏威夷的官員，因為「他在當時並不注重，不為所動」，對這次警示認為「大部份是陸軍的事。」侯倫使自己的部隊戒備了整整一個夏天；然後，這次震動就像開始一般模模糊糊消逝了，但卻留下了不散的陰魂。侯倫對陸軍部的命令毫不含糊，立刻採取適合指示的軍事行動。這次警示，也透露出陸軍夏威夷軍區，與海軍第十四軍區合作無間。

不過，陸軍部下達這項警示時，特別假定敵人攻擊的目標為陸上設施，以及佔領群島而不是船艦。出於這一理由，美國海軍部與陸軍部的計劃官員深信，除非艦隊出港出海以後，日本不會攻擊夏威夷。卻不知道山本五十六高明許多，除非劍在鞘內，否則為什麼要破鞘取劍？

所以，李察遜並不反對艦隊留在夏威夷，但基於幾幾乎完全是後勤的理由，麾下的艦隻「駐在西海岸，可以更為正常的基準，對戰爭作更好的準備。」而熱切指望把它們撤回大陸。

因此，一九四〇年七月，他到了華府，帶了更多的理由，促請將艦隊撤回到西海岸。事前做了點功課，與國務院有政治關係的恩貝克博士（Dr. Stanley D. Hornbeck）談話，這才相信「關於艦隊的部署，恩貝克的影響力蓋過了我。」七月八日，他晉見羅斯福，回到艦隊時，有了一項非常確定的想法，「他的艦隊其所以在夏威夷地區，純粹是為了支持外交代表，以及對日本侵略行動的一種嚇阻力……華府有一種意見，認為日本可以威嚇得住。」

但是日本卻是威嚇不住的，她認為法國、英國、及荷蘭的殖民地，為日本帝國擴張的合法區域；如果能據有資源豐富的東南亞，東方的政治與戰略重量，便會傾向她的一方，整個南方就會像一枚成熟的李子，落在日本的膝蓋上。只不過那位頭戴黑禮帽的山姆大叔壞蛋，手持獵槍——他的太平洋艦隊－在果園門口徘徊把守。但不管李察遜的兵力有多麼強大，卻沒有一件事，也沒有一個人，能使日本計劃好的國家政策航向改變半度。

以李察遜的意見來說，他的艦隊還沒有作戰準備，深信日本對這一支嚇阻武力知道得太多。一九四〇年十月八日，在白宮與羅斯福總統開會，便表達了這種觀點。但是羅斯福的回答直截了當：「不管你的信念是甚麼，我知道艦隊駐在夏威夷地區，已經、現在就有了勒制日本行動的影響力。」可是李察遜上將還頑固堅稱：「羅斯福先生，我並不相信這種看法，而我知道我國的艦隊在處理、準備、或發動戰爭都不利。」

直接和總統當面鑼對面鼓，就足以引起爭議的了；可是李察遜還「非常慎重地」把一枚炸彈向三軍統帥丟下去：「總統先生，我以海軍最高官員之身，覺得一定要告訴你，我對我國的文人領導階層，並沒有信任與信心，而這卻是要成功進行太平洋戰爭最不可缺的。」雖則羅斯福顯然吃了一驚，但回答還很溫和。不過，這員上將已經把自己的福祿推開了，只要他把自己嚴格局限在海軍事務上，立場可以站得很穩；可是爭執涉及了治國才能，便侵犯了總統的境域，踩到了紅線，逼近違反美國最所嚴忌的一項——軍人干政。

美國海軍艦隊總司令
李察遜上將

李察遜依然表示，不必關心艦隊在珍珠港的安全，但是別人卻不作如是想。十一月十一日夜，英國海軍航空兵對義大利南部塔蘭托港的義國艦隊進行攻擊，展示了艦隻停泊在暴露的錨地多麼易受傷害。不到一個小時，英國人便使義大利的主力艦隊一半，失去戰力達六個月之久，使地中海的海權均勢為之一變。

海軍軍令部作戰計劃署署長透納准將（Richmond Kelly Turner），在十一月二十二日發出史塔克簽署的函件，「迄今為止，對夏威夷海域猝行攻擊最有利的目標，為以該地區為基地的艦隊各部隊。」函內又問及是不是「在港內敷設防雷網」為有利。

李察遜漠視這些有根有據的畏懼，他認為港內敷設防雷網「既不需要，也不實際」，這一地區受限制太多，而目前，停泊的船艦，並不在港口的魚雷射距離以內。」顯然，李察遜以為是從軍艦或潛艦發射的魚雷，而不是飛機投擲的魚雷。

海軍軍令部長史塔克，一九四〇年時，年方五十九歲，頭髮已近全白，但是無框眼鏡後的淡藍眼珠，依然穩定、清晰，膚色也健康。他缺乏

爭執涉及了治國才能，羅斯福顯然吃驚，李察遜逼近違反美國最所嚴忌的一項——軍人干政。

一員驍勇戰將下定決心的殘忍無情，說話常留餘地；然而作為幕僚，卻有傑出的才華，是一員思想仔細、透徹的官員，有時工作到凌晨兩三點，星期日放假日都在內。

他一生經歷，幾近一位海軍官員的標準模範，從驅逐艦、巡洋艦、主力艦艦長，到有權的兵工署署長。他在主力艦艦隊的巡洋艦隊任指揮官時，羅斯福超越過五十多位比他資深的將領挑上他，出任軍令部長，一九三九年八月一日就職。

一位在海軍與他共事多年的人，認為「史塔克為一位在正確的時間所挑上出任正確職位的適當人選，他使許許多多該做的事情都做到了。」不過內閣中與他共事很接近的閣員，則認為這員上將「在他的職位上膽小，沒效率，在總統幕僚中最軟弱。」

因此，史塔克在海軍部頂的制高點，可以一眼窺見兩大洋的全景，從全球的觀點，考慮太平洋的諸多問題。一九四〇年十二月三十日，第十四軍區指揮官布洛克，上了一份經由李察遜簽字報告的備忘錄，標題很長，為「為迎戰奇襲攻擊，有關艦隊安全及本地防衛軍力目前能力的狀況。」

「毫無疑問，飛機攻擊珍珠港基地，會由航空母艦帶來。因此，有兩種方法以驅退這種攻擊。第一，在敵機起飛之前，確定航母位置加以消滅。其次，以防空砲及戰鬥機驅走攻來的飛機，本區防衛兵力中的海軍，並沒有這種遠距離搜索的飛機，用以決定敵人航艦的所在。一旦敵艦位置確定，屬於本區防衛而加以攻擊的唯一飛機，為陸軍B－18轟炸機，在夏威夷地區共有十八架，數量與機型都不能滿足預定的目的……至於遠程搜索，這項需求不得不求之於艦隊多餘的海上艦隻以達成。」

布洛克又提出他的第二種辦法，「驅逐已經起飛的轟炸機，需要戰鬥機及防空砲，陸軍在夏威夷有驅逐機三十六架，全都列為過氣……」

尤其，在洛克也不期待未來會有什麼改進：「陸軍負責以防空砲保護珍珠港基地。夏威夷有七・六二公分口徑防空炮二十門（五個連），及機動七・六二公分防空砲四十四門（十一個連），會在一九四一年撥到……陸軍計劃以這些七・六二公分防空砲的大部份，環繞珍珠港部署。」

布洛克補充指出：「陸軍已經計劃成立飛機警報體系，一共八個雷達站，三個固定站，五個機動站，未來完成的時間還未定，一旦完成，這個警報網應該很充份。」但如果日本飛機在今後幾個月猛撲歐胡島，它們卻無法可施。

李察遜贊同布洛克這份備忘錄，而在元月七日轉呈軍令部長史塔克。這份基本的備忘錄，是海軍在布洛克與安德魯兩員將領，與陸軍的侯倫少將會議的結果。可是李察遜的贊同，卻緩和了布洛克這份擔心的報告；報告中透露出，歐胡島沒有立場防衛本身或者艦隊，如果在以後的防衛階段中，陸軍不能增加防空砲連，加派驅逐機中隊來保衛珍珠港內的海軍艦隊，海軍就得保護自己。但是李察遜並不接受日機真正攻擊麾下艦隊以及海軍基地的想法，依然對裝置消極防禦的防魚雷措施，認為既不實際，也造成港內行駛的不便與限制。

依照正常的人事程序，李察遜的美國艦隊總司令一職，還有整整的一年。事實上，十月中，他要離開華府返防時，軍令部長史塔克和當時管理人事業務的航海局長尼米茲少將，還通知他會做滿兩年任期。所以，元月五日星期天的十一點三十分時，司令秘書戴耶爾（George C. Dyer）親自將一份解職令送交李察爾，使得他出乎意料以外；李察遜和麾下一些官員，得到他解職的命令時，大為震驚，「怎麼回事？」巡洋艦「布洛克林號」艦長史密士上校問道。李察遜坦率答道：「我不知道。」然而，有些幕僚並不覺得意外，通信官杜克留意到，總司令從華府回來後，現得憂心忡忡，十分挫折，顯然他與羅斯福嚴重不合。他回想說道：「我們當時都覺得，李察遜這份差事幹不久了。」但是李察遜自己也一定知道，十月中在華府那一趟，很難期望與三軍統帥過招造成的結果，不會沒有火花。

在這段期間，海軍部不動聲色，已在物色一位新總司令人選。美國史上，總統撤換干上的一員上將，羅斯福不是唯一的一位；十一年後，韓戰正殷，杜魯門蕭規曹隨，也毫不躊躇，撤換了百戰功高的陸軍五星上將麥克阿瑟。

就在這個星期天，巡洋艦戰隊指揮官基梅爾少將（Husband E. Kimmel）正和他的參謀長狄南尼上校（Walter Delany），在當地高爾夫球場上漫步。他們回到碼頭時，一名參謀向他報告，請他到旗艦上去，有一封電報要他立即去拆閱。他們連忙趕到海軍船塢的官員站，坐上往來旗艦與碼頭的接駁艇。上了「賓夕凡尼亞號」主力艦，基梅爾一看這封電報，電文中任命他為美國艦隊總司令，自二月一日起生效。他對這項行動，「來得完完全全出於意料以外。」事實上，那一下子，他的神色就像受到電擊一般，狄南尼以為老闆要昏倒了。

基梅爾極為敏感，很容易受傷害，他頭一念想到的，竟是他的老友。後來說道：「該死，李察遜沒有半點錯啊。」他在激動中，連忙到李察遜官邸去，要總司令安心，他認為解職毫不公正；他對這件事，一點也不曉得，從沒有做過任何事要接手他的職位。

海軍作戰計劃署長透納回到華府，充份接納了布洛克備忘錄，便草擬了一封信，以海軍部長諾克斯的名義，發給陸軍部長史汀生。二月五日，這一函件也到達珍珠港的太平洋艦隊新任總司令基梅爾及海軍第十四軍區，這是海軍部長諾克斯最具歷史重要性的函件之一。其中一部分便是點明了珍珠港可能遇到的攻擊禍事。

「珍珠港中的美國太平洋艦隊，以及珍珠港本身的安全，過去幾週中，經海軍部以及海上艦隊重新研究，這次重加檢驗，一部分由於與日本方面的情況逐漸嚴重所促使；次則為海外報導，轟炸機及魚雷機攻擊停留在基地中的艦隻（英機夜襲塔蘭托港）成功。一旦與日本發生戰爭，一般相信，發起敵對行為，極為可能對珍珠港海軍基地的艦隊進行攻擊。

「以本人意見，對艦隊或海軍基地發生大難的可能性，認應採取每一種步驟，儘快予以達成，以增加陸軍及海軍的聯合戰備，以承受前段所述性質的襲擊。」

信中依重要性及可能性的危險分列：

「空中轟炸攻擊列為第一，空中魚雷攻擊列第二。」又補充說，「這兩種攻擊都可能，也許連續進行，或同時進行，或者與任何其他作戰方式一併實施。」

諾克斯列舉建議的反擊措施，第一步為「在敵空中攻擊機群起飛前，決定敵人航艦及支援艦隻的位置加以攻擊。」他指出這些措施「大部份為艦隊的職掌，但非常可能，一旦在宣戰以前，毫無預告而發動空中攻擊，艦隊也許就無法達成。」這種精確的預測，為美國海軍軍令部作戰計劃署署長透納和該署人員所達成，成為事先料敵奇準的精彩判斷。

然而，卻有一種奇怪的矛盾當道，史塔克關懷艦隊，元月二十四日，以海軍部長諾克斯署銜，寫信給陸軍部長史汀生。可是八天以後，這位軍令部長發電報給新上任才一個月的基梅爾，卻又冒出一句，引用美國駐日大使格魯大名鼎鼎的預告，說「凡此謠言，了無根據」（No credence in these rumors），宣稱「在可以預見的未來，似乎沒有立即或計劃攻擊珍珠港的舉動。」

李察遜在離職前，擬了一份與基梅爾會銜的備忘錄，為他對夏威夷地區安全所盡的最後一份心力。在公開場所，他對調離美國艦隊總司令，表現出一員將領君子般落落大方。事實上卻骨骾在喉，非常不平；自尊心要求自己知道他這次離職的原因所在。

三月二十四日，他到了華府，向軍令部長史塔克報到。以尊敬但卻堅定的方式，要求給一個說法。「以我在海軍中的經驗，」他說得直截了當：「從來不和道一員將領調離美國艦隊總司令，與我受調的方式一樣。我覺得欠本人一個說法，要求說明為什麼調我的職務。」諾克斯部長安撫他，說總統會找他去把這件事說明白。（羅斯福卻從沒依照允諾找他去談話）。

諾克斯也給了李察遜暗示：「上一回在這裡，你傷了總統的感情了。」

如果李察遜繼續掌舵，珍珠港事件會不會不同？歷史沒有根據，現示出人事變動，日方會對進攻策略有所改變。李察遜猜疑這項可能的攻擊，並不能指望他比基梅爾的安全意識高；他拒絕敷設魚雷防禦網，成為他判斷中一項大錯。不過，他這項決定根據了魚雷兵工專家的技術意見：魚雷不可能在珍珠港有效使用。日本的大西瀧次郎，也從魚雷參謀前田孝成，得到了同一樣的評估。即令是最進取、極具想像力的源田實，在這一點上也最最懷疑。

上：基梅爾上將得到的任命為「美國太平洋艦隊司令」（CinCPAC）
下：在後主砲塔的三十五・六公分大砲下，基梅爾新任美國艦隊總司令。

第十五章
基梅爾身膺艱鉅

一九四一年二月一日，一個陽光燦爛的星期天，停泊在珍珠港中「賓夕凡尼亞號」主力艦的後甲板，銅件在陽光中閃閃發亮，以旗艦之尊，艦飾一向一塵不染。艦上官兵則在主甲板排隊，藍色晴空下，他們的白制服耀眼；偶爾一陣溫柔的輕風，吹動了他們的白領和黑領帶。

帆纜士官長哨音中，一批批金縺官員，井然有序上了舷梯，第一排面向前方的將領，不下十六員；珍珠港中為數多多的艦船艦長和很多參謀，則擠在剩餘的甲板空間內。

軍樂隊奏起「上將進行曲」；然後，左舷下方雙重梯上，要員亮相。李察遜在後主砲塔的卅五・六公分大砲下站得筆挺，和和氣氣的臉孔卻很莊重專注。新任美國艦隊總司令的基梅爾，僵硬挺直。今天，他自從一九〇四年從海軍官校畢業後的第三十七年，成為他一生最得意的時刻，到了事業的尖峰，身為上將——美國艦隊總司令。

就職典禮在十點零五分準時開始，「艦隊各位官兵，」李察遜低沉、穩定的聲音道出：「本人就要離開，但各位的難過可望獲得緩和，由於我將這一職位交給基梅爾將軍，他是我的多年老友，一位正直的漢子，和一員才能卓著的將領。他的繼任，我深以為榮……」

輪到基梅爾致詞了，他取下角框眼鏡，抽出一張紙稿，以清晰、鄭重的音調唸，先向李察遜致敬；然後以一種鄉村音樂的聲調，向官兵、向國家保證：「維持本艦隊最高水平的效率與準備，這是我個人的準則；或者，指導的原則。不論任何開展，只要獲得命令，本人即竭盡全力以赴。」

觀禮的《檀香山市廣告人報》記者馬修斯（Mark Mathews），第二天在報上發表一篇感受：「這位新到任的肯塔基佬，現在已經成為獨自、單獨、無限寂寞的人物；要負起一百萬噸戰鬥精鋼——舉世最大戰艦集團，以及國家安全的責任。」

基梅爾五十九歲，相貌英俊，身高一七八公分，體重八十一公斤，身強體壯，滿頭暗金色頭髮，略見白髮。這員命宮會遭遇惡煞的上將，天庭飽滿，眼神清晰有力，反映出聰穎與經驗。他生於一八八二年二月二十六日，家鄉為肯塔基州西北方一處漢德遜小鎮，離印第安納州不遠。由於家庭傳統，他原想申請進入西點陸軍官校，不料失敗了，便轉試海軍官校，這一次成了功。

他讀海軍官校全心全意，就像是要證明陸軍官校錯過了一條好漢般，他的確辦到了。在全班六十二人中，以第十三名畢業，在他一生事業中，沒有半點事暗示此生有潛伏的厄運在等著他。

歷經海上與岸上各種職務的磨鍊，一九三三年，基梅爾實現了每一個「黑皮鞋」官員的夢，擔任了「紐約號」主力艦艦長；一年以後，又升為「主力艦戰隊」指揮官的參謀長。在這資歷培養的幾年中，三件事使他升為將軍：射擊的優異紀錄、重要幕僚職、以及主力艦的紮實歷練。一九三七年十一月，他升為海軍少將，翌年七月，出任巡洋艦第七戰隊指揮官。

到了這時，他的人事檔案中，考績表上，都是優級評等，以及上級對他表示得意與滿意的考評。然而，華府發表他出任總司令一職時，海軍中的反應，從他自己到下級，都認為是一大驚奇，便由於他資歷不足，並不出名。

成為艦隊總司令，他有許多地方與對手山本五十六相關。兩個人都出身鄉下小鎮，都在一九〇四年從各自的海軍官校畢業，兩人都有衝刺的活力；雙方都有一批精幹的幕僚，對他們完全相信，宛等家人。尤其，兩人都愛國，血液中的最後一滴都是水兵中的水兵。

這兩員海將，都有夏日閃電的脾氣。山本五十六脾氣發作時頓腳，頓得官艙都為之震動。基爾梅夙以把書往隔艙壁上砸而聞名；怒火大作時，會把軍帽往甲板上摔，踩上幾腳。這碼子事在海上發生過好幾次；所以，一名勤務兵將一頂舊軍帽「備便」，將軍一發火，便把它拋過去代替新軍帽，直到火氣消了為止，通常只要幾分鐘。

美國海軍重行改編，區分為三個艦隊：大西洋艦隊、太平洋艦隊、和亞洲艦隊。這種情況自一九二二年後便不復存在。大西洋艦隊與太平洋艦隊不再舉行聯合演習，所以「美國艦隊總司令」變成只是一種榮銜。基梅爾得到的任令為「美國太平洋艦隊司令」（CinCPAC），他也十分知道，這才是他的真正職務。

珍珠港的形狀，使人心中不安，因為它是幾千公里內，太平洋艦隊唯一可以加油、修護、和補給的所在。它的地形就像是一枝酢漿草，花瓣分別開向西方、中央、及東面的海灣，只能從那枝瘦瘦的花梗進港，那條長長的海道好窄，一次只能容一艘主力艦出進。怪不得李察遜稱珍珠港是一處「他媽的老鼠夾。」

基梅爾和李察遜一樣，知道艦隊在珍珠港的不利，但他不浪費時間用鞭子抽死馬，他有軍人傳統的想法：任何決定，有總比沒有強。在他上任一個月內的二月七日，他致函軍令部長史塔克，這是一連串堅持但卻了無結果的信件之一：要求增兵。

軍令部分文給尼米茲作覆，他在三月三日，在一封冗長的公文中，答覆基梅爾要求增加充員，對海軍部決策涉及很多稀奇因素中，作了一個有趣的暗示：說羅斯福收到很多水兵家庭的抱怨信，說他們的子弟裝在軍艦內，就像是沙丁魚那麼擁擠。由於這個原因「總統現在強烈覺得，我們的超載，會使得軍艦生活不快樂。軍令部長和我，為了要他同意，在全員滿額的軍艦上，再裝更多的人。亟需要你能給的每一點一滴的協助和保證。」

基梅爾沒有得到他要求增加兵員的答覆，便在二月十七日，以二號密函下達給全艦隊。第二節假定「沒有一個負責任的外國，在而今存在的狀況下挑起戰爭，來攻擊本艦隊或基地。但是，這些國家中不負責或受到誤導的人，也許會試一試。」

信中更進而假定「在宣戰以前」也許會有下列行動：

（一）對珍珠港軍艦的奇襲攻擊。

（二）在作業海域的船艦，以潛水艦作奇襲攻擊。

（三）以上兩種混合的攻擊。

基梅爾也與一般的想法相同，日本決不會故意發動對美國的戰爭。這種觀念幾幾乎好笑——耗子踢貓嘛，但是對個人行動就難以預料了；而且他也知道日本歷史上「先下手為強」的戰例。

基梅爾的密函中，除了「防衛空中攻擊」外，並沒有提到遠程搜索，而這卻是保衛歐胡島的救命金丹；當時由陸軍執行，但不久便由海軍接手這項責任。

二月十五日，軍令部長史塔克來函給基梅爾，信中他的信念更為加強：艦隻停在港內的主要危險來自水下。信中開頭便提到：

「考慮到在珍珠港內裝設防雷網，以對抗魚雷轟炸機的攻擊，但由於港內水深較淺，限制了這種需要。除此而外，航行阻塞及艦隻運轉所需要的空間，限制了目前防雷網形式的實用性……

「從飛機投擲魚雷成功，假定需要的最低水深為二十五公尺，五十公尺水深最理想。投雷航速為每小時一百廿節（二一〇公里）至一百五十節（二七〇公里）之間，理想投雷高度為二十公尺或更低。魚雷起爆機發生作用前，需要入水航行約兩百公尺，不過這可以更改設定……」

這些假設都有了猛烈的改變，日本人在不屈不撓的源田實激發下，有了熱烈的信念：無事不可能！他們已經達成了可以辦到的事，對魚雷的計劃、測射、和訓練，把史塔克信中所提的數字全都打破。

二月十八日，基梅爾致函史塔克，再度強調自己對艦隻安全的關懷；「我覺得對珍珠港來一次奇襲攻擊（潛艦、飛機、或兩者兼用）大有可能。本艦隊正立即採取實際步驟，使造成的損害減低到最小限度，確使來攻的部隊付出代價。本艦隊需要反潛兵力——驅逐艦及巡邏機……」

基梅爾並沒有寫出如何防制這種攻擊，而只說要使攻方付出代價，但他也像陸軍夏威夷軍區司令蕭特及其他人一般，以為他的艦隻不在珍珠港時更為可能招致攻擊。他後來作證時說：

「我覺得，依照情勢發展，太平洋艦隊也許離開珍珠港；在這種情形下，敵人可能會試圖對珍珠港的設施進行一次快速攻擊。」

實質上，艦隊停泊在珍珠港時，基梅爾並沒有保護艦隻的直接責任。事變後，海軍審問會議說明「對海軍一處永久基地的防禦，為陸軍的直接責任；而海軍只以永久基地所在的限定軍區設施予以協助。」

美國太平洋艦隊（一九四一年十二月七日）

司令　基梅爾上將（Husband E. Kimmel）
參謀長　史密士上校（William W. Smith）
作戰組　狄倫尼上校（W. S. Delany）
　助理作戰官　谷德中校（P. F. Good）
計劃組　麥莫理斯上校（C. E. McMorris）
　助理計劃官　莫菲中校（V. R. Murphy）
槍砲組　基茲中校（W. A. Kitts）
通信組　寇茲中校（M. E. Curts）
航空組　戴維斯中校（A. C. Davis）

情報組　雷頓少校（E. T. Layton）
主力艦戰隊指揮官（第一特遣部隊）　派伊中將（W. S. Pye）
主力艦隊飛機指揮官（第二特遣部隊）　海爾賽中將（W. F. Halsey）
搜索戰隊指揮官（第三特遣部隊）　布朗中將（Wilson Brown）
第四特遣部隊指揮官　布洛克少將（C. C. Bloch）
潛艦搜索戰隊指揮官（第七特遣部隊）　威瑟斯少將（T. Withers）
第九戰隊指揮官　貝林格少將（P. N. L. Bellinger）
基地指揮官（第十五特遣部隊）　卡爾洪少將（W. L. Calhoun）

他麾下的第四特遣部隊指揮官，也就是軍令部海軍第十四軍區指揮官布洛克少將。就總的來說，他的職掌為夏威夷軍區的總管。主管轄境內大大小小的修護工廠、極其寶貴卻又十分危險的油槽區、海港防務以及安全。他有數不盡的家務事，諸如岸上設施、住宅、宿舍、艦隊及岸上官兵的被服、服裝、膳食料理等。舉凡有關珍珠港防衛的海軍部門，他都有責任。因此，他對以空軍保衛各種設施與艦船非常關注。

太平洋艦隊在李察遜時代的作業程序，為艦隻一半在海上，一半在港內，港海輪調。基梅爾視事後一個月，便修改成三支特遣部隊，隨時都有一支特遣部隊在海上，有時候兩支；所以任何艦隻都是百分之四十的時間在海上，百分之六十的時間在港內。

第一特遣部隊指揮官為派伊海軍中將，軍階僅次於基梅爾，因此一旦基梅爾不在，便可由他代理太平洋艦隊司令。派伊素以才氣煥發的戰略家聞名，曾在軍令部擔任作戰計劃署署長；海軍的太平洋基地作戰計劃便出自他手。

第二特遣部隊指揮官為勇不可當的海爾賽中將，他神氣十足，滿面皺紋，與基梅爾為海軍官校同期同學。到了一九三四年，年已五十一歲的上校時，成了爺爺了，卻到朋沙科拉的海軍飛行學校受訓學飛畢業。像他這種年紀的海軍將校，熱愛飛行海軍航空兵的人，寥寥無幾；基梅爾對他倚畀很重。

第三特遣部隊的指揮官，為甫離華府的「新官」布朗中將，曾擔任「新倫敦號」潛水艦艦長和「加利福尼亞號」主力艦艦長，也出任過海軍官校校長。

基梅爾原來很想隨時都有兩支特遣部隊在海上，但是燃油嚴重短缺而無法實施。在他下面，有很多海軍少將指揮官，負責每一型軍艦。太平洋艦隊有十一艘油輪，僅僅只有四艘能在海上為他艦加油。想想看，單獨一艘驅逐艦全部馬力行駛，整艦燃油只能供應卅到四十小時，便可知道需要供應整個艦隊的難處了。何況夏威夷不產油，每一湯匙的燃油都要從三千二百公里外的美國大陸運來。整個供應的燃油，都貯存在高於地面、清晰可見的油槽區內，它是艦隊揮之不去的惡夢之一，怕的是這片廣大油槽區起火，不論是意外失火或者敵人的攻擊。

基梅爾的編組調整，給了第十四軍區指揮官布洛克另外的職位：第四特遣部隊指揮官，負責夏威夷海域，以及詹斯頓島（Johnton）、中途島、威克島、和帕邁拉群島（Palmyra）的外島防禦。技術上，布洛克有兩個老闆，以軍區指揮官來說，他隸屬軍令部部長史塔克；作為特遣部隊指揮官，便在基梅爾麾下。實際上，這兩條官道並不交叉，因為布洛克的行政業務聽史塔克，作戰事務則聽基梅爾的。

第十六章
料敵機先

一九四一年二月四日，星期二，就在基梅爾就任新職後不幾天。夏威夷陸軍希康機場轟炸機第十八聯隊的二十四架轟炸機，雷鳴般在鑽石頭上空，飛越駛向檀香山港的客輪「馬佐尼亞號」（Matsonia）上空。這種「阿洛哈」閱兵式，為的是歡迎在船上蒞臨夏威夷軍區履新的司令蕭特少將（Walter C. Short）。他的前任侯倫將軍，站在碼頭上迎迓這員步兵幹將。

二月七日上午九點整，蕭特的座車駛向夏孚特堡（Fort Shafter）陽光燦爛的閱兵場，經過短暫的儀式後，侯倫將他的軍旗及國旗交給蕭特。當天中午，也是在夏孚特堡，這一次則是在軍區司令部，在另一次使人印象深刻的儀式中，蕭特接受了第三枚將星，晉升為陸軍中將。由站在身邊快樂含笑的蕭特夫人，將新軍階的將星，別在他兩肩肩章上。問題是：兩個人誰更為得意。

蕭特於一八八〇年三月卅日，生於伊利諾斯州的費爾摩市（Fillmore, Illinois），一九〇二年畢業於伊利諾大學，當年二月二日便直接任官；在幾近四十年的軍職經歷，成為那一代步兵常備軍官的典型。服務早期在德州，舊金山普勒西底阿堡、菲律賓、內布拉斯加州、和阿拉斯加。任職步兵第十六團時，在潘興將軍麾下，參加討伐墨西哥一戰。

第一次世界大戰時，他以上尉赴歐，職司編組及訓練，晉升為上校，但戰後調降永久軍階為少校。一九二〇年入指參學院；在參謀本部三年後，進入陸軍戰爭學院。一九三七年，晉升准將。歐戰爆發，他歷任隊職；最後，成為他一生事業的頂點，陸軍調他去夏威夷。

人們對選任蕭特，並沒有一如海軍選任基梅爾般，引起猜想。侯倫屆齡退休，由蕭特取代，沒有人有所揣測。事實上，他對遠赴檀香山市並不熱忱。陸軍參謀總長馬歇爾把這項調動消息透露給他，他便說，如果這是例行業務的調動，他很想一份留在大陸本土的差事，因為老丈人的健康欠佳。但是馬歇爾告訴他，這項派職很重要，他一定要去夏威夷。

基梅爾和蕭特立即建立了一種極為良好的個人關係，不久便訂定了雙週週日打高爾夫球。

陸軍夏威夷軍區履新的司令　蕭特中將

蕭特削瘦、敏感的方正臉龐；骨格均匀，神色敏銳。身高一七八公分，穿著整齊的卡磯軍服，他使人有一種印象：年逾耳順的三星中將，身材還這麼瘦削，莫非時間出了錯。

一九四一年十二月七日時，他的夏威夷軍區編組為：

軍區司令　蕭特中將（Walter C. Short）
軍區參謀長　費利普上校（Walter C. Phillips）
參一人事處長　思羅克莫頓中校（Russell C. Throuckmorton）
參二情報處長　菲爾德中校（Kendall J. Fielder）
副處長　比克納爾中校（George W. Bicknell）
參三作戰及訓練處長　多尼根中校（William E. Donegan）
參四補給處長　馬斯頓上校（Morrill W. Marston）
副處長　弗勒明少校（Robert J. Fleming）
副官處長　鄧洛普上校（Robert H. Dunlop）
通信處長　鮑威爾中校（Carrill A. Powell）
步兵第二十四師師長　威爾遜准將（Durward S. Wilson）
步兵第二十五師師長　默里少將（Maxwell Murray）
防空砲兵（海岸砲兵）指揮部指揮官　伯金少將（Henry T. Burgin）
防空砲兵第十五營

防空砲兵第四十一營
防空砲兵第五十五營
防空砲兵第六十營
防空砲兵第九十七營
防空砲兵第二五一營

蕭特生涯中，以訓練職的時間長，但到了夏威夷，他卻有雙重基本任務：一為保衛停泊在珍珠港內的太平洋艦隊；次為夏威夷群島的海岸防禦。到了這一年的下半年，又加上菲律賓到本土間飛機的來去。任何一項工作，都足以要蕭特麾下官兵全力以赴，要達成所有這三項任務，所需要的人力物力，足以壓沉夏威夷群島。

一九四〇年十一月二日，星期六晚上，美國陸軍運輸艦「吳德號」（Leonard Wood）駛抵檀香山，一位高大的軍官走下跳板，滿頭捲曲的灰髮，濃眉下愉快的眼睛，臉型瘦削，長下巴，大鼻子，天庭很高，大大的眼睛倒像是位學者。

他就是蕭特麾下航空隊指揮官馬丁少將（Frederick L. Martin）。他在少校軍階，年已卅九歲時，才從飛校畢業，進過

夏威夷陸軍航空隊
指揮官　馬丁少將

航空戰術學校及陸軍指參學院，歷經一段隊職後，又進陸軍戰爭學院。一九三七年春天，以臨時軍階准將，出任轟炸機第三聯隊長；一九四〇年十月一日晉升少將，調任夏威夷航空隊指揮官，十一月一日起生效。

他以陸軍航空隊高級飛行員之身，飛行過兩千小時的二星少將，可以先與侯倫、後來與蕭特打交道，縱使並非平起平坐，至少在接近距離以內。

馬丁身體並不頂好，看上去要比他的五十八歲年齡老一些，早期有過一次嚴重的長期潰瘍病況，需要動手術，影響了健康，自此他多年忌酒。這份職務頗為不明確，也和海軍第十四軍區指揮官布洛克一般，有兩位上司。他是夏威夷航空隊指揮官，可以直達華府陸軍航空隊總司令安諾德（H. H. “Hap” Arnold）少將；但卻受一員步兵將領蕭特的指揮。

夏威夷陸軍航空隊的編組，在夏威夷軍區司令官指揮下；

陸軍航空隊指揮官　馬丁少將
參謀長　馬利生上校（James A. Mollison）
情報官　雷勒上校（Edward W. Raley）
通信官　霍波弗中校（Clay J. Hoppough）
轟炸機第十八聯隊聯隊長　倫道夫准將（Jacob H. Rudolph）

驅逐機第十四聯隊聯隊長　戴維松准將（Howard C. Davidson）
希康機場指揮官　法辛上校（William E. Farthing）
惠勒機場指揮官　弗勒德上校（William J. Flood）
貝洛斯機場指揮官　韋庭頓中校（Leonard D. Weddington）

一九四〇年十二月十七日，馬丁就職後大約六星期，他寫信給航空隊總司令安諾德：「這些島嶼極少平地適合作著陸場。以現有的平坦地區來說，大部份都耕種了鳳梨或者甘蔗……職提議對每一戰鬥機中隊提供一處遠隔的著陸場……」馬丁不要他的飛機擠在一起，使敵機撲向它們時經易加以收拾。

海軍中，馬丁的同行，是太平洋艦隊第九特遣部隊指揮官貝林格少將，一位外向的愛爾蘭人。他在一九四〇年十月卅日到達夏威夷，他一頭黑髮，在左邊分開，頗長的嘴，一對直接望人的藍眼珠。在海軍中，有非常優異的飛行紀錄，到了珍珠港，從事不少於五份位置的

太平洋艦隊第九特遣部隊指揮官　貝林格海軍少將

工作，理論上，要回答五位不同的上司。

一九四一年元月十六日，他寫了封措詞強烈的信給軍令部長史塔克：

一、職於一九四〇年十月卅日抵達此間，著眼於國際情勢，尤其在太平洋情勢嚴重，深感任何不測事件發生時，急需在今日作準備而非明日。自接任巡邏機第二聯隊後，察看情況，駭然發現夏威夷群島，海軍一處重要的前進基地，運作上了無資源；尤以，眼見有限資源似乎日見減少。

……對現有的巡邏機，包括巡邏機第二聯隊在內，迄無加以現代化的計劃，也就是說，無意更換目前的老舊巡邏機……再加上現在很多的缺失，現示出整個海軍部對太平洋的情勢，雖有警覺的見地；或者說，不採取步驟以維持他們的見地。

這是一員少將朝海軍軍令部長所揮出的一記重拳，貝林格緊急建議「採取緊急步驟，提供所要的人員、物資、設施、及裝備。」他一一列出後，補充說：「充份感謝海軍部人員極為繁重、耗竭身心的工作，我無意批評或推卸責任。」他在結尾，把建議事項一項項慎重其事列舉出來。

三月一日，基梅爾把貝林格找到他的辦公室，指示他到海軍第十四軍區指揮官布洛克那裡去，與陸軍航空隊指揮官馬丁一起擬出一份一旦發生對歐胡島、對艦隊、或在夏威夷海域的艦隊單位遭到攻擊時海陸軍的聯合作戰計劃。

這一份有名的〈馬丁與貝林格報告〉（The Martin-Bellinger Report），成為所有研究太平洋戰爭學人的文件之一。報告中文字清晰利落，在「情勢總結」中，寫著：

（c）對歐胡島我軍艦隻及海軍設施一次猝發而成功的突擊，可在長長一段時間中，防止我軍在西太平洋進行有效攻勢……

（e）很可能，「橙方」潛水艦或「橙方」快速攻襲部隊進抵夏威夷海域，而我方情報系統並未發出早期預警。

這兩員航空將領的判斷，與源田實的思路一致。報告中說：「在夏威夷現有的飛機，在任何時間，都不足以維持從歐胡島基地起飛進行密集的巡邏，足以確保從『橙方』航母起飛的飛機，不可能以十足奇襲飛抵歐胡島上空。……」問題卡在這裡，使歐胡島守軍進退兩難——迫切需要作全週三百六十度全週巡邏，卻沒有所需要的飛機來達成這項任務。

在這篇報告的「敵可能行動」這一章，兩位將領實際上預告了未來：

（a）可能在宣戰以前：

1.在作戰地區由潛水艦對船艦進行奇襲攻擊。

2.對歐胡島，包括了珍珠港的艦隻及設施，進行奇襲攻擊。

3.以上兩種攻擊方式的混合。

（b）似乎對歐胡島最可能也最危險的攻擊，為空中攻擊。認定目前進行這種攻擊，最可能便是機群從一艘或多艘航空母艦上起飛，而航艦群或許接近到三百浬（五百四十公里）以內。

（c）在防禦的機群為最先的攻擊所吸開後，一次單獨的攻擊（可能或不可能現示出），存在得有更多潛水艦或機群在等待攻擊。

（d）任何單獨一艘潛水艦攻擊，可能指示出，存在得有一批相當可觀的海面艦隻，由一艘航母隨同快速艦隻組成。

（e）一次拂曉空中攻擊大有可能，作為完全奇襲發動……潛艦攻擊可能與任何一次空中攻擊協同進行。

答案：

那麼，基梅爾、布洛克、以及蕭特，對潛在性的日軍攻擊怎麼辦？馬丁和貝林格作出

v（a）每天派出巡邏機，儘可能向海上遠飛，作三百六十度飛行，以減削海面或空中奇襲的機率。這種方法最為理想，但在目前的人力及裝備下，僅能在非常短的一段期間保持有效。

馬丁和貝林格若非真正在山本五十六、大西瀧次郎、和源田實的身後張望過，否則無法寫出這種透視敵人內心無以復加的報告。這篇報告的日期為一九四一年三月卅一日，也就是山本要艦隊參謀對他的構想開始工作的時候。

華府對〈馬丁與貝林格報告〉感到高興，軍令部作戰計劃署署長透納說：「我們整個同意，看到在那裡的兩個重要司令部中的官員對情勢的見地，與陸軍部和海軍部的看法相同，令人非常舒暢、高興。」

四月一日，就在〈馬丁與貝林格報告〉呈出的第二天，華府海軍軍令部情報署要所有各海軍軍區指揮官——包括了夏威夷的第十四軍區——注意：

「各區海軍情報人員注意：基於過去經驗的事實，軸心國時常在星期六、星期日、或有關國家的固定假日開始活動。貴區在此等日期，應採取步驟，達成適切監視與預防措施。」

歐胡島上的將領，正忙於策擬計劃，以迎戰日本可能的攻擊時，很多美國人卻認為夏威夷是一處牢不可破的金城湯池。歐胡島的四面八方，都是捍衛它的汪洋大海。軍事專家認為北面的廣大海域為「真空海」，是敵人最好也最可能的接近路線，但也是提供暴露與偵測的開闊公路；儘管日本有廣大的海洋來接近歐胡島，但夏威夷在中太平洋控制了所有海島可加以反制。尤其，一連串的外圍基地環繞著歐胡島，美國已經傾注了以百萬計的美元建立防務。西北方二千三百公里處的中途島，西方一千六百公里的威克島，西南方一千二百六十公里的詹斯頓島（Johnston），正南方一千八百公里的帕邁拉島（Palmyra），這一帶防衛週邊，還延伸得有很多美國與英國的屬地。北面的阿留申群島，荷蘭港的新海空基地，更看住了北太平洋日本向西海岸的最近接近路線。

珍珠港內的太平洋艦隊，有主力艦六至八艘，航空母艦二至三艘，為數眾多的重巡洋艦與輕巡洋艦，數以幾十艘計的驅逐艦、潛水艦、掃雷艦、和輔助艦。它位居中太平洋的樞紐中心，一聲令下，隨時可以向任何方向的敵艦出擊。夏威夷深以這支四海守護神為傲。一九四一年二月一日，檀香山市的《廣告人報》便炎炎大言：「如果有一支艦隊及兵員準備好了應付任何緊急事件，那就是山姆大叔的主力艦隊了。」

陸軍也竭盡全力鼓吹夏威夷，是「陸軍保衛得最好的全球海軍基地。」強大的守備部隊為兩個步兵師，官兵達二萬五千人，具有現代裝備，經常舉行野戰演習，訓練精良。希康機場的陸軍轟炸機可作打擊敵人的強力部隊；惠勒機場的驅逐機中隊可以確保歐胡島的空中優勢；一旦敵軍迫近登陸，我軍有要塞砲一百二十七門，防空砲兩百十一門，野戰砲及機關砲三千多門，嚴陣以待。無怪乎陸軍夏威夷軍區司令蕭特中將，在四月七日說道：「我們全都生活在夏威夷這處金城湯池的要塞島上。」

很多美國人都讚揚他們在中太平洋的這處基地，信心日增；難怪他們即使把〈馬丁及貝林格報告〉看過，也只把它當成具有學院論文的價值，而和地理位置與後勤的現實了不相關。

戰後調查中，前軍區司令侯倫將軍，說他在交接司令職時，移交了一份簡報手冊給蕭特，專談如何防衛夏威夷；可是蕭特看的是一本長篇小說，而不是簡報手冊。他也根本沒有自就任夏威夷軍區司令這一職位上，向侯倫提出過半個問題。侯倫判斷：蕭特不宜於擔任這項職務。

第十七章 酣睡的巨人

日本海軍軍令部作戰部內一些人員，很有強烈的可能，早在一九四一年元月，就知道了山本五十六的珍珠港計劃方案。

舉例來說，作戰部的參謀內田茂志中佐，他的職掌便包括了對美作戰；他是一位睿智而又頭腦清楚的官員，與源田實為海軍官校同期同學，對源田認識很深，十分欽佩。內田臉形瘦削，卻有一種溫和自信的神色，為人友好可親。他在美國待了兩年學習語言，英語很溜，對美軍艦隊的習慣與日常作業十分在行。一九四〇年十一月，才調到作戰部，與處內所有同袍密切合作，他有一本簡明的日記，留下了他的記憶。

「早在一九四一年元月底到二月初，我開始寫出本身構思的對米作戰計劃——包括了攻擊珍珠港作戰的個人主張。」內田寫道；他進而證實，作戰部的其他參謀，早在這時，就知道了山本設計的方案。

當然，內田在作戰部的計劃作為，並不與這年年初山本與海相及川古志郎及大西瀧次郎所商討有所關聯。內田身為作戰處米國科科長，攻擊珍珠港的點子偶爾提了出來討論，也成為他的責任。

無論如何，就在這些過程中的某處，漏出了對珍珠港可能攻擊的消息，這與山本或內田絲毫無關，也許僅僅只是一種虛張聲勢的構想巧合而已。

美國的要人們是否曉得珍珠港是一個可能遭受攻擊的目標？當然！

「如果同日本發生戰爭，」一九四一年一月二十四日，海軍部長諾克斯致函給陸軍部長史汀生說：「相信會由一次奇襲珍珠港海軍基地的攻擊開端，極有可能。」

三天以後——距山本把他的策略向大西透露不到兩週，美國駐日大使格魯，向國務院發出密電：「秘魯駐日的同僚，曾在各方面——其中有位日本人——獲悉，現在已在著手擬訂一項一日美日發生糾紛時，突襲珍珠港的計劃；雖則這個計劃好像捕風捉影，但他告訴我，他的消息來源很多。」

國務院把這個警告——歷史上最重大的警告之一——轉給海軍部，再轉給美國太平洋艦隊司令基梅爾海軍上將，附註下列意見：

「海軍情報署對此項謠傳無法採信，基於目前日本海軍、陸軍與運用之已知資料，最近將無攻擊珍珠港之行動；在可預見之將來，亦無是項計劃。」

雖則如此，在二月十五日，一封「機密」的太平洋艦隊函件中，基梅爾假定「可能對珍珠港軍艦實施奇襲性的攻擊而引起宣戰。」

這項假定，也曾在一九四一年三月份傑出而準確得出奇的參謀報告中提出過。最後一份是「對夏威夷地區空軍狀況」的研究，由夏威夷軍區第五轟炸大隊的大隊長法辛上校（William Farthing）所執筆，這份預言性的文件，在八月二十日呈陸軍部，具申的意見中指出：日本可能佈署一次對珍珠港的突襲，可能使用六艘航空母艦；發動這次空中攻擊，最有利的時間是拂曉，最可能的進襲方向是來自北方。為求先制這項攻擊，報告中建議在各種措施中，由空軍巡邏，「對夏威夷地區，保持在白天實施全部而持續不斷的全週搜索。」為克臻此，「夏威夷航空隊軍區，需要一百八十架B－17D型飛機，或其他具有同等巡航距離的四發動機轟炸機。」

假如能執行這個計劃，日軍便會一敗塗地，可是美國陸軍航空隊並沒有一百八十架「空中堡壘」，現有飛機大部份都調往菲律賓、英國、和大西洋地區。當時的國策著重於擊敗納粹德國，因此日本人在十二月七日攻擊時，在夏威夷地區的空中兵力，僅僅只有十二架B－17轟炸機。

一九四〇年夏天，美國的密碼專家，已經譯破了日本的外交密碼，這是情報史上最輝煌的一頁。夏威夷日本總領事館吉川的間諜報告、東京的覆示、日本駐華府大使館所有的來往電文，這時已經全部公佈在美國的面前。但是這些大批掩沒的珍寶，可能仍然還在埋葬中；有時堆集著截獲的重要文電，一星期多都沒有譯出。情報要求上最重要的「分發情報」，卻糟不可言。可能部份由於完全愚昧，部份由於在保護情報來源的顧慮；分發情報可能導致日本人懷疑他們的密碼已被譯破。因此，情報資料往往留中不發，沒有給那最迫切需要的方面；基梅爾上將斷然宣稱，根本沒有一份截獲的所謂「魔術」（日本密碼）電報到過他那裡。

美國和日本的基本關係，是可悲地過於低估了這個有才能的民族。大多數美國人認為日本人是一個可笑的小個子、暴牙齒、帶著闊邊眼鏡、勤勉、呆板、是一個缺乏想像力的模仿者。一些自以為是的專家聲稱說，日本人眼睛的獨特構造，使得他們都是差勁的飛行員。一九三幾年代，有份外交報告說：「日本人的耳道中，有一種體質上的缺憾，因而產生失調的平衡感。」

日本是一個紙老虎，她的戰爭機器既脆且弱；飛機只不過是亂七八糟的大雜燴，她的海軍艦既差勁，而上層結構很重；在一次大戰中，這個脆弱的帝國，就像是茶杯往磚牆上砸；日本人紙糊房屋的城市，在空中攻擊下，是世界上最易損害的國家；尤其，她已經犧牲在軍事的惡性貧血症上，她的生命血液已經浪擲在「支那」的巨大河流裡；如果她向美國的力量挑戰，無異是一種國家性的自裁。

山姆大叔在中太平洋上十億美元的堡壘，既安全又可靠，「珍珠港可能是世界上最好的海軍基地，沒有一處地點能像這麼適中，有這麼好的防務，和這麼好的補給！」這是「血腥的星期天」前九個月，海軍部長向普拉特這樣寫過。九月六日，新聞記者比奇再給加上一段：「日本人對夏威夷的攻擊，可算是世界上最未必有的事，成功的機會只有百萬分之一。」徒托空言的專家和業餘戰略家，對當時防務的神話，以一種幾乎了無止境的沾沾自得在誇耀：「金城湯池的珍珠港！太平洋上的直布羅陀！」

山姆大叔在中太平洋上十億美元的堡壘，既安全又可靠：「金城湯池的珍珠港！太平洋上的直布羅陀！」

第十八章
間諜的溫床

「這是一件普通常識的事，檀香山市的日本總領事館，便是歐胡島內間諜的溫床。」陸軍夏威夷軍區指揮官侯倫說道：「我對總領事本人一向都猜疑，不管他館內人員是誰。」一九四一年時，這處總領事館為日本外交界最忙碌的諸館之一，它也是與日本海軍情報署長鏈中的一個重要關節。

長久以來，日本特務在夏威夷便很活躍，一九四〇年五月，羅斯福將太平洋艦隊的基地移來這裡，日本外務省便要求總領事郡司善一，經常報告美國海軍在夏威夷的兵力、部署、及活動。這項要求起自海軍軍令部，也同陸軍同行一般，樂於與外務省有儘可能密切的關係，利用駐外代表作間諜或其他情報工作。郡司喜一對美國艦隊的情報資料，大都靠檀香山市的各家報紙。當地媒體經常報導李察遜麾下艦隻大小、數量、及行動，順便還報導正確的艦名，以及進出港的時間。

一九四〇年九月十一日，郡司喜一回日本，便由副總領事奧田乙治郎接手，代理總領事的工作。奧田是一位歷練很久的職業外交官，為人機警、和氣、富知識，中等身材，面容堅定，反映出對職責的認真，有一種東方人的神秘感。

沒有直接的證據，日本派奧田到檀香山專門從事間諜網，可是美國情報圈裡的證據，卻認定他的職權便是負責諜報。奧田進行他的諜報快捷迅速，一如郡司告訴他的，檢查艦隊行動並不特別難，當地報紙會一五一十報導出來。

不過奧田並不完完全全依靠報紙，也派出工作人員去檢定珍珠港中的艦隊來印證媒體報導。可是到了一九四〇年年底，他發覺這種報導越來越少了。一點不錯，因為夏威夷新聞洩漏造成的震波遠達馬尼拉。一九四〇年十二月十五日，亞洲艦隊司令哈特上將（Thomas C. Hart），致函給夏威夷十四軍區指揮官布洛克，對「海軍艦隻及人員移動消息公諸於世，深感不利而宜加以阻止。」他也說得很坦率：「使本人深為擔心的新聞來源，大多數均在貴軍區所在。」

因此，布洛克也提高了警覺，到一九四一年三月四日，他還向「星報」（Star-Bulletin）大字標題的「艦隊主力出海」（MAIN BODY OF FLEET TO SEA）提出抗議說：「貴報刊載的這種消息，如果屬實，便對任何真正或潛在的敵人，提供了有價值的依據，以決定他們的行動。」

這封抗議函後第十天，一九四一年三月十四日，日本新任總領事喜多長雄，乘「龍田丸」抵達檀香山市。他是德島縣人，一八九五年生，畢業於東京帝大經濟系，經外交領事官考試及格，即進入外務省服務。曾任情報部第三科科長、內閣情報官、和上海總領事館情報部長，因此和情報夙有淵源。這一次在太平洋風雲變幻莫測中，由廣州總領事調檀香山總領事，也是要借重他的情報長才。

喜多長雄一到任，便向檀香山市的政要，包括陸軍司令蕭特在內，作禮貌性的拜訪。喜多長得方面大耳，頭髮厚密，兩道濃眉，獅子鼻，身材矮胖，很像一位拳擊選手。他服裝講究，打得一手普普通通的高爾夫球，是一位社交名人。

從這個時候開始，夏威夷島上的日本間諜緊急地活躍起來，有關美國船艦在港內的普通報告已不能滿足了。現在，東京需要確切知道每一艘艦隻的停泊地點，對空中巡邏和飛機的部署，提出了不計其數的問題。

山本在發出給大西少將的那封信兩天以後，又向軍令部主管情報第三部的小川貫璽少將，說明了自己的計劃綱要，要求小川盡量蒐集有關夏威夷的情報資料。於是，小川便決心派遣一名海軍情報專業官員前往夏威夷；經選定的官員雖然曾因意外斷了一個手指頭，而容易被敵方辨認，但卻是能勝任這項任務的適當人選。他就是軍令部第三部主管美國業務第五課少尉情報官吉川猛夫。

一九四一年三月廿八日，吉川乘坐「新田丸」客輪到達夏威夷，向總領事喜多長雄報到，他以職業外交人員的身份，調來檀香山市工作。喜多深表關切地打量他的新助手，他看到的是一位瘦削、而風度翩翩的青年，看起來比他實際上的二十九歲要年輕，絕對不大像一名間諜老手。他的外表非常純潔，是那種老頭兒管他叫「小子」、老太太疼愛、少女們傾心的典型。他過去沒有擔任諜報工作的經驗。尤其他的左手食指斷了一個關節骨破了相，正能送命的露出馬腳，喜多長雄十分懷疑這個人是否能勝任。

但是東京對這種事是不會有差池的，吉川的極端缺乏經驗，正是一項優點：他決不致在武官名單中出現，引起美國情報機關的疑心；而他的準備工作也很到家，出身於一個中等背景家庭（父親是一位警官）。

吉川畢業於江田島「海軍兵學校」（海軍官校），在學校裡曾經得過游泳冠軍（日本海軍官校規定，每個學生在畢業以前，都得要從有名的宮島神社，游過遍佈海蜥而凜冽的十六公里海面，一直游到江田島），而且是劍道四段選手。在學校裡，他是是個有獨特學者風的學生。同學們都埋頭用功準備考試時，他竟鑽研佛教禪宗哲理，孜孜於精神修持。然而他終於還是順利畢業了，分發在一艘巡洋艦上，幹了一任密碼軍官。以後，又先後在魚雷、砲術和航空各學校，接受專業訓練。可是，他因為縱量豪飲得了嚴重胃病，而不得不暫時退役。

他幾個月都悶悶不樂，後來，一位海軍的人事官員拜訪他，建議說海軍仍可以給他安插一個適當的位置，只要他在情報部門服務。他不得不放棄一切上進的希望，但是這卻是重回他所愛的海軍，所付出的小小代價。

給吉川的工作指示非常簡單，要他成為美國太平洋艦隊、和關島、馬尼剌、珍珠港基地的專家。其後四年中，他都在「美國司」，研讀《珍氏戰艦與飛機年鑑》，搜尋美國的報紙、雜誌、和技術書籍，終於他熟悉了每一種作戰船艦、飛機的名稱、艦身編號、結構、和技術特性。

一九四〇年下半年，他奉命參與外務省英語測驗，以掩護他真正的使命。根據當時主管海軍情報的報導部長小川貫璽認為，這種安排很平常，一位海軍官員可以離職成為平民，再在日本外務省獲得一個職務，派往最能為海軍效力的所在。總之，這種程序適合吉川的情況，一項顧慮周詳的暗示給海軍軍醫署，吉川少尉如果能脫離軍職，將較現職更有價值。經過一段賦閒的階段，使他在一種容易接受的心情下，然後……

一九四〇年春季，吉川的課長竹內大佐問他，肯不肯志願到夏威夷擔任諜報工作，不過，他將不會接受任何諜報訓練，甚至沒有一本諜報教範可以參考，一切都得要自力更生地去幹。吉川接受了這個任命，並且搖身一變，成了化名森村正的平民。為了準備扮演領事館館員這種角色，他開始留起了長髮，並且在「日本大學」攻讀國際法和英語。他通過了外交官考試，在外務省和海軍第五課兩頭跑辦公——在外務省研究美國政治和經濟，在第五課則注意有關美國海軍的情報。

山本大將要求軍令部多蒐集有關夏威夷方面情報的時候，是一九四一年春季，這時吉川也一切準備就緒。三月廿日，他在橫濱登上了郵船「新田丸」，一星期以後到達檀香山，這時他滿腦子盤算著的，如何達成以美國海軍為敵手的任務。日本駐檀香山總領事喜多長雄熱誠地歡迎他，第二天晚上，便帶他到位於俯瞰珍珠港一座小山上的日本餐館「春潮樓」。這家餐館的女老闆藤原波子，原藉愛媛縣，是吉川的小同鄉。她告訴吉川，她手下有五名藝妓，都是在日本訓練的。所以吉川的任務還不枯燥。

日本駐檀香山總領事喜多長雄

吉川的月薪是一百五十美元，另外還有六個月的活動費六百美元。他開始展開活動，隨機應變地運用自己構想的各種方法。他首先環遊了所有的主島，然後又在歐胡島（Oahu）上作了兩次汽車環島旅行，他像其他觀光客一樣，穿著大花的夏威夷衫，帶著一位漂亮藝妓，而且在歐胡島上空，作了一次空中觀光。在第二次環遊各島以後，他判定除去珍珠港之外，其他各島與附近都沒有海軍艦艇；於是，便決定將活動集中在歐胡島上。他每星期駕車作兩次六個鐘頭的環島旅行，每天都要到珍珠港地區跑一次。他照例祇是從一個小山的山頂遠眺珍珠港，但是卻也有幾次走進了海軍基地大門。有一次，他帶著便當盒，跟著一群工人混進了基地，在裡面盤桓了一整天，竟也不曾遭到盤查；他用手敲一個大油槽，聽聽裡面究竟有多少汽油，結果發現裝滿的油槽，汽油會從上面溢出來，從欄柵外面可以看得清清楚楚。另外一次，他說服一位在一間軍官俱樂部工作的女服務生，在舉行一次盛大宴會的時候，替他找到一份在廚房當下手臨時工的差事，但是那次他只學到了美國人怎樣洗盤子。

夏威夷龐大的日裔社會，對於吉川的工作毫無幫助。他曾經探聽過很多日裔美人的態度，通常是在領事館利用喝酒的機會把盞暢談，但是發現他們幾乎都自認為是忠貞的美國人；在吉川心目中，這是不可思議的：他們都到佛教廟宇上香，或是到神道教的神社參拜，對於「帝國陸軍救恤基金」的勸募，也都慷慨輸將，怎麼能說是忠貞的美國人呢！不過，有一位日裔老頭子，卻表示同意在一旦開戰的時候，放火燒一片甘蔗田作信號，並且談到他所看到的美軍大砲，但是當他

軍令部第三部主管美國業務第五課少尉情報官吉川猛夫（化名森村正）

開始形容在鑽石頭（Diamond Head）山上一門大砲的口徑「像廟裡大鐘一樣」的時候，吉川便知道他完全是信口開河，再也不相信他所提供的情報了。

他和美軍水兵們閒聊，也照樣一無所獲。他們天南地北地胡扯，就是不談「正事」。他所蒐集到的情報資料，都是用平淡無奇的簡單方法得來的。他通常和藝妓——有時是「春子」，有時是「瑪麗千代」——坐在「春潮樓」的榻榻米上，看她用筆畫著下面軍港裡的軍艦。當他駕車作例行「兜風」的時候，照例要帶個女伴同行——有時是一名藝妓，有時是領事館的女傭——因為假如他單獨行動，有些地方的警衛會教他停車。

吉川在檀香山，擔任他名義上的職務——他在美國國務院登記是領事館秘書——後，便埋頭工作，每天把當地的報紙從頭到尾看一遍，特別注意船期消息和美國海軍官員的社交新聞；每天散步經過珍珠城市區時，便能清楚地觀察福特島和機場；同時，一星期中總有兩三天，在珍珠城半島島端一家日本老頭開的料理冷飲店裡小吃，這裡恰在福特島對岸，也是他能看見珍珠港的最近地點。

他在這裡可以直接觀察很多事情，艦隊是否馬上開航？是否獲得了補給品？晚上他經常出入酒吧，同美國軍人廝混，聽取軍中的馬路消息，但他幾乎從來沒有向人提出問題，以免引起注意。

他害怕被人發覺，時時保持警覺，聯邦調查局的陰影無時不在他頭上徘徊，喜多警告過這是一個不可輕視的組織。他經常怕有人在領事館內、或他常去的餐館裡裝置錄音機。吉川總是在晚上其他職員都就寢以後才報告喜多，他們彼此書寫字條討論最高秘密，然後把字條燒掉。

夏威夷的觀光旅行，給吉川很多機會，直到美國停止與日本的一切貿易以前，他每天都去接到港的日本船，率領一批批登陸的日本人作觀光遊，達成了他頻頻旅行的掩護，否則就會引起懷疑了。有一次，他穿了最鮮艷的夏威夷衫，帶了一名藝妓，在歐胡島上作觀光飛行，這次升空使他對惠勒機場和希康機場都看得很清楚；他也曾從水上偵察過這些機場，有時是釣魚，有時是游泳。

愛亞處的甘蔗田，是瞭望珍珠港最清楚的位置。吉川多次穿著勞工的裝束，在那裡觀察艦隊，每次他都利用另一塊蔗田，停留的時間決不超過三十分鐘。

有一次吉川目睹艦隊在清晨發航離港，那是一項令任何水兵心弦震顫的壯觀場面，他以銳利的職業性興趣觀察著，確定艦隊出發時所需要的時間久暫、演習所用的隊形、以及每一艘艦隻所採取的位置。這對東京是一項重要的情報資料，假定戰爭開始，美國艦隊出擊，日本人可以依據這些資料來調整對策。

八月七日，惠勒機場舉行了一次慶祝節目，熱烈歡迎社會各界參加，吉川也是接受這項邀請人的一位。機場絕對禁止攜帶照相機，但是這項禁令對他並無困擾，他所見的每一樣東西，一點也沒有遺漏，當他回到領事館，便馬上寫下他的所見所聞。

他還到歐胡島中部戰鬥機基地的「惠勒機場」（Wheeler Field），參觀了一次軍機表演。他和其他觀眾一起坐在草地上，看著P－40戰鬥機飛行員們表演各種特技；還有幾架飛機竟低飛穿過一個兩頭敞開的棚廠。他不作筆記，而祇是在心裡默默記下飛機、棚廠、營房和士兵的數字。他從不攝影，而完全靠他自已的一雙「照相機眼睛」。

他每個禮拜呈一份報告給喜多總領事，喜多再派自己的司機，將密電送到檀香山的馬凱（Mackay）電報局拍發。吉川活動了將近一個月的時候，發覺自己已經被聯邦調查局派人「釘梢」，那是一輛有無線電天線的黑頭轎車。喜多警告他要小心一些。

吉川的工作忙得要命，他沒有假日，星期天不過是另一個工作日。雖則日本在夏威夷有其他間諜網，吉川基於若干理由，認為他們的工作屬於玩票的性質。

第十九章
兵者，詭道也！

日本最尊敬的兵學經典為《孫子》十三篇，首篇〈計〉，便是討論作戰的「計劃作為」（Laying Plans）。在第十八節，特別強調：

「兵者，詭道也」（All warfare is based on deception），說明「兵不厭詐」；一個完備的作戰方案，必須納入各種手段，實實虛虛，真真假假，造成敵人判斷的錯誤。

山本五十六的「夏威夷作戰」（Operation Hawaii）計劃，保密與欺敵雙管齊下，小至出發官兵的服制，大至通信頻道及密碼更換，乃至民間船期，政府發言，媒體報導，無不遵從及配合作戰計劃而運作。使美國朝野都矇在鼓裡，在開戰的黎明，機群臨空，兀自高枕酣睡。

孫子在「九地篇」（The Nine Situations）中說：「敵人開闔，必亟入之。」（If the enemy

leaves a door open, you must rush in.）美國現在已經在夏威夷把門半開，讓日本人得以衝進來，作一次最後的情報刺探。

從九月起，東京政府就展開了談判，要求美國放鬆對日本的禁運。經過駐美大使野村吉三郎與國務卿赫爾幾週的商討後，美國終於同意日本可以派三艘客輪，航行夏威夷和美國，但不得裝載貨物。美國政府以公正態度作了這個讓步，相信可以有助於減輕時局的緊張，日本卻毫不遲疑地背棄了這項信託。

十月二十三日，第一艘到達檀香山的日本輪船「龍田丸」甫行靠岸，總領事喜多便上了船，船長交給他一個封口的信封，文件是海軍軍令部寄的。在很多的要求中，要求覓得一份能提供歐胡島上每一處軍事設施位置、大小、與兵力的詳盡地圖；一個密使團將立刻來取得這份地圖，同時商談其他緊急的重要事項。

密使中有熟悉太平洋美國空軍的權威鈴木英少佐，和潛水艦專家前島壽英中佐。他們此行是在對珍珠港作一次個人的狀況判斷，然後各別報告海軍軍令部。

「龍田丸」在夏威夷勾留後便駛往美國。第二艘獲准的「大洋丸」，船上載了鈴木和前島，船僅僅駛往夏威夷；東京政府的一位發言人，對好奇的美國記者說明，此舉「僅僅是為了便於船期的安排。」

十月二十二日，「大洋丸」駛離橫濱，旅客名單上沒有鈴木和前島。在船員名單上，鈴木是副事務長，前島是船醫。船駛出地面視線以外，立即轉向北方，依照攻擊珍珠港艦隊計劃中採取的「北線」航行，亘整個航程中，這兩位官員日夜輪值，小心翼翼地搜索水天線。

結果遠遠超出了預期以外，駛往夏威夷的整個航程間，沒有看到一艘任何種類的船，天候也是吉星高照，幾乎是灰暗色的天空，再加上相當的霧量，構成了一層掩護的薄幕。直到離歐胡島大約一百四十公里，才在雲中看見第一架美國巡邏機。

十一月一日，星期六，早上八點三十分，「大洋丸」緩緩駛進檀香山港口，計劃的時間分秒不差，正是週末，也正是計劃攻擊的概定時間。客輪在「奧拉哈塔」附近的第八號碼頭下錨，在船舷邊，兩位官員可以用望遠鏡週密地觀察珍珠港和附近地區。

這艘客輪在港內停泊了五天，在這段時間中，鈴木和前島都留在船上，這是遵照命令的規定，海軍軍令部不要美國官方發覺、和詢問他們，以免引起任何懷疑。總領事喜多一共拜訪他們三次，每次都帶了領事館的兩位隨員，捎帶上船與下船的東西，因為假若美國反情報人員，來一次突擊檢查，他自己身上一無所有，隨員如果違反規定被捕，也可以說情釋放。

喜多不准重要間諜吉川接近這艘輪船，以免聯邦調查局人員跟蹤。但是鈴木交給喜多一長串的問題，要吉川答覆：其中，海軍軍令部要知道歐胡島上是否在戒備中？美國人能不能猝然奮起應戰？能不能乘其不備？吉川的答覆很有利。

吉川交來一幅詳盡的地圖、長長的答覆事項、以及所有其他發現的事情給喜多；喜多的一名助手把這些寶貴的資料藏在一捲當地報紙下面，輕鬆地走上跳板；當這項任務安然達成後，大家都如釋重負地舒了一口氣。

十一月五日，「大洋丸」駛返日本，登船的旅客，都經過一次「檀香山市碼頭最嚴密的海關檢查」，在他們身上和行李中，沒有搜到任何違禁品。

為了欺敵，不使美、英軍感受日軍即將攻擊，而能達成奇襲，日軍大本營講求各種秘匿企圖的方策，即有「龍田丸」的偽裝航次。

十月以後，日本為撤出美國、夏威夷、印度、東南亞方面的居留日僑，即調派包括「龍田丸」在內共十艘客輪航行。十一月二十四日，「龍田丸」駛往美國擔任接運。

「龍田丸」自橫濱出發，預計抵達洛杉磯時間，為開戰的十二月七日左右，定會被美海軍扣捕。但為了秘匿開戰日，所以故意延緩三四日，仍照航次出航。

十二月二日下午一點出港。並為避免於航行途中與商船相遇，選擇了可能性較少的北方航線，到十二月八日開戰時，希望能在國際換日線的一百八十度附近返航。

大本營海軍部在「龍田丸」出港後，協調外務省與遞信省當局發表談話，強調「龍田丸」的航次為撤僑，意義重要。

他們說：自橫濱出港的「龍田丸」，先駛往洛杉磯及巴拿馬，在墨西哥靠港。預定航程為：

十二月十四日到達洛杉磯，十六日自該港出發，十九日到達曼薩尼洛（墨西哥），二十一日駛離該港，二十六日到達巴拿馬，二十八日再由該港出發，返航回日本。

十二月二日，停泊在橫濱港的這艘日本豪華郵輪「龍田丸」（排水量一萬六千九百五十五噸）在五色繽紛的飄揚彩帶下，送行群眾的歡呼聲中出港。

搭乘的旅客中，包括外籍旅客三十五人（含來自上海的美軍官兵）共一四六人。十二月一日自舊金山發出的特電，報導預測「龍田丸」將自美國撤離日人為兩百到三百人左右。

海軍省軍務局第一課的大前敏一中佐，於「龍田丸」出港前，將木村莊平船長召到海軍省，給他一個箱子，告訴他在十二月八日零時開啟，接受箱中的書面指示。箱內放了十五把手槍，指示則為命令「即刻歸航。」

「龍田丸」於十二月八日在稍過國際換日線後，即開始掉轉船頭返航，船內外籍乘客一無所覺，並未發生暴動；客輪保持無線電靜止，沒有受到美軍艦艇的追蹤，於十二月十四日返抵橫濱港。

攻擊艦隊在駛離日本時，採取了嚴密的保密措施，不讓日本的民眾知道。發下的制服兼有冬服和熱帶服裝，所以不會有向北方航行的預告；為了避免偌多的艦載機突然他去，附近的航空部隊都奉令派出特定的飛行，經過航空基地和都市上空，以減少別人的注意；海軍所有岸勤單位都奉令鼓勵官兵休假，多多益善。因此日本各處城市的街頭巷尾，可以看見不少藍制服官兵。

十二月六日與七日這兩天中，橫須賀海軍基地放特別假，有三千多名海軍官兵到東京市遊覽觀光，市內散步，參觀《朝日新聞》報社；嶋田海軍大臣也於七日視察「中島」飛機製造工廠。

而在香港邊境的日本第二十三軍，軍司令官酒井隆中將已經預先發佈攻擊香港的命令，但沒有註明發文日期，但會以發文字號及特定密語，由電報規定開始作戰及命令生效日。

第二十三軍擔任攻城巨砲的第一砲兵隊（旅，代號為北島部隊），對事前堆積在深圳的作戰物資，進行煞費苦心的保密工作。但到十一月下旬，由於運到大量彈藥，北島部隊的官兵盛傳「香港作戰日不遠」，當然這種傳言也流傳到當地居民，動搖了當地民心。

第一砲兵隊司令官北島驥子雄中將，認為現地情勢既已發展至此，除了保密開戰時機之外，已別無良策，便對這種傳言裝著若無其事的態度，十二月二日與所指揮的部隊長，共謀下列的欺敵措施：

一、日本人所經營的餐飲店、軍中樂園等，一概不予通知，照常營業至開戰前夜。

二、勞軍部派來出的新日本演藝勞軍團，按原定計劃巡迴演唱到十二月四日，照常讓官兵觀賞。

三、十二月五日，英軍勃克薩少校參謀，要求與第一砲兵隊司令部白本進一少佐，於六日十一時會晤（過去由於屢次舉行邊界談判，兩人已有交情）。於是利用這一機會轉達：「日本警備部隊，將於十二月十五日，在邊界舉行運動大會，務請貴官前來參觀。」同時託勃克薩參謀帶兩瓶日本清酒，送給駐香港總領事館的矢野總領事。勃克薩參謀於七日夜，還以書函託邊界英站分哨（深圳南方邊界的日軍前哨站名），再度要求白本少佐於八日下午會晤。

四、駐紮在邊境附近的砲兵情報第五聯隊長竹村滋中佐，指揮各隊，實施了如下的欺敵行動：

（一）測地中隊於十二月一日，在營區內開辦日語學校，教導村內中國兒童學習日語；七日，與全體學童在邊界舉行運動會。

（二）標定中隊同樣於十二月一日起增建車廠，進行擴建車輛集用場的工程，假裝在本地長期駐守，以欺騙當地居民。

（三）聲測中隊自十二月三日起，故意裝設配電線，將原來的燒煤作業延續到七日。

五、開戰前一天的十二月七日，令深圳軍中樂園的慰安婦十幾人，假裝是勞軍團觀光，盛裝到英軍容易注意到的金牌嶺高地（在深圳南方邊界高地）上，在英軍邊境警備隊面前花枝招展，搔首弄姿。還用手提揚聲器以嬌滴滴的東京英語，向英軍喊話：「英國阿兵哥！聖誕快樂！新年幸福！」（English soldiers, Merry Christmas and Happy New Year!）這一招果然有效，邊境警備隊的年輕英國兵都跑到工事外，向日本娘兒們招手、吹口哨、大聲歡笑。只是他們並不曉得明天以後，他們會有一千五百五十五人陣亡，喪生在香港邊區；另外還有九千四百九十五名官兵，會在聖誕節進入日軍俘虜營，度過漫漫長夜的四年。

第二十章
對美外交兩三郎

外交是一種藝術，也是一種謀略。派遣代表國家的大使出國，對駐在國領導的性向與背景，總要能在行禮如儀的「呈遞到任國書」以外，雙方還能對應自如，拉近彼此關係，私交與公誼當然有所區分，但也要有所聯繫。

美國總統羅斯福，久歷政壇，他對海軍情有獨鍾，世人共知他的癖好為集郵，其實他只是愛屋及烏，為了海軍縱橫的海洋，而從郵票上進行了解。邱吉爾深切知道這一點，何況自己也擔任過英國海軍大臣，算是同行，所以他對羅斯福函電交馳中，沒有外交官方文書板板六十四的職銜，總以「老海軍」（Former naval person）自稱，而和羅斯福套近乎，促進關係。

二戰期中，中華民國派大學者胡適博士為駐美大使，國人很懷疑羅斯福對《中國哲學史》

與《水經注》懂得多少；胡適大使想必對羅斯福的兩洋海軍戰略也所知不多。雙方沒有共同交集的語言，折衝尊俎就難了。如果國民政府當時派海軍總司令陳紹寬上將為駐美大使，中美關係會不會是另一種局面？

美國人與日本人對外交人選這一套很下工夫，戰前日本派駐中國大使的川越茂，便是一位「支那通」；美國駐日大使格魯也是「日本通」。一九四〇年秋，美日談判關係緊張時，松岡洋右外相便打出一張王牌，派退休的海軍大將野村吉三郎。繼堀內謙介出任駐美大使。

野村吉三郎為和歌山縣人，當時六十三歲，身高一八三公分，在日本人中，算是魁梧奇偉的大個頭了。一八九八（明治卅一年）年在海軍兵學校二十九期第四十三名畢業，擔任過駐美大使館武官達三年八個月，歷經指參要職。

一九三二年一二八上海戰役，他任第三艦隊司令官，在旗艦「出雲號」上擔任指揮。停戰後，於四月廿九日天長節（裕仁生日），在上海新公園舉行慶祝典禮時，韓國朝鮮獨立黨志士尹奉吉（註），向日本軍政大員投擲一枚炸彈，炸死了派遣軍司令官白川義則大將，炸傷了第九師團長植田謙吉中將、公使重光葵（他

國務卿赫爾

是日本在米蘇里主力艦上簽降書的代表之一，右足為義肢，不良於行，上艦時手持拐杖，便由於那次炸傷）、總領事松井倉松，都受了輕重傷；野村吉三郎中將也受了傷，失去了右眼，成為獨眼龍；也和重光葵一般瘸了腿，終生都要用拐杖。他在一九三三年晉任大將；（在日本海軍中，升到大將的七十七人中，海軍官校畢業成績在前十名以內的有卅九人，第一名的達九人。而在十名以後升到大將的只有野村吉三郎的第四十三名；末次信正，四十九名；米內光政，六十八名；及川古志郎，七十六名，這四人堪稱異數。）一九三八年秋，還在阿部信行內閣，出任過三個月又二十一天的外相，資歷完整。

尤其，他在駐美海軍武官時期，與美國海軍部副部長羅斯福關係很好，羅氏當選總統後，兩人仍魚雁往返，素有交情。

野村大將終於在一九四〇年十一月廿七日就任駐美大使。他在就任後，對此行做足了功課，先後赴中、韓，晤見朝鮮總督南次郎、關東軍司令官梅津美次郎、中國派遣軍總司令官西尾壽造和總參謀長板垣征四郎；甚至會晤了汪精衛。行前三天，與美國大使格魯晤談了兩小時。

野村吉三郎大使

當然，他也在東京拜訪竭力支持他的海相及川古志郎，聽取他對日美關係的意見。

野村一行赴日履新，美國海軍部及國務院對他的接待截然不同。

一九四一年一月廿三日，野村搭乘「鎌倉丸」客輪離開東京，卅日駛抵檀香山市時，美國海軍兩艘驅逐艦出海迎迓護送，以全艦飾及鳴放禮砲歡迎，閃光信號拍出「歡迎野村大將蒞臨夏威夷」。上岸後，太平洋艦隊司令李察遜上將以下軍政大員，都來拜訪歡晤。

二月六日「鎌倉丸」駛抵舊金山市入港，港內美艦以十九響禮砲致敬。重巡洋艦「萊克西蒂號」艦長沙加拉雅斯上校拜訪野村，表達歡迎使美熱忱。

二月十一日，野村一行抵達華府，當天，羅斯福總統在記者會上說：「野村大將是我的摯友。」但國務院卻只派禮賓司司長來接。十二日，野村拜訪國務卿赫爾，致敬以外，對呈遞國書交換意見，前後只有四分鐘。倒是十四日呈遞國書，與羅斯福見面晤談，氣氛很好。羅斯福說：「我該稱你為『大將』，而不是『大使』才對。」

三月八日，野村與赫爾進行了兩人初次見面會談，達兩個小時，開展了以後到開戰為止幾十次會談的契機。不過赫爾也抱怨野村的「英語能力，對我所指摘的各點是否了解，令我感到懷疑。」

從三月到十一月這八個月中，野村與赫爾頻頻接觸談判，與羅斯福總統也有七次會議，依然沒有甚麼進展。在戰後受訪時，他述及當時交涉，引用一句成語說：「獨木焉能支大廈？」

由於九月六日日本的「御前會議」中，已經決定：如果在十二月一日上午零時以前，交涉不成立時，即發動武力開戰。松岡外相於十一月三日加派前駐德大使來栖三郎為特使，赴美國協助野村，為和平作最後的努力。

來栖三郎神奈川縣人，當時五十二歲。二十歲時，在東京高等商業學校專攻部領事科畢業，外交官考試及格，便在外交界發展。擔任過駐比、駐德大使，促成了簽訂德義日三國同盟條約；他也歷任紐約、支加哥各地領事，太太為美國人，對美國很熟。以年富力強的他，輔助年齡大了他一紀的野村，應是上等人選。

他赴美上任，並不像野村乘輪船赴美般一帆風順了，而是在十一月五日，自橫須賀海軍基地乘軍機飛台灣高雄，六日從高雄飛澳門，再換船到香港，搭小型客機到馬尼拉；八日換乘美國航空公司「飛剪號」客機赴美國；不料在中途島，飛機發動機故障，耽擱了兩天，直到十一月十五日，整整耗了十天才抵達華府。東鄉茂德外相電報指示：「必

前駐德大使來栖三郎為特使

須在十一月二十九日以前完成簽署，辦妥一切手續；上述日期，絕無更改的餘地。」來栖只有十四天的時間。

美國對日方所提的解決方案，直到十一月二十六日，才將照會交給野村及來栖，這也就是日本歷史上所稱的「赫爾備忘錄」，美方要求：

一、無條件接受四原則。

二、自中國及越南全面撤兵。

三、否定汪精衛政權及滿洲國。

四、使三國同盟成為具文。

這一下使東京政壇炸了鍋，認為交涉完全絕望，這顯然是對日本的最後通牒。裕仁在十一月廿九日先召開重臣懇談，隨即在十二月一日召開御前會議（Imperial Conference）。

（註）

美國史學家普蘭格（Gordon W. Prange），在《黎明酣睡》（At Dawn We Slept）的第一章，談到野村吉三郎「一九三二年四月廿九日，他參加上海一項慶祝，一個中國恐怖份子向日本政要投擲一枚炸彈，炸去野村一隻眼睛，也傷了腿，其後一生都不良於行。」（On April 29, 1932, when he was attending a celebration in Shanghai, a Chinese terrorist has thrown a bomb into a group of Japanese dignitaries. The explosion robbed Nomura of his right eye and also crippled him, so that he walked with a limp for the rest of his life.）普氏研究珍珠港的歷史達三十七年，但對中日韓三國歷史上，都視同大事詳加記載年方二十五歲的尹奉吉，將這位志在復國，奮起作博浪一擊，殺身成仁的韓國青年志士，未經考證而稱為「中國恐怖份子」。

第二十一章

重臣懇談與御前會議

一

日本明治憲法的「御前會議」，是一種十分獨特的制度。軍國大事在開會直前，召開大本營與政府聯席會議，經過議案的說明及質疑應對的過程，大致達成協議後，將結論內奏天皇，然後舉行御前會議；經過這項儀式「過火」，才能修成正果，作為政府執行的政策。

御前會議具有最高權威，理由在於這是在天皇「御前」舉行的會議。但天皇對御前會議並不負任何責任，也不否定政府或統帥部的決定。昭和時代到日本向盟軍投降為止，日本舉行過十五次御前會議。其中，在一九四一年中就召開過四次，分別是七月二日、九月六日、十一月五日、十二月一日。與會人中，雖有議事的司儀，但沒有主持人。

日本在一九四一年十二月八日發動「大東亞戰爭」這一年，舉行的「御前會議」中，其中，在九月六日（近衛內閣）及十二月一日（東條內閣）這兩次，決定了「帝國國策遂行要領」，以及決定對美、英、荷開戰。

九月初，參謀本部草擬了在御前會議提出質疑問答的資料，說明提出這項「以作戰為主，外交為輔」的「戰略計劃」，有很多理由，其中第六項，率直說明非戰不可。

六、完成戰爭準備，以十月下旬為目標的理由何在？

目前帝國國力的瓶頸在石油。帝國刻下逐次消費儲存石油，即使維持現在的姿勢，最多不出今後兩年，其自給力將歸於零。倘若實施作戰，此一期間勢必更為縮短，隨著時日過去，帝國武力將逐漸降低，戰爭遂行能力繼續弱化。相對地，米國海空軍將逐日大為增強，米英荷在南方的防備逐漸強化，明年秋季以後，米國海軍軍備的充實，將凌駕帝國海軍力，甚而於未戰便不得不屈從於米英的威力。因此，即使現在立即著手戰爭準備、實施動員、船舶徵調等；並且以長距離海上輸送，將兵力展開於戰略要點的時間，還在十月下旬左右。

日本的資源不足，以最要命的液體燃料來說，完全仰賴輸入。即以一九三九年一年的需求量計，為五百萬公噸；本身生產量才四十萬點七五二公噸，自給率不到一成。石油輸入地大半為美國，其次則為荷屬印尼。羅斯福深深知道石油為現代工業化日本的阿奇利斯腳後跟命門所在，如果能掐住石油輸出這個水龍頭，實施禁運，荷屬印尼的年產量一千萬公秉石油（可供日本的全部需求而有餘）輸往日本也會隨而中斷。

美國財政部長摩根索，力主全面禁運，但國務卿赫爾知道這一手段的嚴重性。一九四一年七月二十六日白宮內閣會議中，雙方激辯，改變為對日本禁運只限於「航空汽油及潤滑油」，鋼鐵則只限於「高級鋼材及廢鐵」。但日本便已感受到了莫大的壓力。

不管南雲忠一的希望如何，冷酷的戰爭仍然在進行。七月下旬，日本在法屬安南，建立了「保護國」和「新秩序」的各部門，從已經佔領的安南北部，迅速進佔全部；幾天以後、羅斯福總統凍結了日本在美國的資金，禁止日本船隻在美國任何港口裝卸。秋天前已禁運鐵和廢鋼，現在又禁運石油輸往日本，英國和荷蘭也採取了相同的步驟。

「經濟上業已宣戰，」一家日本報紙說：「對於下一步如何，當不難猜想。」

二

一九四一年九月六日（星期六）午前十時，於皇宮「東宮第一廳」舉行御前會議。出席的人員，裕仁指定為總理大臣近衛文麿、外務大臣豐田貞次郎、大藏大臣小倉正恒、陸軍大臣東條英機、海軍大臣及川古次郎、企劃院總裁鈴木貞一、陸軍參謀總長杉山元、海軍軍令部總長永野修身，另外還增加了內務大臣田邊治通。至如事務關係人員如軍務局長，則不必參加。此外還有樞議院議長原嘉道，列席人員則為內大臣木戶幸一。

裕仁還創造昭和時代前例，要讓閑院宮栽仁親王，梨本宮守正王，優見宮博恭王三位皇族元帥出席。

木戶內大臣將這件事與近衛首相商量，因為閑院宮、梨本宮老邁，疏於軍事；伏見宮四月甫卸下軍令部總長，仍在海軍部內，出席統帥與政府討論決定的場所，不甚適當。因此，三位元帥參加御前會議，終未實現。

開會前，裕仁向木戶表示，朕有意質疑及垂詢。木戶則啟奏說，重要疑點由原議長質詢，皇上在最後作成決定，也應為外交工作的成功與否，提出警告最為適宜。

這次會議以近衛首相主持，隨即由軍令部總長、參謀總長、外務大臣、企劃院總裁，按照職掌分別提出說明。

企劃院總裁鈴木貞一報告，日本的液體燃料，即使對民間方面實施戰時嚴格管制，到明年六、七月左右，使會將儲存量全部消費淨盡。但他也強調，如果能在三四個月以內，南方要地歸我所有，六個月起，便可以獲得石油、橡膠等；第二年起，便完全能加以使用。

總理大臣東條英機大將

「帝國國策遂行要領」中指出：

「一、帝國決心冒與米、英、荷蘭各國作戰之危險，以達成經濟上之目的，戰爭準備可在十月下旬完成。二、直至假定絕交日期之直前，帝國將藉談判以求實現要求。」

列席的樞臣一個又一個起立討論現況，一致強調事不宜遲，日本應當在還儲存得有重要物資時行動，因為英國的敵意和美國的禁運，已經不可能予以補充。最後發言的是樞密院議長原嘉道男爵，代表天皇發言：「帝國國策遂行要領中，」他說：「顯示著重戰爭，外交列為次要考慮，能不能不竭盡一切可能，以外交手段來挽救這種局勢？」

一陣短暫的靜寂，然後海相及川古志郎海軍大將連忙保證確是如此，但他所說顯然不能令人信服。出乎每個人的意料，天皇起立對會議致詞。

以往，裕仁從來沒有在御前會議中親自致詞過，可是這一次，帝國的象徵——日本一百二十四世的天皇站了起來，宣諭「聖明」。

他從口袋中，取出皇祖明治天皇御製〈海之四方〉詩來，與會的大臣門，屏息靜聆裕仁以一種嚴肅的聲調，朗吟出這一首詩來：

四海之內皆兄弟，風浪奚為動盪中？

天皇諭示與會大臣，他已將皇祖明治天皇這首詩，反覆讀過多遍，為什麼現在不能推行皇祖國際和平的觀念？

在一陣緊張的肅穆中，海軍軍令部總長奏答，大本營當然已認識外交的重要，使用武裝部隊，僅只是作為一種最後的手段；陸軍參謀總長也附和這一意見，但是天皇仍然不能滿意。御前會議散會後，近衛首相寫著「在一種從未有過的緊張氣氛中散會。」

有些美國人以為裕仁能依他所願、或者他個性堅強的話，可以否決珍珠港計劃，都是不了解天皇微妙而複雜的地位所致。他僅能商討與批准，天皇必須與他的政府合而為一，以保持全國的團結一致，他被無限的威望綑縛在桅桿上。而在這次御前會議中，裕仁天皇根本還不知道正計劃進行對珍珠港的攻擊。

三

一九四一年十月十六日，近衛文麿所組成的第三次內閣總辭，距他組閣的七月十八日，三個月還差兩天。而由他在第二次組閣延攬入閣的陸軍大臣東條英機中將繼任。

東條英機主戰色彩極為濃厚，他因近衛賞識而入閣，出人頭地，極富傳奇。他從未出任過師團長一職而能升中將；在一九四〇年七月廿二日，出任陸軍大臣，在日本陸軍中可說絕無僅有。上任才十五個月又六天，便由陸軍大臣出任總理大臣，中將年資還差兩個月，即晉升大將以壯威望，更屬空前。

東條英機生於明治十八年（一八八五），岩平縣人，陸士（即陸軍軍官學校，日名為陸軍士官學校）十七期步兵科第一名，及陸軍大學畢業；留學德國，擔任過陸軍調查部長與旅團長，是日本陸軍少壯派中的佼佼者。一九三六年擔任關東軍憲兵司令官，破獲了抗日組織「保國會」，將東北愛國抗日志士三百十四人一網打盡。由於這一大功，所以在一九三七年三月一日，便繼板垣征四郎出任關東軍參謀長。

他就任參謀長才三個月，也就是當年六月，日本軍部為了調整中日關係，考慮撤消殷汝耕在一九三五年十一月廿四日成立的「冀東自治政府」；特派要員來中國，與日軍重要將領交換意見。當時華北駐屯軍司令官田代皖一郎中將、日本大使館武官喜多誠一少將，以及其他駐外機構，都贊成撤消；然而，卻只有東條英機決然反對，致使這次扭轉中日危機的唯一機會，就此胎死腹中。

東條英機在日本陸軍中，有「剃刀」之名，形容他反應敏捷，用兵極快。在蘆溝橋事件中，更是充分發揮，不要說巴頓與隆美爾瞠乎其後，連拿破崙都自嘆弗如。

蘆溝橋事件發生在一九三七年七月七日夜間，日軍在河北省宛平縣龍王廟一帶演習。第一聲槍響始於廿二時四十分，日軍步兵第一聯隊聯隊長牟田口廉也大佐，在八日凌晨二時，派聯隊附森田徹中佐到現地調查。三點鐘，宛平縣長王冷齋、外交委員林耕宇到達。聯隊長卻準備在四點二十分對宛平城守軍攻擊，攻擊發起為五點三十分。總之，整個事件在七日深夜到八日凌晨發生。

然而，遠在一千公里外的長春，關東軍司令部獲得了報告，七月八日天亮後，東條英機便舉行幕僚會議（並非司令官植田謙吉大將下令舉行），立刻作成狀況判斷，下達了決心：

因蘇聯國內正在展開整肅異己及內鬨，無暇顧及對外，北方暫時無安全顧慮。此際應給冀察軍閥狠狠一擊，以消除背面之威脅。

華北發生局部事件，中日雙方猶在調查與調解之中，與「滿洲國」的關東軍何涉？從第一聲槍響不到四小時，遠在「新京」的關東軍，就下達了作戰決心出兵南犯，東條英機的用兵何其快速！使人不禁猜疑，能說這只是偶發的處置而沒有預謀？

這項狀況判斷的第一項，頗為勉強。因為剛剛在七天以前——六月三十日，發生過蘇聯三艘艦艇侵入黑龍江乾岔子島事件，對島上日滿軍射擊，關東軍還擊，擊沉一艘，擊傷一艘，雙方劍拔弩張，一觸即發。雖則日本參謀本部制止了關東軍的武力行動，但狀況判斷怎能斷言「北方暫時無安全顧慮」？

關東軍七月八日早晨召開會議，先斬後奏，便立即出兵，（《日本戰史》說他「乘機命令獨立混成第十一旅團，緊急派兵到滿支國境線），同時向陸軍中央部致電報告「準備隨時出動兩個混成旅團」。並且立即派出參謀到華北駐屯軍；副參謀長今村均少將、富永恭次大佐及田中隆吉中佐飛東京，要求中央部決斷。還在這一天下令調動機動性最大的航空部隊。九日，飛行第十五聯隊（上條直大佐）、飛行第十六聯隊第二大隊（三輪寬少佐）、飛行第十二聯隊第一大隊（櫻井肇少佐）分別飛往山海關及錦州各地。

依照這年五月六日，日軍參謀本部下達的臨參第五十一號及第三三〇號命令，關東軍在防衛「滿州國」行使兵力，應先報告參謀總長；而且嚴禁飛行部隊獨斷越過「國界」到華北。然而，指揮三輪、櫻井兩個飛行部隊的第十二聯隊長坂口芳太郎大佐，竟獨斷專行，不待參謀本部命令，下令「滿州國」內重轟炸機與戰鬥機的這兩個大隊，在十一日立即飛往天津，向華北駐屯軍司令部報到，事後也不加追究與處分，可見有人撐腰。當時東條英機的跋扈氣焰，連參謀本部也無可奈何。

而且，七月八日下午六點十分，關東軍還對本身管轄以外的這件事，在瀋陽七月九日的《盛京時報》上，套紅加印發表聲明，十分突兀：「起因於暴戾之第廿九軍之挑戰，如今在華北發生事端，關東軍保持多大關切與重大決意，嚴重注視事態之推移」。事情剛一發生，真相尚未大白，立刻以「暴戾」加諸二十九軍，咄咄逼人，不容坐視的態度，躍然紙上，表示師出有名。（《日本戰史》率直批判東條插手蘆溝橋事件：「關東軍對轄區以外事情，公布如此聲明，卻是異於常例的事，表示了異常關心。」）

或許有人認為關東軍插手蘆溝橋事件，負責人應為軍司令官獨腿的「童真將軍」植田謙吉大將；植田為人沉默，兩年後即辭職，終生未得大用。而東條英機卻扶搖直上，一直升到總理大臣，為日本陸軍中的異數，而他的發跡則始於關東軍參謀長一九三七年三月一日到一九三八年六月十八日的一年三個月任內。

四

一九四一年進入冬天，裕仁天皇鑒於日美關係瀕臨臨界點，對於開戰極為慎重。十一月二十六日上午，便向內大臣木戶幸一說，朕想召開一次重臣會議聽取意見，你將朕的想法告訴總理大臣。

當天下午兩點半，總理大臣東條英機大將進宮，他對於重臣參加御前會議，並不贊成。

裕仁：「要開戰的話，無論如何應做到舉國一致。重臣們是不是有所了解？政府的想法如何？讓重臣們出席御前會議，你看如何？」

東條：「臣以為御前會議乃是負有輔弼政務責任的政府，及輔翼統帥責任的兩統帥部長，啟陳意見以供陛下裁定。然而重臣並不負有任何責任；在這一重要會議中，身無職責的人參與審議決定，似不大適當。再說，讓無職責的人參與會議，對將來國務，會減少負責機構的責任，當然不應有這種現象出現。身無職責的重臣，出席御前會議欠妥。」

裕仁：「朕了解。那麼讓他們在朕而前懇談懇談，你看如何？」

東條：「是不是御前懇談會的意思吧？」

裕仁：「正是。」

東條：「此事臣會研究，不過雖說懇談，既然在御前舉行，即是有責任的會議。臣考慮到國家機密洩漏時，後果很嚴重。歷來宗旨，不對重臣提起有關日美交涉或國策問題，請由臣加以研究。」

第二天上午，東條首相在閣議中，作成結論為：請重臣聚集總理大臣處，聽取說明，約略了解概情即可。最後一致決定，於十一月二十九日，邀請重臣至皇宮，由總理加予說明（天皇不臨席），隨後如能榮獲欽賜午餐，更加理想。

重臣懇談會議程序如下：

上午九：三〇～十：四〇　總理說明
十：四〇～十一：三〇　外相說明
十一：三〇～十三：〇〇　提問
下午十三：〇〇～十四：〇〇　天皇欽賜午餐
十四：〇〇～十五：〇〇　在皇宮圖書室，重臣分別陳述意見
十五：〇〇～十六：〇〇提問、意見

懇談會出席的重臣，為曾任總理的若槻禮次郎、岡田啟介、廣田弘毅、林銑十郎、近衛文麿、平沼騏一郎、阿部信行與米內光政八位大臣，與樞密院議長原嘉道；內閣則為首相兼陸相東條英機，海相嶋田繁太郎、外相東鄉茂德、藏相賀谷興宣、企劃院總裁鈴木貞一；宮內則為內大臣木戶幸一列席。

重臣們上午聽取國勢的與國策說明，提出詢問和說明己見。

過了中午，大家休會和裕仁共進午餐。飯後，下午二時起，木戶以及全體與會人員，再到皇宮圖書館裏交換意見。裕仁非常有禮貌地道了開場白：「我們現在的處境很困難，是不

是？」

「我們對於人民的精神力量，倒不必擔心，」若槻禮次郎男爵說道：「不過，我們卻必須慎重考慮，我們有沒有遂行長期戰爭的充份資源。今天早晨，我們已經聽取了政府的說明，但是我本人還是感到放心不下。」

東條向裕仁表示，他所說的一切，都是以內閣和大本營的一致意見為根據的。

「我也聽過了政府的說明，但是認為這種說明，難於令我心悅誠服，」岡田啟介說道。

近衛文麿也有同感：「我認為，即使談判決裂，是否有必要立刻訴之於戰爭，也大有值得推敲的餘地。我覺得我們似乎可以尋求一種維持現狀的解決辦法。換句話說，也就是保持『臥薪嚐膽』的狀態。」

米內光政海軍大將的看法，也和他們一樣：「因為我對於全局的了解，還不夠充份，所以不能表示具體意見。但是，恕我借用一句俗話，說明我對當前時局不成熟的看法，我怕的是，我們想要避免變成『吉利貧』（慢貧），反到自惹麻煩變成『墮家貧』（快貧）。」

在所有重臣當中，祇有兩位陸軍大將，完全信賴東條內閣，他們是阿部信行和林銑十郎。會談進行到這裏，照說已經結束了，但是，若槻卻還要提出另一個問題。東條打算制止他發言，而這位男爵根本不理會東條，他侃侃而談地說道：「如果事態攸關我們國家的生存，則即或面臨可能的敗績和焦土的威脅，我們也應該不惜一戰，但是，為了推行一種能實現我們理想的國策-譬如建立『大東亞共榮圈』，或是安定東亞-竟在這種理想束縛之下，消耗我們的國力，實在是太危險了。我們希望各位能再想一想。」

東條頑強地應戰，他重行申明：整個問題已經在歷次聯絡會議裏，經過許多小時的研討，獲得了結論；已經縝密地分析過，日本能否獲得遂行長期戰爭所需要的資源；以及戰爭一旦爆發，可以在什麼時候以及如何結束這場戰爭。第一點，要看衝突初期階段的結果，第二點，可能由蘇聯或教庭出面斡旋解決。

在幾乎全體一致反對的狀況下，東條依然毫不動搖。木戶始終不發一言，而只忙著寫篇幅極其可觀的會談紀錄；他心裏明白，情勢已經到了「欲罷不能」的地步。裕仁天皇的影響力已經毫不發生作用。戰爭已經無法避免，日本的興亡命運，已經掌握在諸神的手裏了。

御前會談結束的時候，已經是午後四點鐘，重臣的意見可以分列幾類：

(一)、即使交涉決裂也不必開戰，期待他日東山再起。

(二)、唯有信賴政府決心外，別無他途。

(三)、若陷入長期作戰，補給力及民心的動向，值得憂懼。

(四)、此一戰爭若為自衛，戰敗也在所不惜。但是為實行東亞政策而開戰，則是危險的事。

總之，在裕仁面前，沒有人敢公然反對戰爭。

五

裕仁聽取了重臣意見後，在第二天（十一月三十日）上午，御弟高松宮宣仁親王進宮向裕仁反映，海軍有一部份人員對戰爭覺得不安。因此下午三點，忽然召總理大臣東條英機進宮。

高松宮宣仁親王海軍中佐，為裕仁的弟弟，原職為橫須賀海軍基地航空隊教官，一九四一年十一月二十日調軍令部第一部部員，即第一課（作戰課）中佐參謀。因此對軍令部內的作戰氣氛十分清楚；而在御前會議的前一天上午，入宮晉謁裕仁，認為海軍好像力不從心，有意規避日米戰爭。裕仁得到這種可靠的第一手資料，立即於下午三點半，召首相東條英機進宮垂詢。

裕仁說：「海軍的意見，是要儘可能避免戰爭，不知首相的想法如何？」

東條英機何等警覺，對西方的戰爭已如箭在弦上，只待御前會議聖斷，便可放手進行；怎麼一下又生波折，便啟奏說：

「政府與統帥部都有相同的想法避免戰爭，但經聯席會議慎重研究的結果，一如以前臣所稟奏，為了帝國生存與自衛，不得不爾。」他把話題一轉，將開戰責任往海軍方面推；「臣深信統帥部有把握可操勝算，不過這次戰爭以海軍作戰為主，陛下若有疑問，敬請召見海軍大臣及軍令部總長仔細垂詢。」

裕仁打鐵趁熱，立刻就在當天傍晚，召見海軍大臣嶋田繁太郎大將與軍令部總長永野修身大將進宮。

海軍大臣嶋田繁太郎知道皇室將校的影響力，十一月三十日這一整天，他都在拜訪海軍系統的三位皇族：優見宮博恭王元帥、高松宮宣仁親王中佐、與久邇宮朝融王大佐。不料高松宮已先進宮中匯報。下午四點，他人還在久邇宮邸時，突然接到電話，要他與軍令部總長永野修身一起進宮。下午六點十分時，兩人在裕仁書房晉見，裕仁即刻賜坐，和藹地垂詢：「箭在弦上，即將發出，一旦發出，便成為長期戰，海軍能否照預定進行？」

永野修身回稟說：「一旦皇命一下，當如期進擊。屆時我特遣部隊即從單冠灣出擊，進擊珍珠港。」

嶋田回奏說：「人員物資均已準備就緒，只等待皇命下達。據日前晉京的山本聯合艦隊司令長官表示，訓練已完成，將士們士氣旺盛，為夏威夷作戰精神抖擻，頗具自信。今後戰爭無論如何艱困，也非爭取勝利不可。」

裕仁又問道：「若德國不願意參戰又將如何？」

高松宮宣仁親王海軍中佐

嶋田回奏說：「我們並沒有全賴德國，縱然德國袖手不戰，我們也應能從事這一戰爭。」同日的晚上九時許，宮內省大臣電話連絡首相：「陛下有旨，因軍令部總長、海軍大臣都有相當自信，十二月一日的御前會議如期進行。」

九一八後，日本侵佔我東北，經營十年，卻從未夢想到東北地下有豐富的石油資源，幸而日本當年沒有一位張進善（鐵人）工程師，發現並開發了大慶油田，否則世界局勢可能又是一番景象，日本也許不會有以乾坤作孤注一擲的御前會議了。

六

一九四一年十二月一日，是日本歷史上極為沉重的一天。

十二月一日星期一下午兩點零二分起，御前會議終於舉行。與會人員為總理大臣（兼陸軍大臣及內務大臣）東條英機，外務大臣東鄉茂德、大藏大臣賀屋興宣、海軍大臣嶋田繁太郎、文理大臣橋田部彥、農林大臣井野碩哉、商工大臣岸信介、鐵路大臣寺島健、情報局總裁谷正之、法務局長官森山欽一、企畫院總裁鈴木貞一、陸軍省參謀總長杉山元、參謀次長塚田攻、海軍省軍令部總長永野修身、軍令部次長伊藤整一、樞密院議長原嘉道、內閣書記官長星野直樹、海軍省軍務局長阿南惟幾、陸軍省軍務局長岡敬純。開會的議題是「對米英荷開戰事項」。根據十一月五日通過的『帝國國策遂行要領』案與米談判，但始終無法達成協議，帝國擬向米英荷開戰」。

會議一開始，東條總理大臣說明奏請舉行御前會議的理由：

「依據十一月五日御前會議決定，陸海軍除致力於完成作戰準備外，政府方面也盡一切可能，調整對米國交涉。惟米國不但不讓步；更且，聯合中英荷等三國，要求從中國無條件全面撤兵，否定南京政府（汪精衛政府），廢除日德義三國條約等新條件，一昧強求帝國讓步。

「另方面，中米英荷諸國更從經濟上、軍事上施加壓力，自帝國國力上及作戰上以觀，帝國已不容許任令這一情勢發展下去。

「事到如今，帝國為打開目前危局及求自存自衛計，已臨不得不向米英荷開戰的關頭。」

繼而，由東鄉外相說明十一月五日以後，日米交涉的經過，並斷定米國的對日政策，始終一貫要阻礙日本建設大東亞新秩序。

接著，軍令部永野總長代表陸海軍幕僚長作如下說明：

「陸海軍統帥部根據十一月五日決定的『帝國國策遂行要領』，一面與政府政策保持緊密聯繫，一面推展作戰準備，而今業已完成。當發動武力之皇命下達後，即可循原定計劃開始作戰行動。

「茲值開國以來面臨國難之際，陸海軍作戰部隊全體將士士氣極為旺盛，以身殉國之念甚為熾烈；皇命一下，均能勇往直前，請聖上放心。」

之後，再由內務、大藏、農林等諸大臣等分別說明後，進行質疑及回答。原樞密院議長代表質詢，經政府統帥部回答後，原議長發表意見，表示開戰係不得已，肯定政府應行的措施。對初戰時的日本勝利雖不表懷疑，然則長期戰的可能性極大，故要求特別重視安定民生，此點不容許失敗。

經過兩小時又十分鐘會議，與會人員均認為開戰係屬萬不得已，對議題無人表示異議。於是裕仁在下午四點十分，終於下了對米英荷開戰的決定。

七

第二天，十二月二日，陸軍參謀總長杉山元大將，及海軍令部總長永野修身大將，

日本裕仁天皇

再度進宮，並立在裕仁前面，就十二月八日零時以後發動武力一事奏報，並獲裁可。軍令部總長將為何選定十二月八日的理由向裕仁說明：

「發動武力時機選定為十二月八日之主要理由：

為使海軍航空兵順利實施第一擊，為求良好效果，以月齡二十日左右的夜半至日出時段，最為適當。

海軍特遣艦隊空襲夏威夷，選定星期日，由於米艦船停泊珍珠港較多。且十二月八日星期日，剛好月齡十九，屬最佳日期。」

出宮後，軍令部永野總長對聯合艦隊司令長官山本五十六大將，以大海令第十二號轉達皇命：「茲臨出師，朕委卿負責率領聯合艦隊之重責大任，成敗有繫於皇國興廢。朕令卿發揮艦隊多年磨鍊實績，進而消滅敵軍，宣揚皇威於中外，以副朕對卿之倚畀。」

山本長官對詔書的奉答文為：

「臣於開戰前承賜優渥詔書，不勝惶恐感激之至。謹奉聖命，聯合艦隊全體將士，決心粉身碎骨，誓貫徹出師目的，以報聖意。」

十二月四日，山本自海軍大臣官邸出發時，侍從武官鮫島告訴他：

「今上已經寬心，連看了長官誓師表三次。」

第二十二章 羅斯福致裕仁電報

日本大使館的二等秘書寺崎英成（Hidenari Terasaki），東京府人，為外務省美洲局長寺崎太郎的弟弟，因為這種關係，他在一九二四年東京帝國大學畢業後，便進入外務省，娶了美國太太，以性格豪放聞名外交界。

在美日談判水盡山窮時，特使來栖三郎便要寺崎「經由一位中間人接近羅斯福總統……建議他直接拍發一通電報給天皇呼籲和平。」他透露自己業已向日本政府請求准許這麼做，但遭到拒絕；因此，這封電報必須越過東鄉外相寄給天皇。

寺崎立刻同意照辦，哪怕他十分明白這麼做如果遭到發現，對他、他的美國太太和小女兒，就會有很大的危險。但他還是會晤了內閣閣員，也是羅斯福的好友瓊斯（Dr. E. Stanley

Jones），他也是在自己那一部門，竭力防止美日戰爭的人。他們安排在極端秘密下，將和平呼籲以書面呈給羅斯福；但是寺崎堅持，重要部份決不可寫下來。因此，瓊斯便以電話報告羅斯福要求晉見。而在十二月五日溜進東門，進入白宮。

羅斯福告訴瓊斯，他已經在思考寄這麼一份電報給日本天皇，卻一直躊躇沒做，怕的是「傷害了在華府的日本外交大員，竟越過他們和天皇交談。」瓊斯要他放心，這項建議便出自日本大使館，但是野村大使不能把他們的建言納入紀錄，因為這是越級。羅斯福聽到這一點，顯然如釋重負：「啊，這麼一來，勾銷了我的牽掛，我可以發這個電報。」

羅斯福可以拍電報給格魯，以大使之尊，他有權晉見天皇；但只能希望日本的電報局，會把這封電報送給格魯。會晤結束時，瓊斯預告羅斯福「務必絕不可把寺崎先生與電報有關說出來。」羅斯福深以為然回答道：「你告訴那位年輕的日本人，他是一位勇士！不會有人從我這裡，知道這件事中他的角色，他的秘密很安全。」

十二月六日下午，羅斯福決定將考慮已久的電報，發給裕仁。他把決行的電報稿交給國務卿赫爾，以他那有力飄逸的字體寫著「將此電報給格魯，為節省時間，可以保密程度低的『灰碼』發出，遭致截獲也無所謂。」

羅斯福致裕仁的電報文質彬彬：

敬肅日本國天皇陛下：

一世紀前，美國總統致貴國天皇，提議美國人民與貴國國民建立友誼，並蒙接受。從此長久以來，兩國保持和平及友好關係，由於雙方國民的品德，領導階層的智慧，不斷繁榮進步，對人類帶來不少的貢獻。

本人為國務對陛下親致本函，為兩國間有重大事件時，才有如此作為；鑑及目前正醞釀發展的異常情勢，不得不親函表達見解。事實上太平洋地域萌生滋長的事態，將使日美兩國國民及全人類，喪失兩國間多年來建立的和平及福祉，這種情勢包含了悲劇成份。美國國民深信和平為與各國共存的權利，因此對過去數月來的日美交涉，寄予莫大關心。我們亟盼中日事變能獲結束，並希望實現太平洋的和平，使諸國國民不再有侵略的恐懼，享樂共存；可以消除令人難堪的軍備負擔，進而也可恢復無差別通商制度，使各國國民不必再對任何國家有所排擠或施予優惠。如要達成上述大目標，深信陛下與本人都能認同：應先解除日美兩國任何形式的軍事威脅。

陛下政府約在一年前，與法國維琪政府締結協定，依據該協定，為保護在法領越南北部對中國軍採取行動中的日本軍隊，使五六千部隊進駐該地。本年春夏時，維琪政府又允許日本部隊進駐越南南部，從事所謂法領越南的共同防衛。

本人可以明言，合眾國對法領越南從未實施任何攻擊，也未企圖進行攻擊。但是最近數周來，日本陸海空軍部隊，大量增駐於法領越南南部，卻是不爭的事實，因此引起他國懷疑貴國，對越南不斷集結兵力的舉動，並非防禦上的需要。

如上述在越南集結兵力的行動，規模相當大，而且集結兵力已達中南半島的東南邊及西南端；因此無怪懷疑日軍是否在準備或正企圖對菲律賓、東印度的數百島嶼、馬來及泰國等進行攻擊。以至導致這些地域住民產生恐懼；因為日軍此舉關連他們的和平與生存至大且鉅，相信陛下也能體察他們的處境。本人也希望陛下能了解，為什麼美國國民會對具有兵員和裝備，足以採取攻擊行動的貴國陸海空軍基地，投以疑惑眼光。

上述事態不應繼續存在，同時也不應讓上述地域住民，一直坐在炸藥桶上。如果日本的陸海軍全面撤離法領越南，合眾國可以表明，絕無侵入該地的意圖。

本人相信可取得荷屬印尼政府、馬來政府及泰國政府的相同保證，甚至也可向中國政府取得同樣保證。由於日軍撤離越南，可給南太平洋全域帶來實質上的和平。

本人向陛下致送親函，旨在敦促陛下在變幻莫測情勢下，理應尋求足可使暗雲一掃而空的良策。本人與陛下不僅要為日美兩國國民，也為鄰近諸國住民設想，恢復兩國國民間的傳統友誼，進而防止世界上不再發生死亡和破壞的行動——深信這是我們共同的神聖責任。

一九四一年十二月六日　羅斯福　於華府

這封美日元首的電報，有關時間為：

華府時間十二月六日下午五點四十分（東京時間十二月七日上午十一點整），美國政府向新聞界發表消息；日本同盟社向日本發佈新聞。

華府六日晚上八點整（東京七日上午十點整），國務卿赫爾以八一七號電報，預告東京格魯大使「以最短時間將總統電親致日皇」。東京東鄉外相，得到同盟社的報導，於七日下午兩點整，以二八九號電知會野村大使。

華府六日晚上九點整（東京時間七日上午十一點整），電報全文發出。格魯大使雖在下午三點整，收聽到了廣播，但收到電文的時間卻在東京時間七日晚上十點三十分。換句話說，這封極重要的電報，竟被日本電信局扣壓了整整十二個半小時。

日本電信局於十一月二十九日起，應參謀本部主管通信保密的通信課戶村盛雄少佐要求，外國電報的發出與收到，都要扣留五個小時。十二月七日，他知道總統有電致天皇，戶村又規定「一律延遲十五小時送出」。其目的要使這封電報完全不能發生作用，因為距十二月八日上午零時開戰，只剩下十二小時了。

格魯大使在七日晚上十點十五分，向東鄉外相提出拜會要求，八日凌晨零點三十分左右，趕往外相官邸，說明要直呈天皇。東鄉說現在是半夜，謁見的手續要天亮才能辦，也要先看電報內容，格魯只好交付電文抄本後離開。

東鄉在凌晨零點四十五分以電話連絡木戶幸一內大臣，而在凌晨兩點四十分進宮，向裕仁朗讀羅斯福總統電文的譯文，然後將與東條英機首相研擬的回電提出奏請，獲得裕仁裁可。

關於日本軍隊集結越南一事，貴總統先有照會，已飭日本政府回復。自越南撤兵，為日美交涉的項目之一，日本政府已作出表示，敬請查察。建立太平洋甚至世界平和，為朕一向主旨，曾飭令政府克盡所能，直到今日，貴總統應甚熟稔。

東鄉在凌晨三點十五分退出皇宮，預定在上午六點整，將結束日美交涉及天皇回答羅斯福總統要旨，一併通知格魯大使。

美國與日本最後一線的和平機會，就此悄悄消逝。

十二月八日上午十一點四十分，日本新聞局發佈了日皇裕仁對羅斯福總統和平呼籲的回應：「宣戰」。詔書中，不但一床錦被，遮蓋了日本自一九三一年九一八侵占東北以迄一九三七年七七蘆溝橋事變，多年以來對中國侵略欺凌的史實；反而稱「大東亞戰爭」起因於「中華民國擾亂東亞和平，迫使帝國起執干戈」。

詔書

天佑保有萬世一系皇祚大日本帝國天皇，茲昭諭忠誠勇武之萬眾臣民：

朕茲對米國及英國宣戰。務希陸海將士傾盡全力，奮勇交戰，百僚有司勵精職務；眾民各盡本分，同心同德，億兆一心，發揮帝國之總力，達成戰爭之目的。

確保東亞安定，藉以促進世界平和，乃我歷代皇祖之遠猷。與列國敦睦交誼，萬邦共榮，亦為帝國之外交宗旨，朕拳拳服膺。

今不幸與米英兩國開啟戰端，洵非得已，豈朕所樂見。先前，中華民國政府，不解帝國真意，任意生事，擾亂東亞平和，迫使帝國起執干戈，至茲已歷四年有餘。所幸國民政府已更新（汪精衛政權），與帝國結為善隣，相互提攜。然而重慶殘存之舊政權，依靠米英庇護，不惜兄弟鬩牆，繼續爭鬥。而米英兩國，肆意支援舊政權，助長東亞禍亂，並藉平和美名，欲達成制霸東洋之野望；甚至誘使其他諸國，在帝國周邊加強武備，蓄意挑戰。對帝國之平和通商，給予種種妨害；終於以斷絕經濟，使帝國之生存，遭受莫大威脅。

朕飭政府平和處理事態，然而隱容久時，竟未見彼方有互讓精神解決時局；反故意拖延時間，並在此期間，加重經濟與軍事威脅，意圖迫使帝國屈從。若如此推移，不僅帝國歷年來為東亞安定所付出之努力，悉歸烏有；帝國之生存亦瀕臨危殆。事態至此，帝國為自存自衛，不得不蹶然奮起，以摧毀所有障礙。

皇祖皇宗之神靈在上，朕倚畀忠誠勇武之帝國萬眾臣民，深信能為恢宏祖宗遺業，儘速芟除禍根，進而確立東亞永遠平和，保全帝國之榮光。

御名

御璽

各大臣副署

昭和十六年十二月八日

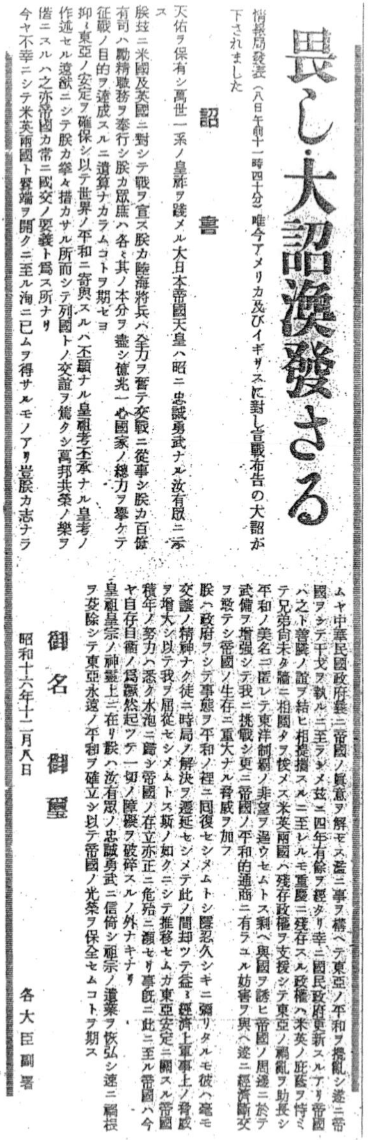

畏し大詔渙發さる

情報局發表（八日午前十一時四十分）唯今アメリカ及びイギリスに對し宣戰布告の大詔が下されました

詔書

天佑ヲ保有シ萬世一系ノ皇祚ヲ踐メル大日本帝國天皇ハ昭ニ忠誠勇武ナル汝有衆ニ示ス

朕茲ニ米國及英國ニ對シテ戰ヲ宣ス朕カ陸海將兵ハ全力ヲ奮テ交戰ニ從事シ朕カ百僚有司ハ勵精職務ヲ奉行シ朕カ衆庶ハ各〻其ノ本分ヲ盡シ億兆一心國家ノ總力ヲ擧ケテ征戰ノ目的ヲ達成スルニ遺算ナカラムコトヲ期セヨ

抑〻東亞ノ安定ヲ確保シ以テ世界ノ平和ニ寄與スルハ丕顯ナル皇祖考丕承ナル皇考ノ作述セル遠猷ニシテ朕カ拳々措カサル所而シテ列國トノ交誼ヲ篤クシ萬邦共榮ノ樂ヲ偕ニスルハ之亦帝國カ常ニ國交ノ要義ト爲ス所ナリ今ヤ不幸ニシテ米英兩國ト釁端ヲ開クニ至ル洵ニ已ムヲ得サルモノアリ豈朕カ志ナラムヤ中華民國政府曩ニ帝國ノ眞意ヲ解セス濫ニ事ヲ構ヘテ東亞ノ平和ヲ攪亂シ遂ニ帝國ヲシテ干戈ヲ執ルニ至ラシメ茲ニ四年有餘ヲ經タリ幸ニ國民政府更新スルアリ帝國ハ之ト善隣ノ誼ヲ結ヒ相提攜スルニ至レルモ重慶ニ殘存スル政權ハ米英ノ庇蔭ヲ恃ミテ兄弟尚未タ牆ニ相鬩クヲ悛メス米英兩國ハ殘存政權ヲ支援シテ東亞ノ禍亂ヲ助長シ平和ノ美名ニ匿レテ東洋制覇ノ非望ヲ逞ウセムトス剩ヘ與國ヲ誘ヒ帝國ノ周邊ニ於テ武備ヲ增強シテ我ニ挑戰シ更ニ帝國ノ平和的通商ニ有ラユル妨害ヲ與ヘ遂ニ經濟斷交ヲ敢テシ帝國ノ生存ニ重大ナル脅威ヲ加フ

朕ハ政府ヲシテ事態ヲ平和ノ裡ニ囘復セシメムトシ隱忍久シキニ彌リタルモ彼ハ毫モ交讓ノ精神ナク徒ニ時局ノ解決ヲ遷延セシメテ此ノ間却ツテ益〻經濟上軍事上ノ脅威ヲ增大シ以テ我ヲ屈從セシメムトス斯ノ如クニシテ推移セムカ東亞安定ニ關スル帝國積年ノ努力ハ悉ク水泡ニ歸シ帝國ノ存立亦正ニ危殆ニ瀕セリ事既ニ此ニ至ル帝國ハ今ヤ自存自衞ノ爲蹶然起ツテ一切ノ障礙ヲ破碎スルノ外ナキナリ

皇祖皇宗ノ神靈上ニ在リ朕ハ汝有衆ノ忠誠勇武ニ信倚シ祖宗ノ遺業ヲ恢弘シ速ニ禍根ヲ芟除シテ東亞永遠ノ平和ヲ確立シ以テ帝國ノ光榮ヲ保全セムコトヲ期ス

御名　御璽

昭和十六年十二月八日

各大臣副署

詔書

第二十三章
上海號震驚大本營

東京的日本大本營，在開戰以前，為防止電報傳達錯誤，有關對各軍下達開始進攻的命令，各有暗號。對中國派遣軍總司令官所下達的命令稱為「鷹」；又為開戰日期保密計，於十一月十七日，決定使用下列密語。

D日（發動攻擊日。日出）
一（廣島）
二（福岡）
三（宮崎）
四（橫濱）

五（國良）
六（室蘭）
七（名古屋）
八（山形）
九（久留米）
十（東京）。

十二月一日御前會議，裕仁在下午四點十分時決定開戰。十二月二日下午三點整，中國派遣軍畑俊六總司令，便接到了參謀總長杉山元大將發出的機密電報：

參電第五三一號

一、茲發佈大陸命第五七二號命令（鷹）。
二、「日出」決定為「山形」。
三、天皇殷切預祝成功。
四、收到本電後，希即覆電複誦第二項。

畑俊六總司令官於收到電文後，立即於二日下午四點三十分覆電：

一、參電第五三一號電之大陸命第五七二號命令（鷹），於十二月二日下午三點整奉悉。
二、「日出」決定為「山形」。
三、已對波集團下達該命令（鷹）。

「波集團」即作戰計畫中擔任進攻香港的第二十三軍。軍長為今村均中將、參謀長栗林忠道少將（但在五天後，即十二月六日，今村均調第十六軍軍長，負責進攻菲律賓，而由酒井隆中將接任）。下轄主攻的第三十八師團（師團長佐野忠義少將），另有第五十一師團（中野英光少將）、第一〇四師團（菰田康一少將）、獨立混成第十九旅團、及第一砲隊（北島驥子雄少將）等部隊。

今村均雖然奉令在十二月八日進攻香港，一切早有準備，但軍司令部的幕僚，當時卻慌亂得像熱鍋上的螞蟻。便由於前一天，也就是十二月一日晚上，出了一件意料不到的大事。

駐上海中國派遣軍總司令部，下達第二十三軍的開戰通知，除發出第五三一號參電以外，另外還派參謀專程送達攻佔香港的作戰命令，以及交付其他重要文件。原來預定派前往廣州出公差的中吉孚參謀，在十一月二十九日出發帶去。

但中吉參謀因業務上的關係，不克前往；為了決定替代前往的人，始終難以決定。結果湊巧遇到因指導人事問題，即將出差廣東的參謀部部員杉坂共之少佐，便派他搭乘上海至廣州間的「中華航空株氏會社」定期班機「上海號」，攜往廣州。

「上海號」為道格拉斯三式客機，（DC－3，美國空軍的C－47）於十二月一日上午八點三十分，自上海郊外大場鎮機場起飛，中途經台北松山機場，有攜帶小孩的旅客數人下機，復又有四名軍人上機，機上共十八人（含四名機員）。於中午十二點三十分自台北起飛。通過汕頭上空時有連絡，廣東、上海、台北的各機場管制台都收到；但通過廣東的大亞灣後，便失去連絡，再也沒有「上海號」的音信了。

「上海號」為道格拉斯三式客機
（DC-3，美國空軍的C-47）

英屬香港海域的東方為大鵬灣，再住東便是大亞灣，附近一帶為國軍地區，屬於余漢謀將軍的第七戰區，為直系游擊隊獨立第七旅的駐防地區。

十二月一日下午五點後，「中華航空株式會社」將「上海號」下落不明的消息通知上海的中國派遣軍總司令部，及廣州的第二十三軍司令部。總司令部一片慌亂，立刻向東京參謀本部及當時在台灣的南方軍總司令部安藤利吉司令提出狀況報告，深恐國軍立刻通知華府與倫敦，使中、美、英的大軍事先戒備，整個太平洋戰爭便完了。

大本營陸軍部接到這項突如其來的衝擊，參謀們面如土色，一片沉默，只有祈求上蒼庇佑。

壓力最重的為第二十三軍司令部，失事地區並非日軍佔領區，祇有派出飛行第三團飛機搜索，同時令情報班加強截聽國軍的無線電報，希望有線索可尋。

DC－3客機為美國道格拉斯飛機公司生產，以「上上可靠」（supremely reliable）聞名全球。二戰期中，美國軍方賦予這種飛機型號為C－47，採購多達一萬零四十八架，幾近全世界空軍中都有；英國皇家空軍在戰後還飛了二十年。這次出事可能出於天候惡劣所致。

十二月一日，第二十三軍派遣飛行部隊、地面部隊、海上艦船等，對華南一帶進行大規模搜索，但未獲得任何情報，且對去向不明的飛機，中國方面也未透露任何消息。

十二月三日晨，才收到國軍發往重慶的電報，內容為：

「大亞灣北方山岳地帶有日機墜落，本部隊將即往搜索。」

十二月四日晨，日軍又截收到中國部隊致重慶的電報，驚覺事態已陷入極端嚴重狀態。國軍電報內容如次：

「對墜落於大亞灣北方山岳地帶之日軍雙引擎飛機，其機體散出之零碎物品，本部隊均已拾獲，刻正積極整理調查中。」

從解密電報中，獲悉機身已毀壞，機內人員七人，死亡三人、擊斃四人。因此判斷機身並未起火燃燒，重要文件可能已落入敵手。於是，中國派遣軍致電參謀本部及南方軍，假設重要文件已落入敵手，建議須預為謀求各種因應措施。

十二月四日上午十時許，第三直接支援飛行隊的飛機，在平山墟南方約六公里處的獅朝洞高地（標高四六九．九公尺）山腰中，發現「上海號」殘骸，出事地點周圍，已有該地區許多軍民如同螞蟻般集中圍觀。第二十三軍便命令地面部隊，為搶救墜機，立即北進。

十二月四日，又據翻譯國軍電報透露：

「將向重慶報告飛機墜落地點狀況，並檢附已蒐得之文件。」

這一下，使得中國派遣軍總司令官畑俊六大將陷入極度不安。

「鷹」命令案，因奉令嚴禁以電報下達，因此改由參謀本部杉坂共之少佐攜帶命令抄本前往第二十三軍。但十二月一日天候惡劣，致所搭乘的定期班機「上海號」撞上廣東省淡水東北高地，人亡機毀，攜去的命令及大本營密碼本，可能已落入敵手，雖經極力搜索，仍未接獲詳報。

第二十三軍遇到猝如其來的這一事故，除開力即行動搜尋施救外，也在二日下午，報告中國派遣軍總司令：

波集電第四四三號　十二月二日下午五點發

波集團第二十三軍參謀長栗林忠道

攜帶中國派遣軍總司令官下達本軍決定開戰重要命令之杉坂少佐等九員（全部乘員十八名），所搭乘之上海至廣州間定期班機，昨日晚上在大亞灣附近失去連絡，目前正全力搜索中。耽心該機有在香港附近英屬領域內墜毀之可能，且其所攜帶之重要命令，若落入敵人之手，則諒必對帝國決定開戰的影響至鉅，因此認為有慎重考量因應對策之必要。

十二月三日，天氣仍未好轉，由空中地面直接進行的搜索，在當天也無法進行。另一方面，自發生事件以來，中國派遣軍總司令部出動全部情報人員，設法試探香港英方的反應。

依據「陳其光」指揮處主任致獨立第九旅二日電：

「十二月一日十六時，我駐平山墟附近之部隊，偶然發現敵機一架墜落於清稻田（平山墟南方），機體損毀，機內七名人員，死亡三名，擊斃四名，目前尚在調查中，詳情後報。」

以這一國軍電報為線索，駐廣州的第三直接支援飛行隊（隊長內藤美雄大尉）於四日上午十時，發現了遇難飛機。據報告：遇難地點為大亞灣西北方，英屬領地界外約二十公里，平山墟東南約十公里的獅朝洞高地北側半山腰。右翼及機身後半部殘留，兩具發動機掉落到二百公尺外，機頭無法辨認，看起來似乎有部分起火燃燒，附近發現有數人踪影。

根據這一情報判斷，遇難飛機雖已發現，但情況很糟，機體並未起火燃燒，重要文件諒必已落入敵人手內了。

中國派遣軍總司令部向參謀本部及南方軍總司令部通報這一情報，並附加說明如下：

十二月四日總參一電第七九六號要旨：

依據前項敵方情報判斷，機體雖損毀，但並未起火燃燒，則杉坂少佐等人員所攜帶的文件落入敵手的可能性極大。

而且，因救難而由淡水派遣我軍救難隊，即使到達墜機地點，但收回的希望仍極渺小。加上一兩天來飛機因雨難以出動，咸認該文件已落入敵手，故有採取各項措施的必要。

十二月四日深夜，又截收到國軍電報：

昨日深夜發現日機墜落後，尚有頗似飛行員兩人無恙，於抵抗後逃亡，目前正極力搜索中。

根據所謂「抵抗後逃亡」推敲，這兩人應非已負重傷；且兩人以外，也可能有其他生存的人。莫非杉坂少佐亦在其中，並已處理作戰命令文件。電報既未提及作戰命令文件，應可推測國軍尚未取得。

十二月五日，復又截收到距遇難地點西方約十公里白芒花國軍致重慶的電報，情勢遽然明朗：

「昨日深夜被認定迫降而逃亡的兩名飛行員，已在距飛機地點一千二百公尺處發現一名，雖以白刃抗拒，終被我方擊斃。」

「上海號」的十八名機上人員中，軍人為軍官七人，曹長一人，計八人。而就電文中的白刃抵抗表現看來，必然為八名軍人之一。也可判斷素為劍道高手的總司令部杉坂少佐。同時，自發生事故以來，還能活過三天，應該有時間處理文件。

國軍又向上報告：「將墜機地點報告政府（重慶），並將可收集之物品與文件一併附送」。「文件」這兩個字，使總司令部愈感緊張，陷於極度不安。

本來，第二十三軍也考慮到萬一發生這種情況，而在有關作戰指示事項上，對文件的處理，已作慎密考慮。畑俊六甚至想到，重要文件是否於開戰後才送比較妥當。長時間在嚴格保密之下，所綿密策劃的對英、美、荷蘭的大規模作戰，若被中國政府獲

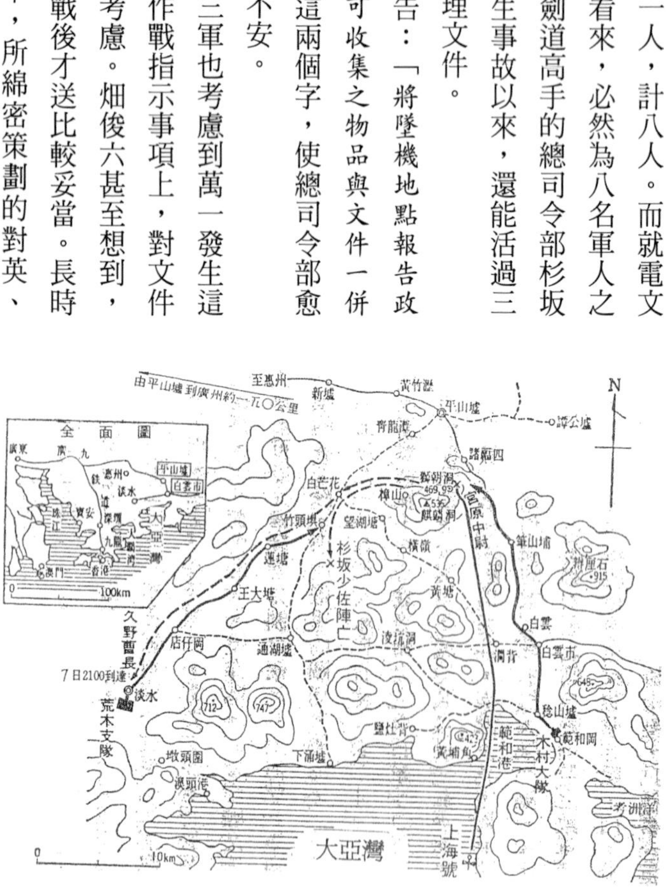

上海號遇難地區附近狀況圖

悉，可能會即刻通知英美。英美軍獲悉日本開戰企圖，可能大舉發動先制攻擊。「上海號」墜機的消息，很快傳到正向夏威夷島接近的日本海軍「機動部隊」，以及南方作戰的各部隊，引起嚴重關切與焦慮。南下馬來西亞的船團，甚至進入越南金蘭灣停泊三天。

第二十三軍知道了墜機地點在非佔領區內，立即採取斷然措施，命令駐廣州的飛行隊予以炸毀；也由廣州緊急派遣秘密偵探前往。

地面部隊則命令距離墜機地點最近，駐淡水的荒木支隊（以第五十一師團步兵第六十六聯隊，野戰砲兵第十四聯隊第一大隊為基幹，支隊長荒木勝利大佐），以急行軍前往救難。駐紮於墜機現場南南東方約三十公里的範和港的該支隊木村大隊（第一大隊，隊長木村福造中佐），於四日下午四點出發，五日上午抵達現場附近，佔領獅朝洞北側丘陵一帶的敵軍陣地，一面阻止來自平山墟方面的敵軍攻擊，一面派遣機槍中隊長太田中尉所指揮的救難收容隊上山，於下午兩點到達現場。現場暴露在敵方陣地斜面，受到敵軍機槍猛烈的射擊（輕機槍十挺，重機槍一挺）。救難收容隊確認了五具屍體、三具燒焦的屍體及燃燒過的機身，同時在現場下方約兩百公尺的草叢中，發現生還的宮原大吉中尉（第十五航空通信隊），便將宮原中尉及罹難者的遺物等後送，於下午三點半下山。

班機失事後，杉坂少佐及久野虎平曹長（第二十三軍司令部）兩人，僅受輕傷。二日早上，為與友軍連絡，送極機密文件下山，但因受到敵軍射擊，只能在夜間行動，並謀求突出敵陣。此期間，兩人感到危機四伏，便將機密文件撕碎，分散埋在草叢中。他們繼續在夜間潛行。五日拂曉，在某部落受敵軍步哨喊問「誰」時，兩人終於分手，只有久野曹長於七日晚上九點奇蹟似的回到淡水北門，被荒木支隊收容，與先前收容的宮原中尉，共同搭船抵達澳頭港，接著改搭汽車及飛機，經寶安送到廣州的陸軍醫院。

十二月五日下午，有國軍情報指出：距墜機地點的一．二公里處，有一名日軍軍官雖然受傷，仍以軍刀抵抗，不得已加以擊斃。墜機中有兩名著軍服的正規軍人，杉坂少佐又是劍道高手；由此推測該名軍官可能就是他。

中國派遣軍總司令部獲得此項情報，認為杉坂少佐在發生墜機事件後，存活了三天；又有生還的久野虎平曹長為人證，證明機密文件已銷毀，並沒有落入敵手，更沒有洩漏作戰情報機密的顧慮而放了心；後來再也沒有收到敵方任何電報。十二月五日晚上，中國派遣軍便鉅細無遺地向大本營及南方軍總司令部提出報告，結束了開戰直前這次使全日本軍方震驚的事件，堪稱有驚無險，上上下下都大大的鬆了一口氣。

第二十四章
斷交照會

十二月一日御前會議，決定了向美英荷發動武力開戰，攻擊日訂在十二月八日，日本軍方大本營立即以大陸令第五六九號及大海令第九號下達給陸軍及海軍執行。

十二月四日，舉行聯席會議，討論的最大課題為要不要對美國發出「最後通牒」或通知「外交結束」。外相東鄉茂德與海軍軍令部總長永野修身，首先達成的協議為：

一、內文要旨由外務省擬定。

二、文件傳給在華府的野村大使及來栖特使，親交美國國務卿赫爾。

三、文件遞交的時間，應配合大本營先禮後兵的要求，在發動武力以前，通知美方外交結束。

十二月五、六日兩天，陸海軍兩統帥部次長繼續與東鄉外相協商，對「結束外交通告」內容，全體一致通過。原文為英文，最後一節為：

7. Obviously it is the intention of the American Government to conspire with Great Britain and other countries to obstruct Japan's efforts toward the establishment of peace through the creation of a New Order in East Asia, and especially to preserve Anglo-American rights and interests by keeping Japan and China at war. This intention has been revealed clearly during the course of the present negotiations. Thus, the esrnest hope of the Japanese Government to adjust Japanese-American relations and to preserve and promote the peace of the Pacific through cooperation with the American Government has finally been lost.

The Japanese Government regrets to have to notify hereby the American Government that in view of the attitude of the American Government it cannot but consider that it is impossible to reach an agreement through further negotiations.

七、米國政府的意圖，為與英國及他國沆瀣一氣，防礙日本經由建立東亞新秩序以奠定和平的努力；尤其繼續進行日本與中國的戰爭，以維護英米的權利及利益。這種企圖在日前談判中，已昭然若揭。因此，日本政府調整日米關係，經由與米國政府合作，以維持及與促進太平洋和平的熱切希望終致喪失。

日本政府著眼米國政府的態度，深以為憾。特此通知：縱令再繼續進行交涉，也不可能達成協議。

至於將「外交結束」的照會通知美方，時間點極為重要。由於攻擊珍珠港的時間為東京時間十二月八日凌晨三點三十分（華府時間七日下午一點三十分；夏威夷時間七日上午八點整），海軍在十二月四日提議，在攻擊前一小時（東京時間八日凌晨兩點三十分，華府時間中午十二點三十分）遞交照會。

但到了五日晚上，海軍又臨時更改為攻擊前三十分鐘，也就是華府時間七日下午一點整，提交給美國國務卿。

日本外務省所要做的，便是在十二月七日下午四點（華府七日凌晨兩點）自東京發出照會，晚上十點（華府時間七日上午八點）完成發信。由駐美兩位大使，在八日凌晨三點（華府七日下午一點）將照會遞交給國務卿。也是向世界宣示：日本遵守國際法，在宣佈斷交後三十分鐘，才發動武力攻擊；要一洗日俄戰爭不宣而戰先下手攻擊旅順港的惡名。

東鄉茂德外相在十二月六日晚上八點半，對華府的野村吉三郎大使，連續發出九〇一、九〇二、及九〇七號三通電報。

第九〇一號電報：政府經廟議，決定對米致送照會（見第九〇二號電報），照會全文長十四節，可能在明日下午才能全部發送完畢，遞交照會時間，另電指示。

第九〇二號電報：為「外交結束」照會全文，共十四節。

第九〇七號電報：指令遞交這一照會的時間，為華府時間七日下午一點，由貴大使直接遞交米國務卿。

十二月六日，那天午後，定案後致赫爾的照會，和致駐華府大使一般訓令電稿，送到了外務省電信課長龜山一二的手裡。他奉指示先發出九〇一號訓令，以便可以在華府時間十二月六日上午八點左右到達華府。一小時以後，再發出九〇二號照會的前十三節。基於「安全」著眼，照會宣告外交談判終止最後的第十四節電文，不得在十二月七日上午四點到五點以前到達華府。

東京和華府間的電信連絡狀況，一般相當良好，所需要的時間，從未超過一小時以上。龜山考慮到爾後繼續拍發訂正前電電文，以及因一些不預期困難所可能需要的額外時間，特在晚上八點半，親自將訓令和電文的前十三節，送到了東京中央電報局。四十分鐘以後，訓令已經向華府發出。再過一個鐘頭，照會的前十三節電文，也陸續拍發竣事。

龜山心滿意足地回到家裡，心想這些電報一定會在「限期」屆滿相當時間以前到達華府。他預定在第二天午後發出最重要的第十四節；以後半小時，再拍發致來栖和野村的最後電令，訓令他們在華府時間十二月七日下午一點，將全部十四節照會全文，一併送交赫爾。

外務省判斷，這三份電報到達華府日本大使館的時間如下：

第九〇一號　華府時間十二月六日上午十點左右

第九〇二號　照會第一至第十三節　華府時間十二月六日上午十一點至下午三點

第九〇二號　照會第十四節　十二月六日上午六點到七點

第九〇七號　十二月六日上午七點半

這一段時間表控制得宜，預料在華府時間十二月七日下午一點，遞交「結束外交」照會，還有餘裕。

然而，日本雖機關算盡，但人算不如天算。野村大使將這份結束外交的照會，遞交給美國國務卿赫爾時，卻較東京的訓令時間遲了一小時又二十分；在十二月七日下午兩點二十分遞交，已在珍珠港遭受空襲一個小時以後了。

隨同來栖大使赴美的前美洲局第一課長結城司郎次及當時駐美大使館海軍副武官實松讓大佐，記下了十二月六日至七日（華府時間）兩天內大使館的動態。外務省致國務院照會電為英文，以密碼傳送華府，日本大使館還是要經過解密、打字，成為正式照會。第九〇一號電在六日（星期六）中午十二點以前完成解密。後來陸續抵達的第九〇二號電以次八到九通電解密也在晚上七點左右完成。由於第九〇四號電稱「前電第九〇二號為慎重保密起見，切勿由打字員從事作業」，這一則電文也完成解密。

當天晚上，日本大使館為了一名館員調職南美，舉行送別餐會。解密作業中斷了約一個小時。電信課員返館後，繼續解密第九〇二號電十三節電文，直至半夜始完全解密。隨著解密作業的進展，應該要進行核稿及整理、打字，由大使館總務奧村勝藏書記官擔任。因為大使館高級官員中，也唯有他會打字。不料奧村書記官因與朋友有約會，作業擱置到第二天，完全沒有人處理。井口貞夫參事官、松平康東書記官、寺崎英成書記官等，當時都不在館內。電信課員們則因六日傍晚，獲得井口參事官指示，可以自由行動後；七日早晨，僅留一員值班，其他統通離開了大使館。偏偏就在這段時間中，最具有關鍵性的第九〇二號第十四節電文，及第九〇七號電文相繼送到。

平日上班早的奧村勝藏，在十二月七日星期天上班特別晚。上午九點左右，實松讓海軍副武官上班時，大使館裡沒有一個人在（值班的那位電信課員，往教堂參加禮拜彌撒），信箱裡塞滿了報紙和電報。值班電信課員從教堂返回使館，處理電報解密，在上午十點左右完成。第九〇七號電文解密則在上午十一時，第九〇二號的第十四節，則一直延至凌晨零點三十分才結束解密作業。奧村的上班時間遲了，還要從事不大熟的打字工作，難免手忙腳亂——因為打得不好，最初的十三節電文還重打一次——第九〇二號電文，即對美照會全文完成打字時，已經是下午一點五十分了。

上午十一時，第九〇七號電文解密完畢，即以電話通知國務院，請求於下午一點與赫爾國務卿會晤。起初，國務院回答說，因國務卿有午餐約會，請先與威爾斯次卿會晤；後來又來電說，下午一點國務卿可以接見。事實上美國情報體系，已在七日上午十點半以前，早已完成破譯日方第九〇一號、第九〇二號及第九〇七號的全部電文，並將副本分送各有關單位了。美方知道日本斷交照會內容，比日本大使館還要早三小時又二十分鐘。使人頓足的是：美方優異的情報組織都知道「下午一點」是生死關頭的一刻，而從羅福斯總統以下的高級官員，卻都沒有把握住這兩百分鐘的黃金時刻。

美國海軍的密碼破譯人員，比日本大使館的譯員還要忙碌，到十二月六日晚上八點半，他們已經將日本東鄉外相的十三節密電，全部用打字機清繕竣事，準備呈閱分發。海軍情報翻譯組組長庫雷默（Alvin D. Kramer）少校了解這些密電的重要性。於是，便開始打電話先報告海軍部長諾克斯；然後，他又分別打電話給海軍情報署長、作戰計劃署長以及白宮。在他的資料分發表上，祇有一個人沒有辦法取得連絡，那是海軍軍令部長史塔克上將，當時這位將軍不在家。

庫雷默在晚上九時許離開辦公室，由他太太開車前往白宮。他在白宮附近辦公室大廈的收發室裡，將一隻裝著上鎖的密電譯本信袋，交給白宮值日官舒茲中尉（Robert Lester Schulz）。舒茲將信袋送到總統書房，當時，羅斯福正坐在辦公桌旁邊和霍浦金斯談話。羅斯福看過這十三節密電譯本以後，不作一聲遞給他的顧問。霍浦金斯看完時，羅斯福便說道：「這就是開戰的意思了。」

舒茲在一旁靜候指示，總統和他的顧問則談論著當前危機。「毫無疑問，戰爭將會在有利於日本人的狀況下爆發，」霍浦金斯說道：「可惜我們不能先下手。」

「不行，我們決不能那樣。我們是民主國家，人民愛好和平。」羅斯福說話的聲音很大：「我們有好紀錄。」他抓起電話給海軍軍令部長史塔克，但是，當他聽到史塔克在國家劇場聽戲的時候，便掛斷了電話說道：「我回頭再打電話；我不願意把他從劇場裡叫出來，驚擾觀眾。」

華府時間七日上午八點，庫雷默少校在海軍部辦公室裡，開始破譯東鄉致赫爾照會的第十四節電文，也就是表示終止談判的最後一段。

最後照會的第十四節電文，已經全部破譯清稿完畢，分別放在一些卷宗夾裡面。庫雷默再度開始跑腿分送。上午十點二十分，他回到辦公室的時間，在他桌上又放著另一份東鄉致野村的第九〇七號電報，在電文前面有「大至急（最速件）——最重要」的字樣，電文內容是命令這位將軍大使，在下午一點整，將照會的全部電文送交赫爾。

庫雷默在將這份譯電副本分別放進卷宗的時候，心裡暗自盤算時差，發覺華府時間的下午一點，是夏威夷時間的上午七點半。他因為曾經在珍珠港工作過兩年，知道著這是號兵在星期日吹早餐號的時間——也是靜寂的時間。他心想大事不妙，於是，便沿著海軍部走廊拔腳飛跑，直奔軍令部長史塔克上將的辦公室。

當野村打電話給赫爾辦公室的時候，海軍庫雷默少校走進史塔克上將辦公室。這位將軍在他官邸院子裡散完步，並且在花房裡轉了一遭以後，剛剛在辦公室坐定不久。他仔細展閱著「第十四節」電報譯文。在外面辦公室靜候的庫雷默，告訴一位同事，說「下午一點」對於夏威夷可能關係重大。

史塔克終於看完了這份冗長的電文，然後，又看「下午一點」的電令。「部長，為什麼不打電話給基梅爾上將呢？」一位情報軍官向他建議道。史塔克拿起電話聽筒，然後又放了下去，因為他判定十一月廿七日的「戰爭預警」通令，已經足以令大家提高警覺。再說，他還認為日本襲擊珍珠港的可能性似乎太小。他告訴那位情報軍官，他要先報告總統。接著，他便拿起電話聽筒，在鍵盤上撥動白宮號碼。但是總統的電話在「談話中」，好久都沒有撥通。

甚至連第十四節電報，都沒有使陸軍部的布萊敦上校感到震驚，但是當他看到「下午一點」電文的時候，卻立刻緊張起來。他確信「日本人是要攻擊某些美軍設施」，於是，他便三步當兩步跑到情報署署長室。可是，署長麥爾斯准將卻在家裡；馬歇爾將軍也不在。於是，布萊敦便越級報告，打電話到波托馬克河對岸馬歇爾官邸。接電話的是官邸傳令阿奎爾中士

（Sergeant Aguirre），他說，參謀總長剛剛離開，作例行的清晨馬術運動去了。

馬歇爾照例上午六點半起床，然後和他太太從容地共進早餐。他們過著隱居式的恬靜生活，因為他曾經兩度病倒。「我決不能動怒，那不但傷神，而且會要命，」他最近告訴馬歇爾夫人道：「我一定得要保持頭腦清醒。」

他根本不知道，總統在頭天晚上已經看到日方意味著「戰爭」的電文。他騎著馬以輕快步走向政府實驗農場（也就是日後興建「五角大廈」的地方）。通常他祇騎一個鐘頭左右，但是這天早晨卻騎得比較久一些，以致阿奎爾中士沒有辦法找到他。當他回到家裡，聽到阿奎爾報告的時候，已經是上午十點二十五分了。他立刻打電話給布萊敦，但是這位上校在說明這個「最重要電報」的時候，語氣過於嘮叨，以致馬歇爾根本沒有弄清楚這個電報的緊急程度。他從容地洗過淋浴，然後打電話到波托馬克河對岸的「軍火大廈」，教人把他停放在那裡的座車開過來。直到上午十一點過幾分，纔到辦公室裡坐定。他仔細地看完全部電文之後，也和布萊敦一樣地無動於衷。但是，當他看到「下午一點」電文的時候，也不禁和布萊敦一樣地大吃一驚，他立刻用一張黃色便條紙，起草這樣一份下達給太平洋地區各指揮官的通令：

日方於本日東方標準時間十三：〇〇，提出類似最後通牒之照會。日使館並奉令立即破壞密碼機。

其所定時間，究具有何種重大意義，固無法判明，但各部隊須嚴加戒備為要。

馬歇爾又打電話給海軍軍令部長史塔克：「你看是不是要把有關日本提出照會的時間這件事，也通知太平洋區海軍各指揮官呢？」

「我們已經下達很多指示了，我不打算再通知他們。一再下達指示，會造成自相驚擾。」

馬歇爾掛斷了電話。過了一會，辦公桌電話鈴聲響了起來。

「喬治，」史塔克用非常焦慮的口吻說道，「我看日本大使要在下午一點拜會赫爾，可能會有特別重大意義。我也要照你的辦法，把這個消息通報太平洋區海軍各指揮官。」他並且表示，馬歇爾可以利用海軍的通信設備，因為在緊急狀況下，海軍的通信最快。

「謝謝你，我看不必了，我覺得我能相當快把指示下達到各單位。」

「喬治，那麼請你訓令你的部下，也把消息通報各當地的海軍單位好不好？」

馬歇爾答應照辦，並且在那張黃紙的電稿裡，增加了這樣一項指示。他更加註了「第一優先——極機密」的字樣以後，教人送到通信中心，立刻依巴拿馬運河、菲律賓、夏威夷和舊金山這個優先順序拍發。他非常關心時間問題，他派一位軍官三番五次地向通信中心打聽，這份通令需要好久可以發出。「我們已經拍發了。大約三四十分鐘可以全部發出，」報務科科長弗蘭奇（Edwart French）上校有把握地答覆。馬歇爾沒有考慮使用「亂音直通電話」，因為這種通信手段，很容易遭到截聽。

電文經譯成密碼以後分別發出，在華府時間中午十二點零幾分，舊金山、巴拿馬運河以及菲律賓的駐軍指揮官，都接獲了這個預警電令。但是，夏威夷軍方則由於大氣狀況惡劣，始終無法通聯。這時固然還有海軍和夏威夷之間的直接無通信網可以利用，可是，不知道弗蘭奇上校基於什麼理由，不使用海軍「最快的」通信設備，而將電報送到和夏威夷之間沒有直通線路的「西聯」（Western Union）電信公司拍發，甚至在電稿上也沒有註明「最速件」。

在華府，海軍部長諾克斯正在憲法大道的海軍部裡。這時中午已過了很久，他饑腹雷鳴；正當他要叫人送午餐來的時候，軍令部長史塔克上將突然闖進來，手裡拿著基梅爾所發來「並非演習」的電報。

「老天，這不會是真的！」諾克斯大叫起來。「這一定是指的菲律賓。」

史諾克面色凝重地向他保證，這指的是珍珠港。於是，諾克斯拿起和白宮專線直通電話的聽筒。這時是下午一點四十七分，羅斯福正在橢圓辦公室辦公桌旁和霍浦金斯共進午餐。諾克斯在電話裡將基梅爾的來電唸給他聽。

「這一定有錯誤，」霍浦金斯說道。他確信「日本不會向夏威夷發動攻擊。」但是羅斯福卻認為這個報告可不會錯，他說：「這種出人意料的事情，正是日本人做得出來的。」接著，他如數家珍地談論，自己如何竭力要在任內不爆發戰爭，最後他黯然說道：「如果這個報告內容不錯，整個事情出了我掌握以外了。」

下午兩點零五分，羅斯福打電話給赫爾，用堅定而簡明的語氣通知他這個消息。赫爾說，野村和來栖這兩位日本大使剛剛到達國務院，正在外交官接待室裡等候他接見。羅斯福要他接見，但是不要對他們提起他已經知道珍珠港的事情。他應該保持有禮而冷漠的態度，把他們「請出去」。接著，羅斯福又打電話給陸軍部長史汀生，激動地問他：「有沒有聽到出了什麼事？」

「這個，」史汀生答道：「已經有電報來，報告日軍正向暹羅灣前進。」

「啊，我不是指那件事，」羅斯福說道：「他們已經攻擊夏威夷了！他們現在正在轟炸夏威夷！」

史汀生掛斷電話以後自忖道：嗯，這可真是件驚人大事。他首先想到：「猶豫不決總算是過去了，現在危機臨頭，將會促成國人的團結。」

赫爾把國務院日本通巴蘭定（Joseph W. Ballantine）找來，對他說道：「總統接到一個未經證實的報告，說日軍已經攻擊珍珠港。現在日本兩位大使正在等著見我。我知道他們要見我的目的是什麼：是要對我們十一月廿六日的照會表示拒絕；或者，要告訴我們現在已經宣戰了；我真不願意接見他們。」最後，他還是聽從羅斯福的指示，接見這兩位日本大使。他心想，也許那個攻擊報告不正確，還有「百分之一」的機會。

在接待室裡，剛從大使館趕來內心焦慮的野村，還喘息未定。他已經遲到了一個多小時，而且他知道，在倉卒中用打字機清繕的照會第十四節電文，有幾處小筆誤。書記官奧村勝藏要將全電重新打字，但是野村已經等得很不耐煩，從他手裡一把搶過來。這位大使根本沒有時間把全文仔細讀一遍。

空等了二十分鐘之久，下午兩點二十分，來栖三郎和野村吉三郎終於被請進赫爾辦公室。這位國務卿非常冷淡地招呼他們，不肯和他們握手。甚至不請他們就座。

「我奉命在下午一點把這份照會交給貴長官。」這位將軍大使表示歉意地遞出照會。赫爾的臉色凜然：「那麼，為什麼不在下午一時交給我呢？」

「我不知道什麼原因。」野村老實地答道，他心想，他這位美國朋友不該祇是因為他和來栖遲到，而竟這樣動火吧；他感到非常惶惑。

赫爾接過照會，假裝從頭到尾看一遍。平常他談話時有點慢吞吞而委婉溫和，但是現在，他卻像連珠砲似地痛罵這兩位日本使節一頓。他說：「我一定要說，在過去九個月來我和你們會談，從沒有說過半個字的假話，我們的談話紀錄，絕對可以證明這一點。在我擔任公職的五十年間，我從來就沒有看到過這種充滿可恥謊話和強詞奪理的公文。直到今天為止，我從不曾想到，在地球上竟有任何政府，能發出這麼大規模的虛假歪曲文字！」（I must say that in all my conversations with you during the lase nine months I have never uttered one word of untruth. This is borne out absolutely by the record. In all my fifty years of public service I have never seen a document that was more crowded with infamous falsehoods and distortions-infamous falsehoods and distortions on a scale so huge that I never imagined until today that any government on this planet was capable of uttering them.）

野村吉三郎想開口說話，但是赫爾卻舉起手，頭向房門一點，請他們出去。這位仍然困惑莫名的海軍大將大使，趨前向赫爾告別，並且伸出右手，這次國務卿和他們握了手。但是，當這兩位日本人轉身走出房門的時候，他卻低下了頭，用田納西土腔罵道：「下作坯！卑鄙貨！（scoundrels and pissants）」

第二十五章
夏威夷之夜

一九四一年十二月六日，在夏威夷，到了入暮時刻的六點半。這裡，也和華府一樣，晚餐桌上談話的主題之一，便是羅斯福總統史無前例向日皇裕仁呼籲和平。檀香山市的《星報》（The Star-Bulletin）兩頁的大字標題含義相反，一頁為「日本媒體要求一戰」，另一頁則是「東京報導敦促新和平」。即令戰爭發生，夏威夷群島沒有幾個人懷疑這件事。但卻人人同意這份報第十頁，引用一位參議員向美聯社記者所說的話：「美國海軍能在任何地點、任何時間擊敗日本海軍。」

也像陸軍參謀總長馬歇爾和海軍軍令部長史塔克一樣，夏威夷的海軍指揮官，根本就沒有耽心過對珍珠港的空中攻擊。夏威夷軍區陸軍指揮官蕭特中將，已接到馬歇爾的一份電文，是一份戰爭警告；與史塔克下達給太平洋艦隊司令基梅爾的電文相類似，它不及海軍電文那麼率直，但卻的確警告「任何時候會發生敵對行為」。同時，蕭特還接到參謀本部情報署的另一封電文：

> 日方談判實際上已告停頓，敵對可能發生，預料有破壞行動。

對蕭特來說，這就是指一件事：夏威夷群島的日裔居民十五萬七千九百零五人。他向華府報告，對所屬已提出預防破壞的警覺；這件事沒有得到華府回覆，便認定自己已採取了所有必需的行動。

除開依照計劃在第二天清晨作日常、有限度的巡邏飛行外，並沒有其他。兩個軍種保護珍珠港的防空砲連，留守的官兵不多。停在港內的是對日軍登陸的最大防礙——太平洋艦隊：九十四艘軍艦中，包括了八艘主力艦與九艘巡洋艦。除開輪值人員外，大多數官兵都準備就寢；這是熱帶風情美麗、平靜的一晚。

檀香山市的軍官俱樂部外，濃密樹蔭的鐵木行樹夾道盡端。便是接駁碼頭。明亮耀眼的投射燈光，照耀在拍岸的海水上，波光閃耀，一艘艘接駁艇靠岸，把收假的官兵載回停泊港內的艦隻上去。

珍珠港是美國海軍太平洋艦隊的基地，岸邊的工場與昂起的起重機，以及遠處隱隱約約停泊的艨艟巨艦行列，都藏身在夜色下。白晝的喧嘩早已沉寂，留下了美麗的風光，月色溶溶……俱樂部中飄來的舞曲……港內另側巨艦上的朦朧燈光。

艦燈遠比以前多，打從七月四日以來，頭一個星期，所有的主力艦一次到齊。以前通常為輪流駐港，也許六艘主力艦出港，組成派耳（Pye）將軍的主力艦特遣艦隊；或者，三艘主力艦出海，組成海爾賽將軍（Halsey）的航空特遣艦隊。這個星期輪到派耳將軍駐港；可是海爾賽將軍卻因為特令出海；那也就是說，把他的主力艦留在港內。華府來了密令，這是一道秘密的「戰爭警告」，預料日軍會攻擊菲律賓、泰國、或者克拉地峽，更可能荷屬婆羅洲——航空母艦「企業號」（Enterprise）正運送海軍陸戰隊戰鬥機第二一一中隊半個中隊十二架「野貓式」戰鬥機和飛行員去增援威克島。如果有主力艦隨行，會使這支特遣部隊的速度由每小時三十節（五十四公里）降為十七節（卅公里），而且沒有航空母艦掩護，它們運作的要害性很大。另外一艘航空母艦「勒星敦號」（Lexington）已出港。因此，主力艦都停在安全的珍珠港內。

十二月六日這一天，太平洋艦隊的兩艘航空母艦雙雙在外。以「勒星敦號」航空母艦為中心的第十二特遣部隊，運送飛機到中途島。「企業號」航空母艦與三艘巡洋艦、九艘驅逐艦編組第八特遣部隊，由海爾賽中將（William Halsey，報紙稱他為「蠻牛」Bull，朋友則稱他「比爾」Bill）率領，在三天前就離開珍珠港前往威克島，這天正首途返港。由於氣候惡劣，「企業號」較預定時間表晚了一天。很多官兵都不開心，因為錯過了在檀香山市的星期六一晚，為了在港口輕鬆一下，他們看了一場關於第一次世界大戰的電影片《約克軍曹》。大多數人心中，一次新戰爭的念頭還很遙遠，那怕海爾賽已經告誡官兵：「任何時候，白天也好，晚上也好，我們都一定要準備立刻行動。」

太平洋艦隊的將領中，只有海爾賽心理上有打仗準備，他曉得這一仗就要爆發。十一月二十八日，他出海離開珍珠港，基梅爾司令便告訴他，這批飛機對威克島的防務很重要，一定要在絕對保密下運到，絕不能使日本人知道這次行動。

「司令，你放手讓我幹的程度有多大？」

「他媽的，」基梅爾答道：「用你的見識（common sense）呀。」

艦隻一離港，海爾賽就頒發戰令第一號，使「企業號」進入作戰狀態。所有魚雷裝上炸藥雷頭，飛機裝上炸彈或魚雷；飛行員發現任何船隻與飛機，就加以擊沉。

作戰官布拉克（William Buracker）中校見到了命令，覺得難以置信，問道：「指揮官，這命令是你下的嗎？」

「不錯。」

「真要命，長官，你不能發動一次你自己的戰爭吧，誰負這個責任？」

「我負，」海爾賽回答得斬釘截鐵；「如果任何東西擋了我的路，先打，以後再說。」

大船都在港內，軍官俱樂部似乎比平常輕快得多，也更為擁擠，參加晚會的將校大名，一一都會在明天的檀香山市《週日廣告人報》社交欄上亮相。

檀香山市的夜生活快活，但不放縱。酒吧一向都在午夜打烊，樂隊似乎有了成規，這時便奏起有四年之久的「甜蜜萊娜妮」（Sweet Leilani）。俱樂部和每一處地方的軍官俱樂部大同小異，由電鍍、合板、與合成皮裝飾。但是價格低廉，——晚餐一元——而且客氣。

二十公里外，陸軍步兵第二十四師師長威爾遜准將（Durward S. Wilson），在夏孚特堡的陸軍軍官俱樂部中，逍遙同一個晚上。在這裡也是一樣，每一個星期六晚上的跳舞，要比平時快活一些。因為步二十四師和步二十五師的很多部隊，剛剛經過一星期的野外訓練，又久又苦。夏威軍區司令蕭特中將也來與麾下將校同樂。

實際上，蕭特來得晚了一些，一通電話把他拖住了。當他和司令部情報處長菲爾德中校，離開夏孚特堡眷區宿舍來參加晚會時，副處長兼反情報官比克納爾來了電話，請他們稍待，他有些事要報告。蕭特說可以，但快一點。

從傍晚大概六點三十分起，比克納爾就滔滔不絕，蕭特和菲爾德的太太坐在汽車中焦躁不耐煩時，三個男人一起坐在司令家走廊上。比克納爾拿出一份先一天由當地調查局監聽到的電話抄本，是東京一家報紙打給本地一位日裔牙醫師森元和的，問的是一般情況，飛機、照空燈、天氣、水兵人數……還有花。

三員軍官仔細推敲，為甚麼有人花錢打越洋電話討論花；如果是暗號，為甚麼又用明語談飛機與照空燈；為甚麼間諜用這種電話？

幾近一個小時，他們還理不出一個頭緒。最後，蕭特暗示比克納爾「太有情報感了」，反正今夜多想想，明天早上再討論。

晚會中，蕭特喝了幾杯雞尾酒，在兩個小時中，心事重重，也許是打給森醫師的那通電話；也許是訓練與裝備的問題；也許是他害怕當地十五萬七千九百零五名日裔居民暴動。他曾下令所屬要預防起事，把所有的飛機集中，整整齊齊停在停機坪，以便於警衛；也將這種處置向陸軍部報告，華府似乎很滿意。

到了晚上九點半，他們兩家人離開軍官俱樂部，駛回夏孚特堡。座車沿路下山時，整個珍珠港就在山下遠處。太平洋艦隊燈光耀眼，照空燈偶爾探試夜空。此時此刻，他們忘卻了一天的辛勞，享受令人屏息的美麗夜色。「多麼漂亮的景致，」蕭特嘆了口氣，但卻若有所思地加上一句：「他們造了個大好目標。」

蕭特的友軍將領，海軍太平洋艦隊司令基梅爾將軍，在檀香山市度過一個較為平靜的一晚，在哈勒庫拉尼大酒店（Halekulani Hotel）靜靜用餐。這一晚是利里將軍（Fairfax Leary）夫婦作東小宴。

那天下午，基梅爾與幕僚們討論當前局勢，日本人現在在焚毀密碼本……他們的艦隊在這個月內，已經改了兩次呼號……他們的航空母艦已經消逝不見。在另一方面來說，在這種時候，日軍自然採取保密措施；不見了的航艦也許沒甚麼事——在過去半年中，海軍情報局業已失去它們十二次了。不論發生甚麼事，它們定會在東南亞。華府政要、官方判斷、在地媒體、和人人都這麼說。至如夏威夷，沒人會多想一下。

士兵放假來檀香山市，多的是公車、老爺車、舊計程車、與駁船、接駁艇。大多數都在青年會下車，那裡是一處方便的起點，四散進入市區。過街便是「黑貓咖啡廳」；當然，還有得了八項金像獎的《亂世忠魂》（From Here To Enternity）那部名電影中的銷金窟「新國會俱樂部」（New Congress Club）。電影中，大頭兵法蘭克辛那屈和蒙哥茂萊克立夫進門便要交入會費，就可在精室內享受美女佳釀，大把花錢。漫步可到威基基海灘，到「公立戲院」看雜耍。大多數阿兵哥擠在酒店街，這裡有刺青館、射擊場、理髮店、彈球場、按摩室、照相亭、茶室、紀念品櫃、零食攤、酒吧，形形色色，一應俱全；大兵擠滿了這一帶大路小巷的人行道。海軍的岸上巡邏隊化解了「檀香山號」巡洋艦的兩名水兵幹架；抓到一個「加利福尼亞號」主力艦的水兵，用他人的信用卡，逮捕了卡內奧赫（Kaneohe）海軍航空站一名「罵粗話」的大兵。不過，這一夜出奇地安寧，只有五件嚴重違紀。

陸軍憲兵隊也很太平，在各島兵力四萬兩千九百五十二名官兵中，只有二十五名阿兵哥醉得不省人事，把他們送到夏孚特堡禁閉室，等他們清醒。

出人意外的是，有大批水兵與士兵守在他們的船上、基地、營房中。後備兵員增加，他們比較喜歡簡樸的樂趣：在基地影院看電影，奏樂器，放唱片，逛福利社來打發這個週末。海軍在珍珠港的「布洛克娛樂中心」有音樂、拳擊、保齡球、檯球、桌球，還有三・二啤酒。幾艘主力艦上的樂隊，今夜在中心舉行決賽，更是吸引了不少官兵參加捧場。比賽完了，會場高唱「天佑美國」，接著便是舞會；到了午夜，觀聽大眾紛紛離開。很多人依然在爭執：「亞利桑那號」主力艦樂隊是不是真正最棒。

漸漸，水兵們一一回到自己的船上；檀香山市的法律嚴格執行，酒店街酒吧關門，舞廳散場。陸軍一位年輕的飛行員泰勒（Kermit Tyler）中尉，輪值夏孚特堡情報中心凌晨四點到八點的一班。開車經過市區時，他打開收音機，收聽KGMB廣播電台所播放的夏威夷唱片音樂。

第二十六章
甲標的功敗垂成

山本計劃的「夏威夷作戰」，提供了試驗日本海軍一種秘密武器的大好機會——一種袖珍型潛艇，日軍保密的名稱為「甲標的」；軍語為「特殊潛航艇」。

這種特殊潛航艇長十三•七公尺，重約四十六噸，載兩枚九一式艦用魚雷，共重一千六百公斤。艇員為艇長與整備員兩人，艇身全高約兩百卅八公分，寬一八二公分。潛航時，利用電池電力，實際最大航速約每小時卅四公里，但以全速航行，僅僅只能支持五十分鐘；如果保持每小時七•二公里航速，航行半徑可達一百六十公里。它的結構極為緊湊，裝載兩名艇員都似乎太擠，一瞥之下，特殊潛航艇似乎是日本人所擅長微化與精緻的化身，宛如一盆機械的「盆栽」。

特殊潛航艇的構想，為一九三六年左右，在軍令部擔任潛水艦業務的志波中佐，看到三浦和三崎漁會所使用的袖珍潛水作業器（水中漁業用，搭乘一人，能潛入水中一小時半至三小時左右。）得到啟示。便開始研究，要將一種小型潛水艇裝置在潛水艦上，在決戰的海面使用。自此以後，他便繼續不斷積極的研究，並特地設計建造了一艘母艦「千代田」號。

到了一九四一年，聯合艦隊司令長官山本五十六，在緊張的局勢下，對岩佐直治大尉等十名受訓的特殊潛航艇艇員，剴切訓示，給予他們莫大的鼓勵。同時並將他們送到伊予灘的二機灣，繼續予以嚴格的訓練。及至同年十月，負責指導的「千代田」號艦長原田大佐，和軍令部的負責主管有泉中佐，前往聯合艦隊司令部向山本報告，為岩佐大尉等人請纓，希望在開戰當日，參加珍珠港作戰，進入內港突擊，並要求列入作戰計劃。山本以「必須研究返回母艦的方法」為條件，而且還一再強調「不必進入港口」。可是第六艦隊（潛水艦隊）司令官清水光美所提出的正式作戰計劃，卻把特殊潛航艇的任務列入港內突擊。山本看到這份作戰計劃說：「一旦進入港內就無法返航，因此沒有進去的必要，讓他們在港外等著好了；叫他們把計劃重新改過。」於是承辦的有馬參謀，奉命向第六艦隊司令部交涉。

然而第六艦隊卻說這是依照特殊潛航艇員希望所擬定的計劃，請直接向他們交涉。於是有馬參謀特地前往吳港的水交社（海軍俱樂部），召集特殊潛航艇員，說出山本的看法，要求變更計劃。可是岩佐大尉等五名特殊潛航艇艇長，正接到從夏威夷方面偵察回來的松尾和神田大

日軍夏威夷作戰特別攻擊隊全隊合影

（一九四一年十一月十四日於母艦千代田號）前排為艇長，後排為整備員。左起：（伊廿號）廣尾彰少尉，片山義雄二級曹長；（伊十六號）橫山正治中尉，上田定二級曹長；（伊廿二號）隊長岩佐直治大尉，佐佐木直吉一級曹長；（伊十八號）隊附古野繁實中尉，橫山薰範一級曹長；（伊廿四號）酒卷和男少尉，稻垣清二級曹長。

尉「可以進入港內」的報告，決心不同意變更作戰計劃。有馬參謀在無可奈何的情形之下，要他們聯合簽名，寫一份報告；還跟大家同進晚餐。一再向他們勸導，結果依然沒有能搖動他們的意志。相反地，還被他們的熱誠所感動。當有馬回去向山本覆命的時候，山本也受到感動，終於同意了這個作戰計劃，但還是以「必須詳細研究回航的方法」為條件。

甲標的特攻隊指揮官　佐佐木半九大佐

載運「甲標的」特攻隊的五艘潛水艦及艦長：

伊16號　山田薰中佐

伊18號　大谷清教中佐

伊20號　山田隆中佐

伊22號　揚田清豬中佐

伊24號　花房博志中佐

特攻隊五艘特殊潛航艇，艇長與整備員共十人為：

特攻隊長　岩佐直治大尉　整備員佐佐木直吉一級曹長（伊22）

隊附　古野繁實中尉　整備員橫山薰範一級曹長（伊18）

隊員　橫山正治中尉　整備員上田定二級曹長（伊16）

廣尾彰少尉　整備員片山義雄二級曹長（伊20）

酒卷和男少尉　整備員稻垣清二級曹長（伊24）

這是日本潛水艦隊有史以來初次出戰——一場足以決定命運的出擊。

目標夏威夷——第一潛水部隊（十四艘）和第二潛水部隊（七艘），已經由橫須賀出發，向北方繞著大圈子，通過阿留申群島和中途島之間的洋面，向歐胡島的北面進擊。第三潛水部隊（九艘）由佐伯出發，從馬紹爾群島的瓜加林前進基地東行，通過約翰斯敦島和豪蘭特島之間，向歐胡島南面，迫近敵人。

出發的前夜——十一月十七日晚間，特攻隊長、各潛水艦長、官員及特攻隊官士等，在吳港水交社集合。宴席中，聆聽有關夏威夷近況的報告，才知道這次出擊的目的地真是夏威夷，那是美國太平洋艦隊的根據地，特殊潛航艇向夏威夷的珍珠港出擊——官兵既興奮又緊張。

這是沒有月色的一夜。第六艦隊特別攻擊隊的五艘潛水艦，在暮色朦朧中，悄悄從吳軍港啟碇，滑出港灣。點綴在瀨戶內

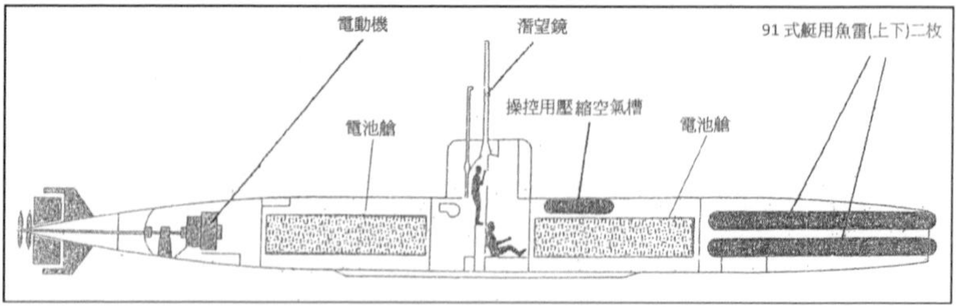

甲標的（特殊潛航艇正式名稱）剖面圖

海上的大小島嶼，給黝黝黑黑的海上，投下了幢幢黑影，一艘艘潛水艦穿過島與島間曲折的航道，駛經豐後水道航向太平洋……燈塔上射出的光芒，衝破了夜幕，在漆黑的夜空裡閃耀。為了要隱蔽航行，因此各艦降低了艦身，貼在水面航行。

特別攻擊隊由吳港出發，在太平洋上筆直向東航行，直接向歐胡島南面駛去。出發時，特攻隊的潛水艦因為裝載著特殊潛航艇，所以行動特別保密，可是現在竟毫無忌憚地一直駛向夏威夷，而且還突破屬於敵人巡邏圈內的中途島和約翰斯敦島的海面。這是因為特殊潛航艇整備過遲，耽誤了裝載它的潛水艦出發時間，所以不得不如此冒險行動，以便趕上預定攻擊時間。但依然能在預定的時間到達目的地。七日夜，特攻隊各艦依照命令駛到距離珍珠港口八浬（十四公里）的左方。按照計劃，各艦艇都已到齊。

歐胡島靜靜地躺在那裡，島上萬家燈火，照耀輝煌；威基基海濱的霓虹燈，以及像探照燈般的照明燈光，也閃爍著燦爛的光彩。飛機場上排列著紅色的跑道燈，收音機裡播出撩人的爵士音樂。這就是十二月七日晚間十一點整（日本時間）的光景，距離「機動部隊」開始空襲，祇有幾小時的時間。

「敵人醉生夢死，一點也不知道，米軍在港八艘主力艦的命運已經決定了。」

一九四五年七月二十九日，也就是日本投降前十七天，日本伊58號潛水艦，在西太平洋以魚雷擊沉了美軍一萬五千噸重巡洋艦「印第安納波里號」。潛艦艦長橋本以行中佐，在戰後寫了一本關於日軍潛艦作戰的報導，書名為《伊58號潛艦歸降記》。書中，提到珍珠港作戰時，他在伊24號潛艦任水雷長，與艦上搭載的「甲標的」艇長酒卷和男少尉很熟稔，對酒卷少尉的必死決心，有著翔實的紀錄：

酒卷少尉對於他本人有關偷襲敵人的計劃，在駛往珍珠港那段長時間潛航的日子裡，曾經和我談過，但是對於如何返航，卻沒有說出具體辦法。我想，他大概早就知道自己沒有生還的希望；因此我曾經勸過他說：「死是很容易的一件事，但是沒有急的必要。」

他在登艇（特殊潛航艇）前整理遺物，將頭髮和指甲剪下一部份包起，同時寫了一封留給雙親的遺書，並寫下了全部遺品的寄送地址，而且還附上了寄費；剩下的錢全部送給士兵。最後他將自殺用的火柴（用以引火爆炸與艇同亡）小心地用油紙包好，以防潮濕。至此我看出了這位年輕軍人視死如歸的決心，令人肅然起敬。

可是當特殊潛航艇在作最後整備的時候，整備員稻垣清曹長突然報告說：「迴轉羅盤故障！」出發時刻已迫在眉睫，偏偏又沒有修好的希望，啊！那怎麼辦？……大家為此著急，但是這時酒卷少尉已經下了

成為第一號戰俘的
酒卷和男少尉

最大的決心，完成了一切出發準備，等待在一旁。炮術長山本中尉因過去曾經在遠洋航海的時候到過夏威夷，所以向酒卷少尉說明有關入港的燈火問題。「你可以昇起潛望鏡到港口外，但一進了港口，要是不能昇起潛望鏡的話，對你的任務就會發生很大的困難。」酒卷少尉提高了嗓子說：「我要去！」

預定出發的時間（七日晚上十二點）已經過了兩小時，那時正是八日上午一點左右，酒卷少尉終於決定出發，他左手拿著汽水和飯盒；右手伸出來跟大家作最後的握手，然後很鎮靜地背朝著我們獨自走上艦橋。酒卷少尉進入特殊潛航艇以後，伊24潛艦便下令潛航。不一會兒沉重的「咚！」的一聲鉤帶脫離，特殊潛航艇便脫離了母艦，獨自直向珍珠港口航駛去。

夏威夷時間十二月七日凌晨三點四十二分。

美軍小型掃雷艦「禿鷹號」（Condor）剛好在珍珠港外巡弋，值更官麥可洛少尉（R. C. McCloy）忽然看到右舷方面一條奇怪的白浪，不到一百公尺遠，漸漸向「禿鷹號」駛來，向海港入口移動。便指給航海士烏特里克（B. C. Utrick）看。他們用麥可洛的望遠鏡輪流察看，斷定那是一艘潛水艦的潛望鏡在水中前進所引起。

一下子，這條白浪只有五十公尺開外了——距離海港進口浮標大約九百公尺。這時，那具潛望鏡顯然看到了「禿鷹號」，因為它很快便向相反的方向轉過去。「禿鷹號」便在三點五十八分，向在附近巡邏的驅逐艦「華德號」（Ward），拍發出閃光信號「發現水下潛艦向西前進，航速九節（十六公里）。」

「華德號」上的格普納中尉（Oscar Goepner）收到了這份信號，這位年輕的預官，西北大學畢業，剛剛輪到值更。他在「華德號」上，幹這種海岸巡邏工作有一年多了，但今天晚上，卻是頭一次發生這件事情。他便喚醒艦長奧特布里奇上尉（William W. Outerbridge）。

對這位艦長來說，這可是不只一次的潛艦警報了——而且還是他頭一次升艦長，擔任頭一次巡邏的第一天晚上。以他一生頗為多彩多姿的背景來說，到目前為止，他在海軍中的經歷，一直都非常順遂。他在香港出生，老爸是一位英國商界大亨，老媽是俄亥俄州人。老爸過世，老媽便回了老家。奧特布里奇在一九二七年進入安那波里斯海軍官校，好不容易畢了業，熬了十四年，才一吋吋由一條槓變成兩條——這在戰前的海軍，一向都是慢吞吞的向上爬。

前幾天，他還是驅逐艦「卡明斯號」（Cummings）上的副長。全艦官員都出身海官，只有一位預官。而到了「華德號」上，只有他是海官生，所有官員都是預官。他還記得為「古明斯號」那位形單影隻的預官覺得難過；可是現在換了桌子，輪到格普納來想起在「華德號」上，為艦長難受，孤零零鶴立雞群。

奧特布里奇一看到「禿鷹號」的通報，立即下令「備戰！」全艦官兵都慌慌張張就戰鬥部署位置。在以後的半小時內，「華德號」來來去去，艦上的監視哨和聲納機人員竭力找尋這艘潛艦的任何蹤跡。沒運氣，到了凌晨四點四十三分，官兵都解除任務，大多數人回到了寢艙床上，正常值更的官兵，這一夜繼續搜索。

四分鐘以後，珍珠港港口橫貫的反魚雷網，終於打開，這個動作一向要耗上八到十分鐘，直到四點五十八分，值班員才在港門船舶紀錄簿上寫下：「港門開——白光。」

五點零八分，和「禿鷹號」一起巡弋的掃雷艦「交啄鳥號」（Crossbill）進港。通常，這時港門又會關上，這是夜間一向要遵照的動作，只因為「禿鷹號」馬上也要進港，似乎不必這麼麻煩，便沒有關上。

五點三十二分，「禿鷹號」安全入港，但港門依然還敞開著。由於拖船「基桑夸號」（Keosanqua）大約在六點十五分出港。又一回認為不值得那麼麻煩關港門，只過一下子又要打開。

「禿鷹號」靠近港內工廠時，「華德號」以無線電話來問幾件事，也許能幫她進行搜尋潛艦：「貴艦所見潛艦的大致距離及航向為何？」

「航向大約為本艦當時轉向的方向，磁針角〇二〇，距港口約九百公尺。」

這已是距第一次指示的地區東方很遠，奧特布里奇覺得自己一定看錯了地方。實際上，「禿鷹號」說的是兩件不同的事，他頭一次閃光信號，指出最後所見到的潛艦航路；新電文說的是頭一次所見。卻根本沒有說明，在這兩次電文的時間中，潛艦已經完全改變了航路。

因此，「華德號」向東駛，綿密搜尋潛艦決不會在的海域。當她連忙進行時，還記得在五點三十四分謝謝「禿鷹號」的協助：「謝謝貴艦消息……本艦繼續搜索。」

附近的比沙普岬（Bishops Point）無線電台，收聽了兩艦間的電文，卻沒有向任何人報告──話又得說回來，「禿鷹號」和「華德號」艦與艦間的通話，一點也不關他們的事。「華德號」也沒有向任何人報告──畢竟，「禿鷹號」也沒有；她可是說過看見一些東西，一定已經斷定，那根本不是一艘潛水艦。

再怎麼說，那艘潛艦並不是酒卷和男的那一艘特殊潛航艇，他甚至直到五點三十分才準備離開母艦伊二十四號，比預定時間，落後了足足兩個小時，在這段時間中，他徒勞無功地想修好損壞的陀螺儀；然後又是一輪儀式般的道別。

伊二十四號艦長花房博志少佐，問及陀螺羅盤損壞，是不是改變了他的計劃。卷田傲然回答：「報告艦長，我要去。」然後離艦時，兩人大叫：「攻擊珍珠港！」

在珍珠港，凌晨的生活跡象之一，一位中年家庭主婦開車送老公上班，布萊克莫爾太太（Blackmore）開進珍珠港大門……經過陸戰隊員的衛兵，檢查她汽車擋風玻璃上的貼紙，駛向港口的停船碼頭。布萊克莫爾在海軍幹了十六年，現在是拖船「基桑夸號」的油機長，要在六點整，駛到補給艦「中子星號」（Antares）那裡，把他從帕爾邁拉（Palmyra）拖來的一艘駁船接過來。

「基桑夸號」向港內前進，經過入港這條又長又窄的水道，經過敞開的魚雷網，網依然開放得大一些，以備拖船回來。這時是六點三十分，「中子星號」業已在望，後面拖著那艘駁船，距離大約一百公尺遠。一千六百公尺開外，「華德號」正在徘徊，海軍那架ＰＢＹ偵察機在上空兜圈圈，顯然也在找甚麼東西。

「華德號」的舵手拉恩皮格（H. E. Raenbig）也在望見甚麼東西。「中子星號」從南方來，越過「華德號」艄到了左舷，他忽然注意到一個奇怪的黑體，似乎緊定在「中子星號」與駁船的拖纜上。他們大約在一公里半開外，所以他要航海士吉爾林（H. F. Gearin）用望遠鏡仔細看看。

吉爾林馬上就看見那個黑體，並不是吊在纜索上，而只是與纜索平行。實際上，這黑體在「中子星號」那邊的水底下。他就指給格普納中尉看，格普納說看上去像是浮漂，但還是盯著不放。

吉爾林也盯著，一分鐘以後，他說了，認為是一個小小指揮塔，似乎它與「中子星號」的航線一致，就像計劃落在駁船的下面一般。就在這時，海軍那架ＰＢＹ巡邏機開始在頭上盤旋，格普納不再需要更多的證明了。

「艦長，上指揮台！」他大叫起來，奧特布里奇從海圖室吊床一躍而起，披上一件和式睡袍，進了指揮台，他望了一眼便下令備戰，那時正是六點四十分。

槍砲士吉納（Louis Gerner）在艙面下待得久一點，把通往油機室艙口蓋關上卡緊，然後跟著大夥兒跑，當他跑向後甲板自己的定位時，奧特布里奇靠著指揮台欄，猛烈揮手要他離開第一砲，第一砲這時已轉向，對正了前方水面上的潛艇指揮台。

奧特布里奇已經下令「全俥進四！」老「華德」這時全速向前衝，五分鐘內，速率從每小時十節（十八公里）增加到二十五節（四十五公里）。

「左舵！」他下口令給舵手拉恩皮格，「華德號」一九一八年的艦身滋滋地使勁轉向左舷。奧特布里奇使艦艏對正駁船與水上指揮塔的中間，現在就在「華德號」艦艏右面三百五十公尺左右。

就在這時，「中子星號」也察覺了，以閃光信號閃出訊息，她受到追蹤。上空的ＰＢＹ巡邏機，也拋下兩個發煙罐，指示潛艇的位置。

對ＰＢＹ巡邏機的機長譚納少尉（William Tanner）來說，這只是助人為樂的動作，他擔任例行的清晨巡邏飛行，最先瞄到這艘潛艇，遠在本軍潛艦的劃定海域以外，當時他的反應就是：「老天！一艘遇難的潛艦？」

及至他看見「華德號」向那一方向疾駛，便飛下去拋下兩個發煙彈，這可以幫助「華德號」去搭救，以他的位置，這是他對那艘潛艦所能做的最好辦法了。

「華德號」並不需要甚麼標示，潛艇就在右舷，對正了目標，它正與水面齊平向前駛，指揮塔高出海水約六十公分，在翻翻滾滾的海水中，艦上官兵見到了這艘雪茄形狀的小小艇身，矮矮的橢圓指揮塔，沒有任何標誌。

奇怪的是，這艘潛艇似乎見到了「華德號」，卻依然向前行駛，跟隨著「中子星號」，速率在八九節左右。

「開始射擊！」奧特布里奇下令。這時目標還不到一百公尺，第一砲砲長帆纜士奧特（A. Art），知道距離太近不能用瞄準具，所以將這門砲當獵槍一對準便轟了出去，這時正是早上六點四十五分，成為太平洋戰爭的第一砲，砲彈飛過潛艇指揮塔，落在它前面的海水中。

艦廚頂上的第三砲的砲手，第一砲射擊後三十秒，目標不到五十公尺時，在砲長那普（Russell Knapp）下令後發射，這一砲命中了指揮塔的塔座，也就是接水的部分，那艘潛艇擺擺搖搖，但還是往前駛。

這時它就在旁邊，幾幾乎被「華德號」吸在艦邊，有一陣子似乎它掛在那裡，但一下子便落在後面，在「華德號」的尾浪中翻翻滾滾。

四聲尖銳的氣笛，命令魚雷長瑪斯卡扎威（W. C. Maskzawilz）士官長施放深水炸彈，第一枚，第二枚，第三枚，第四枚，四枚深水炸彈從艦舷滾下海去，噴湧起巨大的噴泉，這艘潛艇立刻便被浪湧如山的泡沫嚥了下去。瑪斯卡扎威設定深水炸彈為三十公尺，很滿意那艘潛艇「似乎在第一枚深水炸彈就炸掉了。」

在上空飛行的ＰＢＹ巡邏機機長譚納少尉也在思索，救助受難的潛艦該是件好事，但他得到的命令卻很嚴格，「防區以內發現未獲准許的潛艦，以深水炸彈炸沉。」這時他往下看，「華德號」幹的就是這個，一陣苦痛的躊躇後，譚納再飛一圈，這一回就拋下了自己飛機的深水炸彈。

這一場煙火，在三公里外的拖船「基桑夸號」上的船員，頗有興趣地張望，船剛剛出了港口，還在等接收「中子星號」的駁船。油機長布萊克莫爾也和船員一樣，以為這只是一次凌晨演習。

「華德號」上，格普納中尉卻有一種更恐怖的想法，怕的是這或許是一艘美國潛水艦。當然，她不應該在那裡；當然，她並不像他以前所見過的潛艦，但可不可能是一次錯誤？

在ＰＢＹ巡邏機內，機長譚納也有同一樣的感覺，他和副駕駛格林弗少尉（Clark Gerenny）彼此打氣，命令就是命令嘛。但假若譚納的判斷錯了，炸沉了友艦，就會有一串好事等著他。他現在就見到了軍事法庭；也可以見到終生會佩上標籤，他就是那個炸沉美國潛水艦的人。在一陣年輕人自憐自愛的情結下，看見自己力求在任何地方找工作。飛機又開始巡邏後，他費力地把這次炸沉的事向卡內奧赫海軍航空站（Kaneohe）報告，人到是安定下來，等待這一生事業不可避免的完蛋大吉。

唯有奧特布里奇似乎有絕對的信心。事實上，他決定六點五十一分發出的無線電報告還不夠堅定。那份報告為「在防區海域以深水炸彈攻擊活動潛艦。」這也暗示只是見到潛望鏡或者聲納接觸。多年以來，司令部就收到有太多的圓柱浮標和鯨魚遭到深水炸彈攻擊報告，不會為這麼一則文電過份刺激。但是，已經見到了潛艦本體。

因此，奧特布里奇馬上又擬了一則文電，六點五十三分，他再度以無線電報告海軍第十四軍區指揮部，這一回的電報為「潛艦在防區海域活動，予以攻擊、射擊、深水炸彈，加以擊沉。」他覺得「射擊」是重要用語，現在他們曉得他動用了艦上的大砲；而今，他們會知道他至少見到了甚麼東西。

即令是奧特布里奇也沒有竭盡全力，他該將這次出奇的遭遇戰，以明碼報告而不用密碼，可以節省幾分鐘。他可以用閃光信號通知珍珠港管制塔，可以用更震撼的用字發出電報「發現奇特潛艦指揮塔，以零距離射擊兩發……」不過至少他幹了件了不起的事，當別人還為和平所催眠時，他願意轟掉大頭頭們的一廂情願。

這艘特殊潛艇的艇長是誰？但不會是酒卷和男少尉。六點三十分時，他還在力圖改正他的潛航艇的縱傾，他和整備員稻垣清曹長輪流竭力使艇身恢復艇體水平，就耗掉了一個小時。

終於他們開始再度出發，發現到了早餐時間，便在小不點的管制室裡，面對面坐下咀嚼飯團，交換幾杯葡萄酒。吃完，彼此緊緊握手，再度祝願成功。

十分鐘後，酒卷在潛望鏡中窺探，駭然見到他們偏離航路幾近九十度，由於陀螺儀故障，他只有靠一具輔助羅盤，原以為至少它可以顯示正確方向，卻發現輔助羅盤也失去了功能。

他試試以潛望鏡重行決定航路，但卻沒多大幫助。這艘特殊潛航艇盲目地到處試試，結果都是錯誤的方向。酒卷和男的兩手津津汗出，現在大約是七點整左右了，他離珍珠港的港口還遠得很。

日本海軍有二十八艘遠洋巡航潛水艦，其中五艘——伊十六、伊十八、伊二十、伊二十二、及伊二十四號潛水艦，都屬排水量二・一八〇噸的「伊十六型」，乘員九十五人，魚雷二十枚，十四公分艦砲一門，有設備可以搭載「甲標的」（特殊潛航艇）一艘。在這次夏威夷作戰中，由這五艦五艇組成「特別攻擊隊」，駛到歐胡島以南近珍珠港口處，即放出各艇潛入港內，從水下對美軍艦隊進行攻擊。

伊二十四號潛水艦後甲板上搭載的潛航艇艇長酒卷和男少尉。駛離日本時剛過二十三歲。

十一月十六日上午，特別攻擊隊十名隊員，在吳港海軍基地指揮官舍中集合，他們才知道偉大的日子就在身邊，定十八日直航夏威夷。

第二天晚上，酒卷和男少尉和同學又同僚的廣尾彰少尉，在吳港街上作最後一次漫步。在一家精品店裡，買了一小瓶香水，這是日本古代戰士的最好傳統，他們打算在出戰以前洒在身上，便可光榮戰死。酒卷解釋道：「就像櫻花落地一般。」

酒卷和男少尉的特殊潛航艇，卻在這天早晨，再一次企圖進入珍珠港，他的潛艇一度很挨近一艘在巡邏的美國驅逐艦，見到艦上白制服的水兵；那艘驅逐艦顯然也見到了他，好幾枚深水炸彈徹頭徹尾地震搖著艇身；有一枚深水炸彈可使酒卷大吃一驚，潛艇內都是廢氣和稀薄的白煙。他回過神來，便向後撤檢查損傷，發現沒甚麼嚴重的不對勁，因此他又再來試試。據他後來說，他作了三次嘗試，結果擱淺在港道外面的珊瑚礁上。

如果酒卷亂了手腳或犯了錯誤，相當可以了解。潛艇內的空氣齷齪，電池漏水，煙霧越來越多，他調整潛望鏡轉向珍珠港時，當時見到的一件事毫無疑問，只見黑黑濃煙煙柱，向上衝成一片，他叫道：「看！看！」

整備員稻垣清也完完全全喜不自勝：「瞧瞧那冒的煙！」

他們彼此抓緊肩頭，鄭重宣誓：「我們也要這麼幹！」

他們在歐胡島南還是一再努力，試了又試，天色入暮，潛艇依然動不了……空氣壓力加大……艇身冒出苦酸味道……他兩眼刺痛，氣體嗆人，意識不清，偶爾還聽到稻垣清在暗中哽咽，他也哭了起來。

「我們再試一次。」他喘著氣說，這一次他知道到了鑽石頭，就在左舷遠處，原來他偏離珍珠港遠達十六公里，他用最後力量設定航向，駛向拉奈島（Lanai）收容點與伊二四母艦會合，人卻昏死過去。

酒卷和男並沒有死，他在入暮時昏倒，潛艇緩緩地向東漂移。在半夜光景，酒卷終於醒過來，開了艙口蓋，新鮮空氣從上面注入，見到了月光，他頭伸出艙口，吸進涼涼的夜氣。

稻垣清也醒了，也作了幾次深呼吸，可是依然很睏，一下子又睡著了；酒卷很清醒，在夜色中喝水，一任小艇漂流。

大約在天亮時刻，馬達停了，再也發動不起來。卻看到左邊一個小島，他以為是拉奈島，實際上卻偏離很遠，繞過了歐胡島的東端，沿著風向向西北方漂。他們想發動，一試再試卻熄了火，突然一下停住，艇又上了暗礁，再也出不來了。

他們無法可施，只有棄艇，艇內裝有能炸艇用的炸藥，酒卷很快點燃引信，他們望見引信劈劈拍拍，才先後爬出艙口。

他們在雪茄艇身上爬出來，身上只穿了一條丁字褲和腰布，離岸大約有兩百公尺，大約在上午八點四十分，酒卷跳入海中，海水比他所想的要冷，浪也過高，把了無力氣的酒卷向海岸送。稻垣清跟在他後面跳下海，卻看不到他人在哪裡，酒卷喊叫，聽到稻垣說：「艇長，我在這裡！」酒卷喊了幾句打氣的話，可是沒人知道稻垣聽到了沒有，後來他的屍體沖上了海灘。

酒卷在湧浪中掙扎，意識到艇內炸藥並沒有爆炸，五分鐘……十分鐘過去了，可怖的現實，他連炸艇都失敗；他想游回艇上去，可是力不從心，人又咳又嘔……所有的事都是一片空白。

特攻隊酒卷和男的潛水艇擱淺被俘

等到他醒過來，人躺在貝洛斯機場附近的海灘上，他眼睛向上看，一名美國大兵站在他身邊，安久井中士（David M. Akui）輪值衛兵，臀側一把手槍；對酒卷和男少尉來說，這一場甫開始的百萬人戰爭，他已成為第一號戰俘而告了結束。

特攻隊艦群在一九四一年十一月十八日離開日本吳港，駛往珍珠港以前，舉行全隊誓師。在一幅「盡忠報國」的誓詞下，五位特攻隊艇長共同簽名。可是酒卷和男由於在珍珠港被俘，日本的軍事教育中，以被敵人俘虜為恥。第二類歷史（造假的歷史）硬使這幅誓師表上，只有其他四位艇長簽名，刪去他的名字，彷彿酒卷和男並不存在。但是後世的第一類歷史，卻詳盡記載了他在羅盤故障，失去方向感的絕境下，依然視死如歸，毅然赴戰的經過，還了他一個公道。

當時，在南雲「機動部隊」以外，還有七日晚以前，隱密部署在歐胡島四周的先遣部隊潛水艦群。其中，「伊十六號」以下五艘潛艦放出的五艘特殊潛航艇，在美日兩國都引起很大的反響。陣亡的九名隊員，都獲得特晉二階的榮譽，於翌年三月六日，由海軍省公佈姓名。

關於這種特殊潛航艇，山本五十六確有先見，因它們容量太小，不准在夏威夷作戰中使用。但因為乘員迫切渴望，且努力增加續航距離、和加強攻擊後的收容手段，才勉強准予出動。但結果五艘都未隨母艦歸來，也未獲絲毫戰果。反而打草驚蛇，幾乎誤了大事。如果美國海軍警覺性高，上午六點四十五分「華德號」第一聲砲響，便全港戒備，日本「機動部隊」便會功虧一簣，大敗而歸。

特殊潛航艇的正式名稱為「甲標的」，山本稱它們是「小寶貝」，得知無一生還後，痛心地說：「要知道只靠航空部隊就有這樣戰果的話，真不該讓他們去的。」

第二十七章
「登新高山，一二零八！」

日本人計劃與執行奇襲珍珠港的細節，是第二次世界大戰中罕為人知的偉大戲劇之一。日本海軍如何以一支由三十五艘船艦構成的「機動部隊」，越過六千二百卅二公里的海洋，而絲毫未被發覺？它以空前的三百五十架飛機，飈舉霆擊，對「太平洋的直布羅陀」實施空中攻擊，何以能獲致令人震撼的奇襲？這個由詭道而凱旋的故事，導致了一個無比的悲劇。

一九四一年十二月一日，在東京皇宮，由裕仁天皇主持舉行的「御前會議」，作成了對美、英、荷開戰的決定。海軍軍令部永野修身大將總長，立即在下午五點向柱島泊地「聯合艦隊」旗艦「長門號」司令長官山本五十六大將。下達「開啟日前送交的密封命令」：「責成該長官於十二月八日零時以後，遵照大海令第九號發動武力。」

二日下午五點，旗艦收到後，當時山本因晉京不在艦上，由參謀長宇垣纏中將向聯合艦隊所有各艦隊，發出「日出為山形」（十二月八日發動攻擊）的電報；對正在太平洋中部向東疾駛的「機動部隊」，更發出：

「登新高山，一二零八！」（十二月八日攻擊珍珠港）

（日據時期，日人稱台灣的玉山為新高山）

在艦隊前方一百八十公里處，伊十九、伊廿一、和伊廿三號三艘遠洋潛水艦在黑色的海洋中疾駛，它們在水面下窺探，對些微的攔截朕兆也保持著警覺。它們的後面，起伏著「機動部隊」的驅逐艦、巡洋艦、主力艦、和六艘航空母艦。龐大的隊形分佈在廣闊的海洋上，艦隊疏開的距離，相當於華府到賓夕法尼亞州哈瑞斯堡那麼遠，然而這支艦隊仍然消失在四至無涯的太平洋中，它們從基地發航，已駛過了六千公里，卻絲毫未被美軍發覺。

在航空母艦的飛行甲板上，轟炸機和戰鬥機在起飛位置排列成行，機頭指向艦首，好像渴望起飛。在悽慘的黑暗中，跑來跑去的機械士，好像幽靈的影子；他們對發動機、無線電機、起落架、和油箱，作最後的檢查；機關槍的彈藥箱中裝滿了子彈，沉重的魚雷已裝在機身下的魚雷架上。一個機械士看見一枚八百公斤的破甲炸彈上面，用粉筆歪歪倒倒的字體寫著「對米戰第一彈」，不禁獨自微笑。

這就是日本帝國海軍第一航空艦隊組成的「機動部隊」，奉令對珍珠港發動奇襲攻擊。這是日本人所不忌憚的先下手為強行動，而實在只是一場落空的軍事賭博，是一個絕望的國家，對未來所作的孤注一擲。

一九四一年十二月七日拂曉前的幾小時中，日本戰艦上的氣氛陰陰森森。具有幾百小時飛行經驗的老飛行員，感到期待的緊張遠迢過了懼怯；那些剛完成訓練的青年官員，在寒冷的畏懼中混合了刺激。而在急駛中的「瑞鶴號」和「翔鶴號」航空母艦上，那些未經考驗的飛行員，特別感到緊張。他們剛剛嚥下出戰前的飯糰和清茶，覺得食物就像是凝結在胃裡；最後的任務提示終了，許多飛行員在艦內神社前，彎腰默禱「武運長久」，有的則向艦上伙伴的官兵道別。

並不只是下級官員才覺得不安，這次遠征的司令官南雲忠一海軍中將，亘整段航程中，時常焦慮得徹夜無眠，在官艙中繞室以旋，從開始他就認為這一任務是項劫數；一直希望，在華府的外交談判成功，他可以全師折返日本。直至收到「登新高山，一二零八」的電報，才知道只有一往直前，不容後顧了。負責策劃這次空中作戰的源田實中佐，通常了無畏懼，但在發動攻擊前幾小時，他為所膺重責的恐懼而惴惴不安，沉浸在一種不可預見陷穽的危險中；這天也許帶來光榮的勝利，或者祖宗神靈的制止，而是一次可怕的失敗；源田想到，由於他的決策，寄托得有一億同胞的未來。

但是他驚怖的感覺並不長，他不是有一位卓越的部隊長淵田美津雄領導這次攻擊嗎？大部份的日本飛行員，不都是優秀的官員，在任何空軍中都是佼佼者嗎？最後源田相信，過去幾個月中，他們審慎的計劃作為、斯巴達式的訓練、和精確的戰術，終將獲得代價。他端詳那單調而有敵意的海洋，突然感到信心復甦，「我發現自己一無牽掛，」他說：「所有的憂慮都一掃而空。」

在艦上雷鳴般的輪機聲裡，響起了較高的聲音——飛機發動機的隆隆聲，「利根號」和「筑摩號」兩艘重巡洋艦上的兩架長程水上偵察機起飛，飛向指定的目標——珍珠港和茂伊島外的拉海那泊地上空，擔任攻擊直前的偵察。

箭已離弦，現在，沒有任何人能召回它了！

第二十八章

老虎！老虎！老虎！

十二月六日，「機動部隊」的每一艘艦隻，都把燃油加滿；油輪（其中三艘已遣返日本）駛向攻擊後的會合點。中午過後不久，所有官兵奉命在甲板上集合，宣讀天皇詔敕後，接著是山本的訓示：「皇國興廢，在此一戰，各員須粉身碎骨，努力以赴！」

艦隻然後轉向方位角一八〇──正南方──以高速航行，駛向飛機起飛的地點。目前「機動部隊」距離目標不到八百公里，在敵人的堡壘門限前被發現，便會是大禍臨頭。其後的幾個小時，特別苦悶焦灼，但是幸運又一次眷顧膽大的一方，沒有遇到美國的巡邏機；最後黑夜降臨，更大為減少了緊張，以後在攻擊直前的幾小時，日本猛衝的攻擊艦隊，完全在黑暗的外衣掩蔽下。

剛在午夜以前，東京轉來一項夏威夷的報告，也正是源田和淵田所急切等待著的：沒有防空阻塞氣球，不會防礙飛行員飛轟炸航路（但是這種氣球最近已裝船運出）；也沒有魚雷保護網。這是個好消息，日本人非常關心如何突破這種堅固的鋼網。

攻擊前幾小時，東京最後一則電報，報告珍珠港內沒有一艘航空母艦，碇泊有九艘主力艦、再加上七艘巡洋艦和十九艘驅逐艦；另外一個報告，說明歐胡島附近的天候狀況，不過這到不怎麼需要，美國人自己就會熱心地每個鐘頭廣播一次這種資料的。

在日本，海軍所有各階層的眼光都集中在珍珠港，「夏威夷就像在老鼠籠裡的一隻老鼠，」山本的參謀長宇垣纏少將在日記中這樣寫著：「你再享受一天和平的美夢吧！」然後，因為還不能表達出他的感情，他又加上一句：「以國運作孤注一擲，這是何等的大事！」

十二月七日，在拂曉的黑暗中，南雲中將欣幸他已將責任交付給這一次豪賭裡了：「我已將機動部隊成功地帶到了攻擊點，」他告訴源田說：「從現在起，重責在諸君肩上了！」

在這句話中，舊秩序變換了，取而代之的是海權航空的新時代。

南雲忠一的「機動部隊」以每小時二十四節（四十三公里）的航速急駛歐胡島，輕巡洋艦「阿武隈號」一馬當先，在後面作扇形展開疾駛的，為第一水雷（驅逐艦）戰隊的四艘驅逐艦，引領著後面轟雷奔騰的整個艦隊。

在「阿武隈號」後面五公里，「比叡號」與「霧島號」兩艘主力艦的縱隊衝濤破浪；兩側幾近七公里處，為擔任側翼衛護的重巡洋艦「利根號」與「筑摩號」。由這一批精銳戰艦，為部隊主力的航空母艦群，提供強力的防盾。

在這個楔形方陣後面約五公里處，六艘航空母艦排成平行的兩個縱隊前進，右縱隊傲然領先的為第一航空戰隊旗艦「赤城號」，在後方不到兩公里為姊妹艦「加賀號」。左縱隊為第二航空戰隊的「蒼龍號」與「飛龍號」；押隊的為第五航空戰隊的「翔鶴號」與「瑞鶴號」。三個航空戰隊的側翼與後方，則是驍勇的驅逐艦群擔任護衛。在更遠的後方，哨戒隊的伊十九、伊二十一、和伊二十三三艘潛水艦，則像海蛇般掠過洶湧的大海。

「赤城號」上，航海長三浦美田郎中佐俯身在海圖上，檢查航路、航速、和距離，因為他要在拂曉以前，把「機動部隊」帶到歐胡島正北方大約三百六十公里的位置。

日本海軍為了防禦砲戰砲彈碎片的殺傷威力而做的預防措施，一層層床墊捆妥

十二月七日凌晨三點整，「機動部隊」各艦的官兵在尖銳刺耳的笛聲下起床，帆纜班水兵翻身下了吊床，穿上防寒裝和防水靴，頭一項任務便是蜂擁進入指定的官員寢艙，把還在床上的官員請下床，立刻拖出厚床墊集中起來，以推車推過艙道，運到電梯間運上甲板。頂著刺骨的寒風，馬上依照指定部位，將這些床墊捲緊、紮實，一捲挨一捲豎立在甲板上指揮台各層四週，再用鐵鍊捆緊，只留下幾處黑洞洞的指揮窗口。捆好一層，再往上捆第二層，黑漆漆的夜空下，艦身起伏顛簸，海風狂嘯中，愈往上捆床墊工作的水兵愈緊張、愈危險。一層層床墊捆妥，指揮台成了素裹銀裝的白色雄堡。這是日本海軍為了防禦砲戰砲彈碎片殺傷威力而作的預防措施，成了日本軍艦作戰準備的傳統。一艘艘艦體灰暗的上層結構，經過這番人工易容，成了身披白袍的武士，千騎奔騰，御風而行，馳向未知的戰場。

這時，各航空母艦上的官兵，都忙於作最後的準備工作。甲板航空班水兵，比飛行員起床早一個小時，先檢查艙底機庫中的飛機，然後以電動升降機把它們運上甲板各就定位，加油掛彈，塞好輪檔。機械士調整試車，發動機先噗噗嗒嗒一陣，便轟雷般怒吼起來。

甲板下面，飛行員穿上乾淨的內衣和新熨齊整的制服，佩上家人縫寄的「千人針」，一小批一小批在艦內神社前，祝禱武運長久；他們都已立好遺書，並且在內務櫃中，預留剪下的指甲與頭髮，作為對家人訣別的遺物，吃過象徵幸運的紅豆飯和鯛魚的早餐，還帶上飛行途中的便當盒，內有飯團、醃梅、巧克力糖、硬餅乾、和提神片。

這時在飛行管理室進行最後一次的任務提示。「赤城號」上，攻擊飛行機隊總指揮官淵田美津雄中佐，向「機動部隊」司令官南雲忠一中將報告：「報告長官：攻擊隊任務準備完畢！」

「我對你有十足的信心！」南雲回答，緊緊握住淵田的手。

上午五點半，重巡洋艦「筑摩號」和「利根號」，各自彈射出兩架E13A1海軍三座位零式水上偵察機，這種飛機航速只有三八五公里，航程卻可以遠達二千六百公里，首度到艦隊的前面擔任搜索。這兩架不祥的鴿子，要飛往歐胡島、和島外的拉海那泊地上空，對美國艦隊作最後一分鐘的偵察。策劃「夏威夷作戰」的源田實，知道深水的拉海那泊地，是太平洋艦隊除珍珠港外的另一處泊地，巴不得美艦停泊在邦裡，因為炸中後，便會沉在八百公尺深的海底，永遠消失；而水深不及二十公尺的港內，即使炸沉，也容易打撈。所以作戰計劃中，攻擊前，這兩處地點都要派機偵察，以確定目標所在。如果它們被發現，當然會使敵人警覺，不過這是衡量迫切需要確實情報後，所作的一種有把握的冒險。

所有航空母艦上的飛行員，都在清晨三點鐘起床，很多人緊張得當夜不能入睡、在寫告別的家書、或者在日記中寫下告別的記載。他們用過早餐，立刻在各航空母艦的飛行管理室集合，作一次最後的精神訓話。

「飛龍號」上，特四隊隊長魚雷轟炸機飛行員松村平太大尉，在當時緊張嚴肅的氣氛中，帶來一種受人歡迎的幽默標誌。在日本，人們帶著一種像外科醫師的口罩，罩住了口鼻，防止冬天的細菌。松村打從單冠灣開始，就帶上口罩，即使吃飯也不取下來，寧可把食物從口罩下塞進嘴裡，他說他不願在最後關頭，因為感冒而錯過了這次攻擊。提示任務的這天清晨，松村出現了，這次沒有戴口罩，但是露出了他暗地留下來的滿嘴鬍鬚。日本海軍的年輕官員，幾乎都是臉刮得很乾淨，而松村的新崇拜，引起了很多玩笑，「你留著鬍子看起來要好得多了！」他的同機人員打趣他。

源田實和淵田美津雄的計劃作為中，空中攻擊區分為兩次，第一次攻擊隊的戰鬥序列為：

總指揮官　淵田美津雄中佐

第一次攻擊隊　淵田美津雄中佐

第一大隊（水平轟炸機）　淵田美津雄中佐

第一隊　赤城號　淵田美津雄中佐　九七式十五架

第二隊　加賀號　橋口喬少佐　九七式十四架

第三隊　蒼龍號　阿部平次郎大尉　九七式十架

第四隊　飛龍號　楠見正少佐　九七式十架

（九七式轟炸機四十九架，各機載八百公斤破甲彈一枚）

第一大隊特別攻擊隊（魚雷轟炸機隊）　村田重治少佐

特一隊　赤城號　村田重治少佐　九七式十二架
特二隊　加賀號　北島一良大尉　九七式十二架
特三隊　蒼龍號　長井彊大尉　九七式八架
特四隊　飛龍號　松村平太大尉　九七式八架
（九七式魚雷轟炸機四十架，各載九一式航空魚雷一枚）
第二大隊（俯衝轟炸機）　高橋赫一少佐
第十五隊　翔鶴號　高橋赫一少佐　九九式二十六架
第十六隊　瑞鶴號　坂本明大尉　九九式二十五架
（九九式俯衝轟炸機五十一架，各載兩百五十公斤炸彈一枚）
第三大隊（零式戰鬥機）　板谷茂少佐
第一制空隊　赤城號　板谷茂少佐　零式機九架
第二制空隊　加賀號　志賀淑雄大尉　零式機九架
第三制空隊　蒼龍號　菅波政治大尉　零式機八架
第四制空隊　飛龍號　岡嶋清熊大尉　零式機六架
第五制空隊　瑞鶴號　佐藤正夫大尉　零式機六架
第六制空隊　翔鶴號　兼子正大尉　零式機五架

（零式戰鬥機四十三架，各機兩公分機關砲二門，七•七公厘機關槍兩挺）

總計：第一次攻擊隊有九七式轟炸機四十九架，九七式魚雷轟炸機四十架；九九式俯衝轟炸五十一架，零式戰鬥機四十三架，共一百八十三架，這在二十世紀時，是一次集結了空前最龐大的海軍航空隊兵力。

上午五點三十分，為了在起飛時獲得逆風，六艘航空母艦在距離歐胡島北方三百六十公里處，航向正東迎風，艦速增加到每小時二十四節，海水異常洶湧，巨艦都猛烈顛簸。高高飛起的細碎浪花，不時沖洗著飛行甲板。起飛雖然困難，卻仍然可能，每一艘航空母艦上，都升起了作戰的旒旗。

感情激動的甲板兵員，已經準備好了跑道，等待訊號下達，使日本「海鷲」的第一次攻擊隊飛機起飛，空勤人員準備進入座機前，每個人都在皮飛行帽上，綁了一條布帶，這是一條窄長的手巾，是古代武士出戰前縛在頭上的一種傳統，空勤人員在布帶上都寫著「必勝」兩個字。

在六艘航母的飛行甲板上，第一次攻擊隊的飛機，已經整列待發，先頭部隊是四十三架戰鬥機，隨著跟進的，是四十九架轟炸機和五十一架俯衝轟炸機，最後一批是四十架魚雷轟炸機——「機動部隊」在最後一刻終於毅然決定，讓這些飛機在拂曉前的昏暗天色中起飛出擊。

整個起飛動作，實施得非常圓滿迅速，第一次攻擊隊以卅秒起飛一架的間隔，自第一架飛機離開母艦後，在十五分鐘以內，這一百八十三架飛機全部昇空。這是紀錄上最快的起飛。在九州練習起飛時，在良好的氣候狀況下，平均起飛時間是四十分鐘；「機動部隊」離開單冠灣時，起飛時間減到了二十分鐘；現在在歐胡島，時間更少，僅僅只有兩架失事：一架高空水平轟炸機的發動機故障；一架零式戰鬥機從搖晃的「飛龍號」起飛，衝進海水中消失了。

草鹿龍之介少將下令在旗艦「赤城」號上昇起「Z旗」。這原是東鄉元帥在「對馬海戰」中使用的「皇國興廢，在此一戰」信號；但是多年以來，卻已經成為一種普遍的戰術信號了。草鹿認為，「攻擊隊」全員一定了解這種信號代表的重大意義。但是包括源田在內的幾位參謀人員，看到「Z旗」昇上桅端的時候，卻同表反對。他們認為這會引起混淆。於是，草鹿便勉強撤消前令，下令昇起另一幅類似東鄉信號的旗幟。

「加賀」號航空母艦上的官兵，看到旗艦昇起「Z旗」時，他們也興奮地將「Z旗」昇上桅端。大家心想：這又將是另一場「對馬海戰」了！可是不一會，「赤城」號上的「Z旗」，卻又降了下去，他們的熱情也隨著降低。

在「加賀」號戰鬥機群先頭的，是第二制空隊隊長志賀淑雄大尉。他決心起飛要一馬當先。他招手把座機機工長叫到機旁，教他依照自己的手勢拉開輪擋，不要像平日一樣等候旗手的信號。

在「加賀」號指揮台上，飛行長佐多直大中佐報告艦長：「起飛準備完畢」，艦長當即下令將艦首轉到迎風方向。這時，旗艦「赤城」號上升起一面紅地白圓的三角長旒，昇到桅桿中段。這個長旒是航空旗，半桅位置是表示「準備起飛」，昇到桅頂再降下，就表示「起飛」。佐多中佐在「加賀」號上，注視著旗艦的桅桿；旗艦上的長旒昇滿降下的時候，他要用手勢指示降下「加賀」號的航空旗。

志賀大尉並不看本艦的航空旗，而是目不轉睛地瞪著「赤城」號的桅桿。長旒昇滿－降下。他迫不及待地大喊：「拉輪擋！」緊跟著，他這架戰鬥機便怒吼順著甲板跑道向艦艄滑行。「加賀」號艦長從艦橋窗口探出半個身子，準備接受飛行員起飛離艦的例行敬禮，但是志賀卻顧不得這些，因為他太急於要一馬當先地凌空了。他的「零式機」離開了甲板，落到離海面祇有五公尺。他一個左轉拉起機頭向上爬昇，當他看到自己並不是第一個凌空的飛行員時，不禁感到洩氣。「赤城」號上的第一制空隊隊長板谷茂少佐，以幾秒之差拔得頭籌。板谷也和他一樣，也是不等待旗手信號而逕自起飛的。志賀旋迴爬高，等候他這個一隊裡的僚機全部凌空以後，好加入制空隊指揮官板谷所指揮的機群編隊。他們以疏散編隊，像一群燕子一般向南飛去。

在制空隊戰鬥機後面的九七式轟炸機，也相繼起飛。第一架離開「蒼龍」號的轟炸機，是第二隊隊長阿部平次郎大尉所搭乘的長機。他本身並非飛行員而是航炸員。他非常擔心母艦的顛簸搖晃，焦慮地回頭看著在朦朧中起飛跟進的僚機。不久，他那一隊十架轟炸機，終於以整齊的「V」字隊形跟在戰鬥機群後面，他的緊張心情也終於輕鬆下來。緊跟著凌空的，是五十一架九九式俯衝轟炸機。

九七式魚雷轟炸機的起飛，最為危險。在曙色昏昏暗暗的狀況下，將這種飛機編入第一次攻擊隊，真可以說是一次賭博。第一架從「飛龍」號航母起飛的魚雷轟炸機，飛行員是特四隊隊長松村平太大尉。當他從飛行甲板凌空的時候，大有遭吸進黑洞的感覺。他掙扎著爬昇到一百五十公尺，便鑽進一片濃密的雲層裡面。他鑽出雲層向左旋回，集合好了八架僚機以後，便會合「蒼龍」號上特二隊八架魚雷轟炸機，在四千公尺的高空尾隨著「赤城」號和「加賀」號特一隊和特二隊二十四架魚雷轟炸機機群。

志賀大尉在空中回頭望去，祇見翼接尾啣的大編隊銀翼蔽空，浩浩蕩蕩，他從不曾看到過這麼多的飛機同時凌空。一位年輕的魚雷機飛行員森拾三飛行士，在入伍以前，原是個農家子，這是他有生以來第一次，在空中欣賞日出奇景。他前面的許多飛機在血紅色旭日反射下，呈現出黑影輪廓，置身於此情此景。他真不相信自己是在飛向日本最重要一戰的征途。在特四隊松村大尉的心目裡，這輪旭日是神聖的光輝，象徵著一個新世紀黎明的來臨。

第一次攻擊隊的機群全部升空，在南方的雲層中消逝，源田實便向草鹿參謀長建議：「機動部隊」繼續向南前進，「赤城號」升起旗號及使用閃光信號，「第二次攻擊隊準備出擊」。六艘航母的飛行甲板，剛剛送走第一批機群，馬上又開始擁擠忙碌起來，一架架飛機，從機庫艙送上甲板，加油掛彈試車，準備最先起飛的，依然是擔任制空的第三大隊零式戰鬥機。

嶋崎重和少佐為第二次攻擊隊指揮官，他也和淵田美津雄中佐一般，乘坐九七式轟炸機，督導第二次攻擊隊的一百六十七架飛機作戰。他迫不及待進了停在甲板上試車的座機後艙，戴上耳機，與五千八百公里外的山本長官一般，急切傾聽，等待總指揮官淵田率領第一批攻擊隊飛抵珍珠港發動攻擊的信號。

第二次攻擊隊戰鬥序列　嶋崎重和少佐

第一大隊（水平轟炸機）嶋崎重和少佐

第六隊　瑞鶴號　嶋崎重和少佐　九七式廿七架

第五隊　翔鶴號　市原辰雄大尉　九七式廿七架

（九七式轟炸機五十四架，九架載兩百五十公斤炸彈兩枚；十八架載兩百五十公斤炸彈一枚及六十公斤炸彈六枚。）

第二大隊（俯衝轟炸機）江草隆繁少佐

第十三隊　蒼龍號　江草隆繁少佐　九九式十七架

第十四隊　飛龍號　小林道雄大尉　九九式十七架

第十一隊　赤城號　千早猛彥大尉　九九式十八架

第十二隊　加賀號　牧野三郎大尉　九九式二十六架

（九九式俯衝轟炸機七十八架，各載兩百五十公斤炸彈一枚）

第三大隊（零戰機）進藤三郎大尉

第一制空隊　赤城號　進藤三郎大尉　零式戰鬥機九架

第二制空隊　加賀號　二階堂易大尉　零式戰鬥機九架

第三制空隊　蒼龍號　飯田房太大尉　零式戰鬥機九架

第四制空隊　飛龍號　能野澄夫大尉　零式戰鬥機八架

（零式戰鬥機三十五架，各機兩公分機關砲兩門，七•七公厘機關槍二挺）

第二次攻擊隊飛機計九七式轟炸機五十四架，九九式俯衝轟炸機七十八架，零式戰鬥機三十五架，共一百六十七架。由於奇襲因素已失，這次攻擊隊沒有魚雷轟炸機。

淵田以信號指揮，他率領的高空水平轟炸機大隊，橫切「赤城號」的艦首成縱隊通過，機群保持著隊形，對正歐胡島、珍珠港的航向飛去；在他們後面，是甲板上準備迅速起飛第二次攻擊隊的飛機，這一次攻擊先後兩批飛機一共是：三百五十架，在那個時候，是海軍集結的最大航空兵力。

所有的人都覺得，日本帝國的旭日，從來沒有在天空裡升得像這樣高，甲板上滿是歡呼揮舞的官兵，有些人淚流滿面，仍然揮舞著他們的軍帽，直到這些加速的飛機變成了小黑點為止；源田在艦橋上，也感到一陣無比洶湧的得意，在他耳邊，仍然響著千百聲嘶啞的「萬歲！」他走進「赤城號」的管制室，等候淵田到達目標後發出的最初接敵報告。

日本散佈在太平洋的第二艦隊、第三艦隊、第四艦隊、和第五艦隊的司令官，也在等候這個報告來遂行十二處戰場的作戰；在遙遠的基地中，山本也在等候著；在東京，海軍軍令部的重要官員，在一種不安的緊張中，聚集在海軍俱樂部裡。

兩架水上偵察機中的一架，發出了最先的情報，他向攻擊隊機群報告搜索結果：美國軍艦並不在拉海那泊地，仍然在珍珠港，也沒有戒備的現象。

七點四十九分，淵田在夏威夷群島的上空，從攻擊機群的噪音中發出電報：「托（卜）托——托——！」

「托」（卜）是日文「突擊」的第一個音節，表示現在第一次攻擊隊的飛機開始攻擊；但並沒有報告當時攻擊情況的任何消息。

幾分鐘後，淵田對「赤城號」上的司令南雲忠一中將，和在日本焦急等候的聯合艦隊司令長官山本五十六大將，發出另一份電文，以無線電報再度保證：「老虎！老虎！老虎！」（Tora! Tora! Tora!）

這是預先規定的密語，報告一項消息：「奇襲成功！奇襲成功！奇襲成功！」

第二十九章
七點三十九分，距離四十公里！

十二月七日，對歐胡島北端卡胡庫岬（Kahuku Point）附近的陸軍俄帕那（Opana）雷達站來說，這是個平靜無事的早晨。平常輪到早上四點至七點的班，上等兵洛克哈德（Joseph Lockard）和埃利奧特（George Elliott）總偵測到二十五次飛機，但這個星期天，卻根本沒有飛機的回波。

俄帕那雷達站使用SCR-270雷達，為美國陸軍最早的機動型之一，雷達機連同除濕機、通風機、通信器材，全在一輛密閉式的拖車內；天線則架設在車外，為行列固定式，不能轉動，只能偵測固定方向的目標。它是歐胡島四週要點所設置五個機動雷達站之一，這些雷達站都和夏孚特堡的情報中心連線，對各站捕捉到的目標回波，都加以追蹤。這個防空情報體系如果發揮功能，便能捕捉到兩百七十公里以內的任何飛機。不過這個雷達站剛剛在感恩節前後才開始運作，小毛病多得很。洛克哈德、埃利奧特、以及其他的雷達兵，大部分時間都花在訓練和修理上。

最先，他們開機操作為上午七點至下午四點，不過在十一月二十七日，華府下達警告後，他們每天早上上班，為上午四點至中午十一點，蕭特將軍覺得這幾小時至關重要。從此，他們的訓練要一直到中午十一點整，才告中止。到了星期天，他們的工作都只有四點到七點這一段時間。

俄帕那雷達站是美國陸軍通信兵第五十五飛機警報隊所屬，五個站中最偏僻的一處，很多事情都由操作的六名雷達兵自理。他們在距海岸十四公里處，有一座小營棚，靠一輛中吉普車上下班。通常是三個人一班，不過在這個星期天，他們決定兩個人一班就夠了。洛克哈德擔任雷達員操作，而埃利奧特則是標定員和駕駛。

他們在十二月六日中午起輪班，操作雷達以外，還有保護責任，靠的是一把口徑十一公厘的手槍和七發子彈。十二月七日早晨輪四點到七點的班，頭天晚上，他們把鬧鐘定時在凌晨三點四十五分，在四點接班開機，然後三個小時等待甚麼事發生。

在六點四十五分左右，雷達示波器上，有一點閃光出現，顯然是一兩架飛機從東北方飛進來，大約在兩百一十公里開外，除此以外甚麼都沒有。他們不把這個光點當一回事，因為六點五十四分，夏孚特堡情報中心來了電話，告訴他們，可以開始關機了。

情報中心中，唯一一位值日官泰勒（Kermit Tyler）中尉，也有一樣的安靜時刻。通常，五個雷達站把它們接觸的目標打電話報告，標示員就把一個巨型木質標示桌上的矢標移動，相當忙碌，但所有這一套活動，都是空中樓閣，虛有其表。因為海軍還沒有派聯絡官來幫忙檢定出友機，但情報中心還是進行活躍的操練，管制官要計劃對「敵機」加以攔截，助理管制官便將他的命令傳達給憑空猜想的陸軍各戰鬥機中隊。有時，他們甚至以真機參加演習。

可是在這個星期天，幾乎沒有甚麼活動，少數幾個光點，沒有人對標定的飛機加以判斷，沒有管制官下達任何攔截的指令，只有這位助理管制官泰勒中尉在情報中心。可是沒有人對他下命令，也沒有接收轉達命令的飛機；他無事可作，他也不知道他應該做甚麼，他以前只擔任過一次這種工作。

實際上，他在情報中心，純粹是受訓。負責雷達網的貝格奎斯特（Kenneth Bergquist）少校，要這些年輕飛行員多多學習這種體系，所以在攔截任務上可以更為有效利用這種情報體系。因為情報中

美國陸軍SCR-270雷達，雷達機在一輛密閉式的拖車內。

心反正要在四點至七點運作，這是一個複習的大好機會。今天，輪到泰勒當班，如果他能留神監視就夠了。

這一班的頭兩小時，啥事沒有。約在上午六點十分光景，五站中終於有一站打電話來有了接觸，標示員士兵開始在標示桌上推動矢標。六點四十五分，幾處標示點開始在歐胡島以北大約兩百三十四公里出現——雖然不多，但足以使泰勒中尉走過來檢查紀錄員注記在每天的紀錄表上。這些回波光點就像是一夥小雞朝歐胡島走過來。這時一下子到了早晨七點整，中心中的人都出去吃早飯。

房間裡只留下了泰勒一個人，只有陸軍才知道的原因，他得到的命令為輪值上午四點到八點，比其他人多出了一個小時。他獨自一個人——沒有人聽他指揮，也沒有人指揮他……現在甚至連個談話的人都沒有了。

SCR-270雷達天線則架設在車外，為行列固定式，不能轉動，只能偵測固定方向的目標。

上午七點整，下班時刻了，對洛克哈德和埃利奧特兩個上等兵來說，並沒有甚麼不一樣，他們受到送早餐的中吉普車支配，這輛車通常在七點左右駛到，但是沒有人把手錶設定在那時候。他們心中有底，便決定還讓雷達繼續運作，直到餐車開到為止，埃利奧特也要多多操作一下，他到這個單位才兩星期，標定工作做得很多，也做得很好，但依然不是雷達員，洛克哈德很樂意教他。

七點零二分，埃利奧特在他肩膀上，開始解釋各種不同的光點或者回波。突然間，螢幕上一處光點閃耀，比洛克哈德所曾見過的任何回波都要大，幾幾乎和雷達發出的主脈波一樣大，大得他以為雷達出了故障，主脈波和距離分劃好像不對勁，亂了套。

他把埃利奧特推到一邊，自己接手來操作，他立刻明白，雷達機一切正常，那處回波只是一大批飛機。這時，埃利奧特坐在標示台前，幾秒鐘他們就釘住了這處目標：東三度，距離二四六公里。

七點零六分，埃利奧特想以頭上耳機，直接與情報中心標定員聯繫，這一線沒人接。然後他試試陸軍正規通信線路。在夏威夷打任何電話，鈴響以後，便有一陣嗡嗡嘶嘶的前奏曲，終於接通了情報中心總機通信兵麥唐納（Joseph McDonald）。麥唐納的總機，在標示室外的一個小隔間裡，即令中心現在關了門，他還在守著總機。

埃利奧特上氣不接下氣爆出消息：「一大批飛機從北方東三度飛來！」

麥唐納以為情報中心沒有人在，因此他把這項情報資料記下來，轉身看標示室上的大鐘來記時間。他從敞開的大門中，見到了泰勒中尉，孤零零一個人坐在標示盤邊。畢竟，這屋子裡還有人在。

麥唐納把這段文電拿給泰勒中尉，說他這是頭一次得到像這樣的消息。「管制官，我們應不應該處理一下？」他建議把吃早飯的標示員都找回來，他們都沒怎麼操作過，而這一回似乎的確是「多得嚇死人的一批飛機。」

泰勒無動於衷，麥唐納回到總機，打電話給俄帕拉雷達站，這次接電話的是洛克哈德，他也十分緊張，回答說看上去越來越大，距離也減少得很快：

七點零八分，兩百零三公里

七點十五分，一百六十五公里

至少有五十架飛機，以每小時幾近二八八公里的速度向歐胡島撲來。

麥唐納告訴他，中尉說了一切沒事。他止不住抗議：「喂，老麥！」他要自己直接報告管制室，他在雷達示波器上從來沒見過這麼多的飛機，這麼多的閃光回波。

麥唐納無奈地向泰勒說：「報告管制官，如果您回這個電話，我感激不盡。」

泰勒接過電話，很耐煩地聽，想了一下。記起三艘航空母艦都出海了——這些可能是海軍飛機。他記得上班時收聽廣播，B－17重轟炸機群從西海岸飛來時，電台會繼續整晚播放音樂。這些飛機也許就是「空中堡壘」吧。不論是何者，這些都是友機，他打斷了繼續討論，對洛克埃德說道：「這個嘛，你就別耽心了。」

洛克哈德這時也沒有心情繼續下去，心想他們也許該關機吧，可是埃利奧特卻要多操練一下，所以他們就跟著這批飛機追蹤。

七點二十五分，一百十一公里。

七點三十分，八十五公里。

七點三十九分，四十公里。

到了這一點時，回波消失在四週山嶺造成的「死區」內了。

就在這時，中吉普車來了，接他們兩人到卡瓦艾拉（Kawaiola）去吃早餐。他們便把沉重的雷達車門關上，鎖好，跳進中吉普車，顛顛簸簸離開雷達站上路，這是正是七點四十五分。

在夏孚特堡情報中心，通信兵麥唐納還是不安心，他問管制官泰勒中尉，對那些回波的真正想法是甚麼，很高興聽到這位中尉說：「沒事！」七點三十分過了不久，另外一名通信兵接總機的班。麥唐納離開中心時，突然在口袋裡觸到了俄帕拉雷達站的文電，他以前從沒有過像這樣的事，不過他要把這東西給大夥看看。

泰勒中尉又一個人在標示室內，坐下來等著這交班前的難熬時刻。他對俄帕那雷達站的文電，並沒有甚麼不安。雖則他並不知道，至少有一項考慮絕對正確——廣播電台整夜播放音樂，那就是說有一批B—17重轟炸機從大陸飛來，就在這一時刻，十二架這種重轟炸機正從東北方接近歐胡島。

不過，俄帕那雷達站顯示器上的飛機，有一點點偏東，而且機數多得太多，這時極為接近了。

十二架B－17重轟炸機，由美國飛往菲律賓，途中預訂在夏威夷希康基地落地、加油、和檢修，根本就沒有料到有甚麼事在等著他們，這一批飛行員正向虎口裡飛去。

這次飛行證明了是出師不利的一次，因為這批飛機將要到達，使得歐胡島地面雷達疏忽了一項清楚的警告；否則，可能救了太平洋艦隊。

那時大約是七點十五分，淵田美津雄和他威力強大的第一次攻擊隊機群距離四十五分鐘遠，那時候還有充份的時間警告美國部隊，飛行員還來得及跳進飛機升空迎戰，水兵還來得及就備戰部位和操作槍砲，迎頭痛擊村田笨拙的魚雷轟炸機；這是夏威夷美國部隊的最後機會——可是卻沒有把握住。

現在，這批B－17機飛向一處沒想到過的修羅場烈火中。他們已歷經十四個小時冗長而困倦的飛行，他們沒有編隊，而是各機獨自飛行，有幾架汽油很少，所有的飛機都沒有武裝，機關槍都塗抹了一層防鏽油脂裝在箱子裡。

他們快到歐胡島穿雲時，遇見六架到九架飛機，從南方直接向他們飛來。「夏威夷的美國陸軍航空隊歡迎我們來了。」但是幾乎就在同一瞬間，這些飛機對他們俯衝下來，用機關槍射擊，美國飛行員也看到了「旭日」機徽，機內通話機傳來一聲喊叫：「該死！是日本飛機！」

第三十章
朝日的時光

日本擔任攻擊珍珠港的第一次攻擊隊的飛機，一共是一百八十三架，由侵華戰爭的老手，三十九歲的淵田美津雄中佐擔任總指揮官。他是位天生的飛行員，他的熱忱和個人的吸引力，獲得他所屬飛行員們幾近偶像崇拜的忠誠愛載。不到十年以後，淵田將另用一種方式，發揮他的才能，來贏取所屬的心，他成為基督教的牧師，永遠套上了劍，追隨著和平王子。可是這個星期天的早晨，他的每一分力量，都是從事殺戮和破壞。

以現在的標準來說，淵田空中艦隊的轟炸機，還是原始型態，緩慢、容易損害；它們最大的時速是三百五十公里多一點，一次只能帶一枚炸彈，既沒有保護的裝甲鋼板，更沒有自封油箱。但是，卻帶了一種超級武器，座艙裡面坐著日本海軍飛行員的精英，特別是在那一天早晨，他們是全世界最好、訓練最精良、和最具備作戰經驗的飛行員。

這些飛行員也駕駛著戰鬥機，是日本在第二次世界大戰中轟動一時，而這時才出廠的「零式」機。這種飛機沒有甚麼裝甲，但是在機頭上的兩挺七•七公厘機關槍，和機翼上的兩門二公分機關砲，具有猛烈無比的火力，它的速度、爬昇率、和靈敏性，使美國飛行員簡直是難受的大吃一驚。

破壞力最大的還是魚雷轟炸機，他們由村田重治少佐領隊，他現年三十二歲，也是侵華戰爭中的老手。在海軍官校受訓時，成績平平；但一到他開始飛行時，可就對了路。他具有飛行員最完美的體型——肌肉結實、動作靈活、反應敏捷——他成為英雄中的英雄；這位小小的、灑脫的、外向的飛行員。有俏皮的幽默感，就像汩汩湧出的清泉。也有奮勇無畏的精神。一九四三年十二月六日，在聖誕島一戰中，他駕駛魚雷轟炸機，對美國軍艦作一次盛傳的投雷攻擊中陣亡。但在這天早晨，他駕駛飛機衝向併列的主力艦時，有著藝高人膽大的無限信念，他必能應付危險，圓滿達成使命。

淵田美津雄中佐知道，他們一定接近珍珠港了，到現在為止，他們在空中幾幾乎飛了一個半小時，可是一層厚厚的白雲，在機身下方無際無涯地展開，他連海洋都看不到來檢查飛行方向。他打開無線電台方向指示器，收聽到了檀香山市的清晨節目，他轉動天線，找到了電台的正確方向，發現自己的航向偏了五度，他作了修正，其他飛機也跟著改正。

整個第一次攻擊隊的飛機全都在他四週，隆隆轟轟的雷鳴機聲中，後面是他率領的四十八架九七式艦攻水平轟炸機；左面略略高處，為高橋赫一少佐的五十一架九九式艦爆俯衝轟炸機；右面高處，為村田重治少佐四十三架零式戰鬥機擔任掩護。轟炸機飛行高度為三千公尺，戰鬥機則為五千公尺。這時，左方昇起的朝陽，明亮的金色陽光照耀在每一架飛機機身上。

可是，機群下方的雲層還茫茫一片，淵田美津雄開始耽心，珍珠港上空會不會這麼糟？如果是，該採取那種轟炸？他指望「利根號」與「筑摩號」的水上偵察機的報告——它們該飛到珍珠港了。這時，他在電台廣播的音樂節目中，突然聽到氣象報告，他調整轉鈕，便聽得清清楚楚，「局部多雲……但都在山頭……雲高一千二百公尺……能見度良好。」

最先飛抵珍珠港上空的，是巡洋艦「筑摩號」的水上偵察機。淵田離開母艦約一個半小時，電訊員水木德信就收到「筑摩號」水上偵察機的報告。知道珍珠港內停泊艦艇、停泊隊形及「風向八十度、風速十四公尺、雲量七、雲高一七○○公尺」。

這時，他知道自己一旦飛到歐胡島，

破壞力最大的魚雷轟炸機，由村田重治少佐領隊。

可以指望雲層分開，山頭的雲使得從東面近入太危險。最好從西面及西南面進入。這時，就像使這次進擊的運氣錦上添花一般，他機身下面的雲層分開來了，幾幾乎就在正前方，他見到了一線白白的浪花，抵住一片綠綠的崎嶇海岸，那是歐胡島北端的卡胡庫岬。

展開攻擊的時間到了，總指揮官淵田美津雄中佐要作一個困難的決定：攻擊計劃中，提供「奇襲成功」（Surprise）與「奇襲喪失」（Surprise Lost）兩種狀況。如果米方毫無防備，便是「奇襲成功」，由第一大隊特別攻擊隊的魚雷轟炸機先下手；然後便是第一大隊的水平轟炸機投彈，最後才是第二大隊的俯衝轟炸機，而第三大隊的零式戰鬥機在上空掩護。計劃的構想便是在俯衝轟炸機投彈引起爆煙以前，儘可能投下最多的魚雷。魚雷轟炸機的最大要害，便是在魚雷投下以前，必須低飛，而且還要作等速直線飛行；敵人如果發覺，艦岸的防空砲火便會萬彈齊發，以截殺臨門的死神。

反過來說，如果敵人已經發覺，那就是「奇襲喪失」，便得由俯衝轟炸機與戰鬥機先動手，攻擊機場和防空砲陣地。把這些抵抗摧毀以後，魚雷轟炸機方可進入投雷，以保萬無一失。

淵田美津雄在起飛前已經規定，他發射一發信號彈。便是「奇襲成功」，特攻隊魚雷轟炸機先攻；兩發信號彈便是「奇襲喪失」，俯衝轟炸機立即動手。

麻煩的是，淵田並不知道米軍是不是遭打了個措手不及，那兩架先發的水上偵察機應該向他報告，現在已是七點四十分了，卻迄無消息傳來。第一批攻擊隊的機群已經飛到了西海岸，大約就在哈雷華（Haleiwa）對面，憑了直覺，他決定可以靠奇襲成功。

他掏出信號槍，打出一發「黑龍」信號彈，表示「奇襲成功！」，這也就是說，由魚雷轟炸機領先攻擊美國軍艦。俯衝轟炸機開始盤旋降到四千公尺，水平轟炸機低飛到一千二百公尺，魚雷轟炸機更是降低高度到僅僅貼及海水的高度，準備擔任領先攻擊的榮譽。

第一、二兩個大隊的機群盤旋就位時，淵田留意到第三大隊的零式戰鬥機根本沒有反應。他斷定它們一定沒有見到他的信號，因此手伸出艙外，再打了一發「黑龍」信號彈。這一回戰鬥機群見到了，可是俯衝轟炸機群也見到了，它們斷定第二發「黑龍」，便是「奇襲喪失」的信號。這麼一來，該俯衝轟炸機帶頭攻擊。

第二大隊俯衝轟炸機群的領隊高橋赫一少佐，這位緊張而切盼的領隊，由於誤解了淵田的企圖，立刻衝下去攻擊。村田重治曉得高橋誤會了信號，可是他已經領導著魚雷轟炸機群，絲毫不差的進入開始投雷瞄準的位置，別無辦法，只有率領他的機群，儘快以魚雷攻擊主力艦。

轟炸機略為較魚雷轟炸機先攻擊，結果並沒有甚麼不同。淵田覺得，發出了混亂的信號以後，到第一枚炸彈丟下來以前，這這兩分鐘中，奇襲是這麼成功、和這麼的具有癱瘓力，以致在同一時間中的兩種攻擊，完全沒有遇到抵抗。

他看到島上的全部景色，已經展示在他快速的座機下面。飛機下方，暴露著米國的戰鬥機和轟炸機，它們沿著跑道，密密麻麻排成一列列，就像育兒室裡的玩具飛機。珍珠港內，謐靜安寧地躺臥著米國的主力艦群，正沐浴著凌晨溫柔的美麗彩色。他最感關切地數一數它們，兩艘、四艘、六艘、八艘，毫無疑問，八艘主力艦都在。全島上空，是一種安息日的寧靜氣氛。

淵田一向注意朕兆，他覺得：對日本來說，沒有比出現象徵的朝日更吉祥的了。

第三十一章
七點四十五分

在歐胡島西北方海岸哈雷華區（Haleiwa），十三歲的小曼恩（James B. Mann, Jr.）和他父親在海灘屋前，仰望高空盤旋的大隊飛機。他們一家人到哈雷華來，為的是度週末休息；不料這一天早上，根本得不到安寧。最先飛機聲吵醒了兩隻獅子狗，狗兒汪汪吠叫，又吵醒了全家。曼恩太太以為飛機聲，是惠勒機場（Wheeler Field）的飛行員安德伍德中尉（Underwood）——他一向都在海灘上空低飛。但爺兒倆卻發現，這是一次盛大得多的演出。

上空有一百多架飛機盤旋，漸漸散開成三架、五架、和七架的小隊；一下子，幾架戰鬥機飛下來，低得使小曼恩看得清清楚楚。「他們改了飛機的顏色！」然後這些戰鬥機便向東飛，沿著公路飛向夏孚特堡和惠勒機場，其他機群也飛走，這時是七點四十五分，所有飛機都不見了。

往南面二十公里處，另外一個十三歲的孩子楊湯米（Tommy Young），正和他爸爸在梅里灘（Maile Beach）外激浪投釣。飛機機群的嗡嗡聲，引起了他注意，抬頭一看，有一大批銀色飛機向東南方飛，他爸爸數了一下，數到七十二架。

西南方十九公里，兩個小毛頭在珍珠港釣魚，試試運氣。十三歲的裘禮莫頓（Jerry Morton），和他十一歲弟弟唐恩，坐在珍珠城的水兵碼頭邊；珍珠城是一處半島，向南方突出在艦隊泊地的中央。裘禮和唐恩也像大多數軍眷孩子般，並不把珍珠港當成是海軍基地，而是一處廣大無邊、使人著迷的遊戲潭。不上學時，他們幾幾乎每一天早晨，便跑到離家只有兩百公尺遠的這處碼頭來，便放線釣魚；偶爾有條把鱸魚上鈎，但能值得上餐桌的魚極少。不過那裡一向多的是船、飛機、和水兵，就像萬花筒一般多采多姿，決不枯燥無味。

這天早上，他們照常出發，打赤腳，穿褲腳捲起的卡磯褲，趁媽媽沒看見時，運動衫口袋塞得鼓鼓的。陣陣微風波動了港內的海水，但穿過雲層的太陽，就足以使這一天熱烘烘懶洋洋。這是個典型的星期天，只有一件事不一樣，真正難以相信，魚兒大咬！到七點四十五分時，兩兄弟的釣餌都用光了，唐恩便連忙回家去拿釣餌，哥哥裘禮則在陽光下自自在在躺著。

在他的四週，每一個方向都是太平洋艦隊的軍艦，在北面和東面，是驅逐艦的小窩，群集在下錨的供應艦四週。在東南方，大多數巡洋艦都指向海軍船塢碼頭；南方更遠處，巡洋艦「海倫娜號」（Helena），停在一〇一〇船塢內……再過去一點，主力艦「賓夕凡尼亞號」

（Pennesylvania）和兩艘驅逐艦，共用一個乾船塢；它們西面，是另外一艘驅逐艦，卻高高浮起在乾船塢中……最後，完成這一個圓週的是更多的驅逐艦、修理艦「梅杜沙號」（Medusa），以及飛機修理船「寇蒂斯號」（Curtiss）下錨在岸邊。

端端正正在港中央，支配了整個景色的便是福特島（Ford Island）。裘禮和唐恩的繼父航空軍械官克勞夫特（Thomas Croft），這個星期天，還在海軍飛機棚廠中加班。海軍的ＰＢＹ巡邏機基地便在島上，也有航艦進港後的艦載戰機。航空母艦在島的西北角碇泊，而主力艦則停泊在東南面。

當然，這個星期天，所有的航空母艦都出海了。珍珠城對面的停泊所，便沒有什麼刺激的景象——僅僅只有兩艘舊巡洋艦「洛利號」（Raleigh）和「底特律號」（Detroit）……一艘報廢了的主力艦「猶他號」（Utah），現在降級成了一艘靶艦……還有水上機修理艦「丹吉爾號」（Tangier）。可是在福特島的遠側，卻是令人興奮的檣桅煙囪林立，從「主力艦列」冒出來。七艘主力艦：「內華達號」（Nevada）、亞利桑那號」（Arizona）、「田納西號」（Tennessee）、「西維吉尼亞號」（West Virginia）、「馬里蘭號」（Maryland）、「奧克拉荷馬號」（Oklahoma）、以及「加利福尼亞號」（California）全都在那裡。

其他不怎麼起眼的艦隻，也擠進這一片壯觀景色中，ＹＳ－17廢料駁船，便一艘艘軍艦挨過去收集垃圾。油輪「尼阿學號」（Neosho），便停泊在「主力艦列」的南端；巡洋艦

「巴爾的摩號」（Baltimore），是老羅斯福時代「大白艦隊（Great White Fleet）」的一員，現在銹蝕斑斑，行將退役。在東灣（East Lock）和幾艘瘦長驅逐艦擠在一起。接近這艘巡洋艦的海軍鐵路上，為那艘窄小的水上機修理艦「天鵝號」（Swan）；老炮艦「薩克拉門托號」（Sacramento）靠在旁邊，更老舊的佈雷艦「阿格拉拉號」（Ogalala）停在一〇一〇碼頭，就在巡洋艦「海倫娜號」旁邊。

在這個星期天早上，珍珠港內的艨艟巨艦和小型艦隻，總共有九十四艘。

太平洋艦隊集合在一起，便是一個大家庭，不論是什麼艦種，大多數官兵都認識同行的袍澤。在大戰前的時日，每一個人都固守原職，許多士官一待就是上十年，這些老士官在維持這個大家庭的精神上，扮演了重要的角色。對那些年輕的少尉，就像是老爸待兒子一般，在又長又悶及處理事情的時刻中，教他們喝啤酒、談棒球，但也接受官員的指揮。

對官員來說，這也是一個小世界，一年復一年，他們進的是同一個學校，學的是同一種的課程；一步跟著一步，擔任同一種的職業。他們對別人的服役表現都很清楚，他們同時擔負起艱苦工作；官員艙的可口可樂，漿得筆挺的白軍服，那是安那波里斯海軍官校的傳統。一如所有各行的專業人員一般，他們是自豪、敏感，緊緊結合在一起的團體。

在陸軍方面，從珍珠港大門起，有一條公路進入希康機場（Hickam Field），這裡是陸軍轟炸機的基地，通常有很多訓練飛行，包括對隔壁海軍基地友好地嗡嗡掠過。而海軍的艦機，偶爾也對希康機場進行模擬攻擊。但這個星期天早上卻安安靜靜，三艘航空母艦都出海了，陸軍的轟炸機群都整整齊齊，一排一排停在混凝土的主跑道旁邊。

蕭特將軍的反破壞令嚴格執行，顯然保護飛機的最好辦法，便是將飛機一起集中在空地上。因此，基地飛機都在，能飛的B－17「空中堡壘」重轟炸機一共六架，A－20攻擊機六架；老式的B－18重轟炸機，三十三架中，只有十七架能飛。

飛機都集中停在基地內跑道邊，沿著珍珠港邊緣的飛機棚廠都淨空、冷寂。可是棚廠右面盡頭的飛行塔台，卻正十分興奮地嗡嗡交談。年輕個子高大的基地飛行管理官布雷克（Gordan Blake）上尉，上午七點鐘便到了辦公室。然後，他的朋友拉梅（Royer Ramey）少校也到了。再來便是夏威夷陸軍航空隊副官處長伯素夫（Cheney Bertholf）中校，最後便是基地指揮官法辛（William Farthing）上校，也急急趕到。每一個人都知道，也都要看一看自大陸飛來的新型、了不起的B－17重轟炸機，十二架一次飛到，當時是希康基地的一件大事。

基地值日醫官阿方索（Andno de Alfanso）上尉，也準備好了他自己的特別歡迎，B－17機群一到，他的工作便是替機員人人打防疫針。

陸軍的戰鬥機基地——惠勒機場（Wheeler Field），位置在歐胡島的中央。這裡也是把飛機排列得齊齊整整，六十二架嶄新的P－40戰鬥機！在這裡，大多數人都還高臥未起，卻只有兩個人例外，他們是韋爾奇（George Welch）中尉和泰勒（Ken Tayler）中尉。這一對飛行員的駐地，在歐胡島西海岸一處小小的哈雷華簡便機場（Haleiwa air stripe），到惠勒機場來參加週末舞會，然後又打了一整晚的撲克牌。這時，韋爾奇堅持：還睡什麼覺，開車回哈雷華海邊作清晨游泳去！他們的爭執，可能是惠勒機場這時發生最生動的事情了。

北面便是夏孚特堡兵營，那五棟四正四方的大營房，這時也同一樣的安安靜靜，步兵第二十四師和二十五師的很多士兵，都拿了週末休假証，到檀香山市逍遙；還有些人凌晨時分才回營，個個睡得死熟。但在附近的軍官住宅區，米勒（Virgil Miller）上校的小女兒裘莉却起了床，吃了飯，打扮得美美的，這時她準備上家中的休旅車，同媽媽和哥哥去教堂作禮拜。

這時，也是上夏孚特堡內教堂的時候了，這處營區挨近檀香山市，是陸軍的行政中心，夏威夷軍區司令部的情報處長菲爾德中校，昨夜上半夜跟司令蕭特將軍在一起度過，經過休息，清晨覺得精神輕快，穿上了藍色休閒褲和同色運動衫，打算開車越過歐胡島的風向面，到貝洛斯機場野餐。

貝洛斯機場在歐胡島東端，是一處陸軍戰鬥機的小基地，僅僅只有兩個小小中隊，而且飛機中只有十二架現代的Ｐ－40戰鬥機。但也像希康機場與惠勒機場一般，所有飛機都排列得井然有序。基地官兵全都自自在在，或者打算做做星期天尋常的活動。

從貝洛斯機場往海岸九公里處，便是卡內奧赫海軍航空站，這是歐胡島上向風面唯一的機場，海軍新型ＰＢＹ巡邏機，有卅三架在這裡作業。今天早晨，已經有三架ＰＢＹ出海巡邏，其餘的飛機都在棚廠裡，或者在卡內奧赫灣的碧藍海水中碇泊。

七點四十五分，在這個懶洋洋的星期天早上，卡內奧赫航空站看上去就和任何陸軍機場一般寧靜，饍勤士西門斯（Walter Simmos）在官員餐廳內擺好了餐桌，可是却沒有人起床來進餐。航空站醫官麥克里蒙少校（H.P.McCrimmon），坐在辦公室裡，兩隻腿翹起在辦公桌上，奇怪為什麼這個星期天的報紙遲遲沒有送來。

這是檀香市人也在奇怪的事，通常他們指望《廣告人報》（Adertiser）是星期天早餐不可或缺的一部分；可是今天凌晨，印報機才印出兩仟份就發生故障。報社將已印好的報份送往珍珠港，配報給各艘軍艦；其他訂戶可就沒有這種運氣了，星期天在檀香山市要修理一件東西，可就是難度很高的一件事，哪怕總編輯柯爾（Ray Coll）對這個問題使盡了全身解數。

在檀香山市另一面，《星報》（Star-Bulletin）總編輯亞倫（Riley Allen），却沒有印報的麻煩，這家晚報

陸軍的戰鬥機基地——惠勒機場，六十二架嶄新的P-40戰鬥機

星期天例不出報，可是他待覆的函件却很多。這個早晨他希望能趕得及；便坐在辦公室裡，口授函件給女秘書麥康姆絲（Winifred McCombs）打字。麥康姆絲是頭一天上班，不但是星期天，而且還是七點四十五分就開始工作；或許她心中嘀咕：辭去了先前那一份工作是不是聰明。

十二月七日上午七點四十五分，太平洋艦隊各艦位置圖，也就是淵田美津雄中佐飛到歐胡島上空，下達命令「突擊！」時所見的實際狀況。

從艦位碇泊位置來看，太平洋艦隊採取了防空戰術的全週部署，以福特島及「主力艦列」為「要害區」（VA Vulnerable Area）中心，以驅逐艦群為外圍的「據點」（Strong Point）。環繞「要害區」，從○一○到○一○順時鐘方向共十個據點，都有三至四艘驅逐艦，構成第一線防空威力圈，可以抵禦任何方向來的敵機；而使要害區中的主力艦有預警時間，發揮各艦的強大防空火力以自衛。不過，以防空砲兵力來說，珍珠港內太平洋艦隊大小軍艦的防空砲，從三•七公分到十二•七公分的防空砲，一共有七百八十門，四分之三的砲位沒有砲手。歐胡島上陸軍六個防空砲兵營，共有七•六二公分防空砲三十一個連，每連砲四門，但卻只有四個連進入陣地；而且各砲的砲彈，在每次操作後，都一概集中入庫，以防散失及受潮生鏽。美軍也知道，港內的東南灣，形勢上更是一條如同利刃，直刺要害區的接近路線。便在這一水道上集中了巡洋艦達七艘之多，可以構成猛烈濃密的防空火海。

在預警（Early Warning）體系上。海軍太平洋艦隊與陸軍夏威夷軍區，似乎也有經過協調後的防域劃分；當天，歐胡島上的海軍巡邏機第二聯隊，即有三架ＰＢＹ巡邏機升空巡弋；不過它們的活動範圍，都在歐胡島的南方海域；而由陸軍的機動雷達站擔任北方的警戒。

倘若美國海軍遵循三月一日發表〈馬丁與貝林格報告〉中的建議：「每天派出巡邏機，儘可能向海上遠飛，作三百六十度飛行，以減削海面或空中攻擊的機率。」對預警也採取防空戰術的三百六十度全週配備，增派自己的巡邏機到北方巡弋，便可及早發現傾巢來襲的日機。日軍失去了奇襲的戰機，便不可能獲致豐碩的戰果，太平洋戰爭史可能是另一番面貌了。

珍珠港太平洋艦隊各艦位置圖

第三十二章
首擊

位於歐胡島南海岸正中央海灣就是珍珠港，是珍珠城以及四萬名海陸軍官兵的駐在地。海灣中央的福特島，有海軍飛機的棚廠，以及供航空母艦及主力艦碇泊的碼頭。珍珠港是九十四艘戰艦的母港。

即使有如此壯盛艦船陣營的武力，到了星期天，全港卻安靜得出奇。這天早晨，艇手福必斯（James Forbis）正監督艇員在「亞利桑那號」艦艉，搭建作禮拜的祭壇；「舊金山號」的信號兵布蘭肯（John Blanken），準備去威基基海灘游泳；「內華達號」上的一兵泰勒（Thomas Taylor），安排了網球賽；「海倫娜號」上的陸戰隊員已選好邊，要打場壘球賽；「聖路易士號」的一夥海軍老兵正在下棋；其他的水兵，有的坐在寢艙和臥鋪前，穿的是睡衣、睡袍、浴袍，正在看報紙週日版漫畫；更多的人星期六晚上到檀香山紅燈區旅館一遊，現在正在補覺。同時，當地的夏威夷人正從興奮中恢復過來，他們的大學在「神社足球賽」（Shrine Football Game）中，以二十比六打敗了威廉特大學。在世界的這一隅，每座海島每天的黎明，冷冷的大海，絲絲的微風，以及太平洋藍得發亮的無垠海水緩緩擺搖。

福特島是歐胡島內的一個弓形小島，南北長一千六百公尺多，東西寬一千二百公尺許，島中央就是跑道。島上管制所有海軍巡邏機活動的「巡邏機第二聯隊」（Patwing 2）聯隊部，作戰官雷姆賽中校（Logan Ramsey），在上午七點時，就接到一架PBY巡邏機機長譚納少尉（William Tanner）報告：說該機在珍珠港入口處外一千六百公尺處，炸沉了一艘潛水艦。基梅爾將軍的助理作戰計劃官莫菲中校（Vincent Murphy）告訴他，他業已得到了相似的報告，兩個人便比較一下細節。

駐地在卡內奧赫機場的巡邏機第一聯隊（Patwing 1）聯隊長麥克金尼斯中校（Knefler McGinnis），是譚納的主官，卻覺得這一定是識別錯誤；便檢查在巡邏機手中所有美國潛水艦的資料。雷姆賽在七點三十分左右，接到二聯隊值日官的報告，最先的反應是：一定由於操練發出了錯誤的報告，便令值日官立即「確定」這份電報；但為了安全起見，決定擬一項搜索計劃，報告太平洋艦隊司令部。

莫菲決定最好還是以電話向基梅爾將軍報告，七點四十分，這位太平洋艦隊司令接到電話，告訴莫菲：「我馬上就來。」

這時，珍珠港中所有艦隻所要操心的一作事，便是升旗。儀式一向相同，七點五十五分時，信號塔在「海軍廣場」的水塔頂上，升起藍色「預備旗」，港內各艦照做。每一艘軍艦的艦艄，有一名水兵捧著艦艄旗就位，艦艉則為國旗。到了八點整，預備旗降下，升起這兩面旗。小型艦上，由帆纜士官長吹氣笛；大型軍艦則有號兵吹升旗號；更大型的軍艦，則有軍樂隊奏樂，甚至奏國歌。

時間到了七點五十五分，全港軍艦升旗官兵就位。停在「亞利桑那號」主力艦舷側的老修理艦「維斯特爾號」（Vestal），信號兵瑟勒比斯（Adolph Zlabis），準備升起預備旗；停在一○一○碼頭艦身修長的巡洋艦「海倫娜號」（Helena），瓊斯少尉（Jones）和四名陸戰隊員的升旗儀隊，整隊齊步走向旗桿。在「內華達號」主力艦甲板上，軍樂隊集合排隊，各種管樂器與大小鼓在朝陽下閃閃發光。唯一的麻煩便是甲板值更官塔西格少尉（Taussig），以前從來沒有值過升旗典禮的更，不知道要升的國旗大小；便悄悄派一名水兵去問問鄰艦「亞利桑那號」上的人，他們怎麼做。大伙都在等待時，軍樂隊中有些眼尖的隊員，發現西南方的天空遠處，有許多黑點點。

一剎那間，日軍機群隆隆的雷鳴機聲震耳，撲天蓋地飛壓過來，而且不止一個方向。巡洋艦「洛利號」（Raleigh）甲板值更官康恩少尉（Donald L. Korn），見到長長的一線從西北方飛來。「亞利桑那號」的水兵普瑞斯勒（Presslen），則看見長長的一串飛機，從東面的山谷飛到。全珍珠港軍艦中唯一在行駛的「赫爾姆號」（Helm）驅逐艦，正在進口水道中，打算向右轉向西灣；航海士漢德勒（Frank Handler）見到南面一批飛機低低飛來，機群就在一百公尺外飛過；一架飛機的飛行員還對這艘驅逐艦揮手，漢德勒很高興，也揮手致意。不過他注意到這批飛機不像大多數的美機，「機身下有固定的起落架。」漢德勒的回憶，也證明歷史上即使是當事人，所見證的未必真實。這批低飛進港的為村田重治的九七式魚雷轟炸機，機身下掛魚雷，起落架已收進機腹，不像英國皇家海軍的雙翼「劍魚式」魚雷轟炸機，為固定的起落架。日軍攻擊珍珠港三種主要機型中，唯一有固定起落架的飛機，為高橋赫一率領的九九式俯衝轟炸機，它們的任務為轟炸惠勒及希康兩處機場，正飛向歐胡島上空，才對目標俯衝攻擊，並沒有沿進港水道低飛進珍珠港。

福特島上，巡邏機第二聯隊指揮中心的雷姆賽中校，從辦公桌後站起身來，他正在草擬一份計劃，去搜索麾下PBY巡邏機所報告的潛水艦。忽然一架俯衝轟炸機，厲聲尖叫地對島上南端的巡邏機停機坪衝下來，看起來就像是一個小伙子飛行員「飛低空出臭鋒頭

巡邏機第二聯隊作戰官
雷姆賽中校

（flathatting）」，他和值日官都想記下這架冒失鬼飛機的號碼。不過他們要看號碼太遲了，一聲霹靂……一股濃煙和灰泥從停機坪端衝上天空。

「別查了，」雷姆賽說道：「那是日本仔。」

這架飛機從俯衝中拉起改平，就從福特島和一〇一〇碼頭間的水道掠過。太平洋艦隊戰列部隊指揮官胡朗少將（William R. Furlong）正在他的旗艦——一艘老舊的佈雷艦「阿格拉拉號」（Ogalala）甲板上踱步，等候進早餐，這架日機在他頭上不到兩百公尺飛過時，他一眼見到機身上鮮艷奪目的紅圓機徽，馬上明白。他以「艦上現場資深官」（SOPA, Senior Officer Present Afloat）之身，先下令「備戰！」再在旗艦桅杆上升起信號旗：「全港所有軍艦出港！」（All ships in harbor sortie）這時，又有兩架飛機尖嘯著撲下來，這一回瞄準得很精確，跑道頭那座ＰＢＹ巡邏機大棚廠，遭炸得四分五裂。

福特島上南端的巡邏機停機坪，一聲霹靂，濃煙和灰泥衝上天空。

島上有些水兵搞不明白，為甚麼美國飛機要炸自己這處地方；還有些以為這是陸軍飛機闖的禍，一定有人搞鬼，在演習的飛機內裝了真炸彈。

在福特島東北側，巡洋艦「洛利號」（Raleigh），停在原來供航空母艦專用的碇泊處，科恩（Donald Korn）少尉對日機向福特島俯衝投彈一無所覺，他剛剛值完甲板更，交給格姆（William Game）少尉，看不到巡邏機棚廠。但卻對直分歐胡島中央的山谷，看得清清楚楚；七點五十六分他見到一些飛機從那個方向低低飛來。

這批飛機剛剛掠過珍珠城的牧豆樹，便分散開來，兩架對準了就在「洛利號」後面的老主力艦「猶他號」（Utah）；一架飛向它前面的重巡洋艦「底特律號」（Detroit），一架對正了「洛利號」本身。槍砲官科恩少尉以為這些是陸戰隊的飛機作演習，便呼叫手下的防空砲手一起做動作。砲手剛剛就位，日機的魚雷撞個正著，炸中了正對第二號煙囪的位置，震得耳朵發抖的一聲咆哮，艦身便暈暈忽忽地東倒西歪，艦上官兵都在混合了濃煙、塵埃、和泥濘海水中找不到出路；卻都瞥見正在艦側作禮拜的教堂艇四分五裂。「底特律號」巡洋艦安然無事；可是「猶他號」主力艦卻挨了沉重的兩下轟擊而晃晃搖搖。

這一批飛機中的第五架，卻保留了它的魚雷，橫越福特島，朝著一〇一〇碼頭——通常供太平洋艦隊旗艦「賓夕凡尼亞號」主力艦作泊地——並排停泊的「阿格拉拉號」佈雷艦和「海倫娜號」巡洋艦，發射出這枚魚雷，它完完全全在停泊在外側「阿格拉拉號」艦底竄過，炸進了「海倫娜號」艦身中央——艦鐘停在七點四十五分上——爆炸的震動，也震開了「阿格拉拉號」艦身缺口，海水湧進了艦體。

「阿格拉拉號」的水兵戈德法布（Lee Goldfarb），始終記得遭到攻擊的情境：

「我們這條船在巡洋艦『海倫娜號』的旁邊。一枚魚雷從我們船下竄過，炸中了『海倫娜號』，把我們的餐盤都震飛了。

「一小時後，『阿格拉拉號』翻船沉沒。我們正在跑，一架日機掃射我們，子彈打起了水泥碎片。我抬頭望望這架飛機。哇，我見到一張笑臉，黑唇髭，白圍巾，和那張笑臉，我忘不了，決忘不了。

「在聖第牙哥時，我們同梯次分發上船，我說：『「阿格拉拉號」是啥米鬼地方？』一個小伙子說道：『那是條老佈雷艦，一個舊洗澡盆；而我上的船卻是主力艦『「亞利桑那號」。』他現在依然在上面，姓名是『布萊斯』（Arthur Blais）。」（但在珍珠港「亞利桑那號」紀念牆上，戰死英名中，只有Blais, Albert Edward）。

停泊在福特島東側的「西維吉尼亞號」主力艦，甲板官布洛克斯少尉（Roman Leo Brooks），他的所在位置，看不到日機對棚廠或者福特島西面艦隻的攻擊，卻見到了一○一○碼頭陡然冒起濃煙與烈焰。他立刻下令，艦上號兵與擴音機響起「消防班急救班出動！」

即使見到了飛機的官兵，也不明白是怎麼回事。在「主力艦列」（Battleship Row），停泊在「亞利桑那號」（Arizona）主力艦外側的修理艦「維斯特爾號」（Vestal），艦上的消防班水兵史托克（Frank Stock）和六名同事，坐了教會艇登陸去做禮拜。他們越過海峽進入又長又窄的東南灣，經過右面海軍船塢碼頭內的巡洋艦群，左面是停泊的幾艘潛水艦。到了海灣盡頭的麥立岬（Merry's Point）碼頭時，六架到八架魚雷轟炸機，從東方低低飛來，高度大約為高於海面十六七公尺，從東南灣直撲主力艦列。

這些水兵有點點驚異，從前從沒有美國飛機從這個方向飛到的……這些飛機的後座射擊士對他們以機關槍掃射，更是大出意料以外；其中一名水兵在第五架飛機飛過時，肚皮上挨了一發子彈。

在「主力艦列」最北端的「內華達號」主力艦，軍樂隊隊長麥米倫（Oden McMillan）和隊員，都在等候八點整時奏升旗樂。他和二十三位隊員，在七點五十五分就已站在定位，藍色預備旗升起，便排成樂隊隊形，幾名軍樂隊隊員便見到許多飛機朝福特島的另一端俯衝，冒起了大量的泥灰，但依然認為這是演習。到了七點五十八分時——兩分鐘過去，從東南灣低空飛出來機群，使得這一列開始有了悶糊糊的沉重爆炸聲……讓人擔心，而這時正是八點整。

樂隊剛剛奏起〈燦爛的星條旗〉國歌時，一架飛機掠過海港……對正「亞利桑那號」投下一枚魚雷，機身就在艦艉甲板上空掠過，後座射擊士還朝著立正奏國歌的軍樂隊員掃射；不過他的瞄準很菜，機槍子彈並沒有打中樂隊隊員和後面的兩列陸戰隊員，但卻把剛剛升起的國旗打碎了。一名水兵甚至說道：「這是陸軍航空隊最他媽捧的一次演習。」

麥米倫現在知道了，但依然繼續指揮奏樂，多年的訓練發生了作用，國歌奏起，便不能停。另外一架日機又閃過掃射，甲板上的碎片崩裂，他下意識停止了一下，又馬上恢復指揮。整個樂隊演奏的停止與開始，都隨著他的指揮棒，沒有一個隊員離開隊伍，直到奏完最後一個音符，他們才猛然四散找尋掩蔽。

甲板官塔西格少尉（Joe Taussig），拉起警鐘。號兵正拿起軍號準備吹「備戰」，塔西格抓起軍號朝舷外一拋，對著廣播機大聲吼叫：「全員備戰！空襲！不是演習！」

所有軍艦一艘跟著一艘響起「備戰！」停在東南灣的補給艦「卡斯托號」（Castor）副長大叫：「日本仔炸我們，日本仔炸我們！」「主力艦列」的「馬里蘭號」主力艦的廣播機和小型電喇叭，由號兵吹奏「備戰號」。

「奧克拉荷馬號」主力艦的備戰，先放空襲警報，一分鐘後播放備戰，這一次廣播的聲音很慎重：「真正的敵機！真正的炸彈！這不是演習！」

不過，大多數軍艦在艙底的官兵，卻需要更使人信服的憑證。在「海倫娜號」巡洋艦的消防兵麥西（Joseph Messier），對警鐘響起，很有把握地認為：這是副長的高明主意，使水兵上教堂。

珍珠港所有的軍艦官兵，在「備戰」聲中，慌慌張張、急急忙忙、擁擁擠擠，奔向戰鬥部署自己的定位。「奧克拉荷馬號」主力艦，挨了五枚魚雷，甚至在第一枚魚雷爆炸前，便發出了警報……「西維吉尼亞號」中了六枚魚雷，第一枚魚雷時，便發出戰備警報。這兩艘主力艦正對著東南灣，都是黃金目標。其次便是「維斯特爾號」擋住了「亞利桑那」主力艦一部分艦體。然後，「加利福尼亞號」遠在南端，也中了兩枚魚雷。「主力艦列」中，只有停在內側的主力艦似乎安全：「馬里蘭號」在「奧克拉荷馬號」內；「田納西號」有「西維吉尼亞號」作掩護。

最慘的為「奧克拉荷馬號」，第二枚魚雷使得全艦燈光熄滅，以後的三枚魚雷，使得艦體左舷的殘骸一掃而空，海水洶湧進入底艙，艦體傾斜愈來愈陡，更湧進到了縱緣附近，淹沒了艦艙。

副長肯沃西中校（Jesse Kenworthy Jr.）感到一下強烈的震動，聽到一聲響亮的爆

日機炸中了「奧克拉荷馬號」

炸，全艦立刻開始向左偏，他想走過油水滑膩的甲板到指揮台去時，又感到一下很沉重的爆炸，右舷高高升起翻過去，陷住了艙底的四百多名官兵。

「奧克拉荷馬號」翻覆時，「亞利桑那號」發生一聲猛劇的爆炸炸開來，二號砲塔的巨砲冒出了烈焰，接著就是前彈藥艙爆炸，前桅向前倒下，艦體前部完全都在猛烈的火焰中，濃煙和火舌兇猛地往外冒。

十二月七日這天清晨，太平洋艦隊司令基梅爾上將還在官邸著裝，等待證實「華德號」驅逐艦擊沉一艘潛水艦的報告。日本攻擊珍珠港飛行機隊總指揮官淵田美津雄中佐，他所率領的第一次攻擊隊機群，已經到了在哈雷華機場（Haleiwa）對面的一點，也就是在俄帕那陸軍雷達站以北幾公里處。七點五十分，淵田下

福特島「主力艦列」的巍巍戰艦冒起濃煙與烈焰

達「突！突！突」的總攻擊信號。整整一分鐘後，特別攻擊隊的村田重治少佐，下令全隊的四十架魚雷轟炸機進攻。在艾沃（Ewa）西北方分成兩隊，各有八架，分別由「飛龍號」松村平太大尉及「蒼龍號」的長井彊大尉，飛向珍珠港的西側。另外兩隊魚雷轟炸機，由「赤城號」村田重治少佐自己率領，和「加賀號」北島一良大尉領隊，這兩隊各有十二架，則向東南方飛，然後轉向北方及西北方，飛一個大弧形的航路，越過希康機場，從東南灣直撲福特島東側的「主力艦列」。

魚雷轟炸機都以兩架及三架的隊形進攻，每一名飛行員都有明確的訓示，即令冒了生命危險，也要逼近目標。倘若航炸員認為也許錯過了，飛行員就得重飛一次投雷航路，直到能確保命中為止。

這時，淵田美津雄已飛到巴伯岬對面，向所率領的十五架水平轟炸機，發出促！促！促！信號，和他發過的突！突！突！相同，不過這一次是專對自己這一隊發出投彈的攻擊信號。

高橋赫一少佐的五十一架俯衝轟炸機業已開始行動，撲向指定的目標。

在「西維吉尼亞號」主力艦上，甲板值更官布洛克斯少尉（Roland S. Brooks）看見南面遠處一下轟然爆炸，他以為出自「加利福尼亞號」內部。實際上卻是福特島一處飛機棚廠的濃煙與火舌。便下令「消防班！救難班！出動！」這一下，使得數以百計的官兵蜂擁到上層甲板來，使他這條船多了天賜的寶貴幾秒鐘；毫無疑義，也救了他們的命。

同時，大約在七點五十五分，長井彊和松村平太率領的特三隊和特四隊魚雷轟炸機，分別直飛福特島的西側。松村的飛機低得擦過甘蔗田，他感到了「無涯夏地的暖呼呼空氣」。不用幾秒鐘，兩枚魚雷抄捷徑在淺淺的海水中，奔向輕巡洋艦「洛利號」和目標艦「猶他號」。浪費了這兩枚無價魚雷，使得松村十分生氣；他特別指示部屬，要放過現在已成為靶艦的「猶他號」。可是年輕又沒有經驗的中島全大尉，以為他看見已有一枚魚雷擊中，他也照本宣科。「猶他號」遭擊中後，便向左舷傾斜漸漸翻覆。

「洛利號」甲板官還命防空砲手就定位，以為這是「日常空襲訓練」，可是在七點五十五分，一枚魚雷擊中了這艘巡洋艦，海水湧入前油機艙和兩處鍋爐間。

這一下震爆驚醒了比爾德爾少尉（John R. Beardall, Jr.），他是羅斯福總統海軍武官的少君，年方廿二歲。他一身睡衣跑到後甲板，一眼便見到「機身上的大紅球……就知道是怎麼回事。」他的防空砲五分鐘內就進行射擊，因為「洛利號」上所有七・六二公分防空砲，砲彈箱就在砲旁。八點零五分，「洛利號」向左舷急傾，儘管排水不斷，傾斜仍然增加。艦長西蒙斯上校（R. Bentham Simons）立即下令搶救以免沉沒。就在八點整時，日機一枚魚雷，就在「洛利號」與「底特律號」中間竄過，距後者的艦艉才二十五公尺，衝進福特島的泥灣中沒有爆炸。

就在這至關緊要的頃刻中，「蒼龍號」特三隊隊長長井彊大尉飛過福特島，原想炸乾船塢中的「賓夕凡尼亞號」主力艦，但見到繫留在船塢內，阻擋了魚雷。便對「阿格拉拉號」老佈雷艦投雷，這枚魚雷在「阿格拉拉號」船底竄過，炸中了停在內層的輕巡洋艦「海倫娜號」，震爆炸開了「海倫娜號」艦身缺口，「阿格拉拉號」也陪葬，兩小時後沉沒。長井彊創下了一彈雙艦的紀錄，戰果豐碩。

村田重治少佐炸「西維吉尼亞號」，與後藤仁一大尉炸「奧克拉荷馬號」，實際上為一起進攻。而後續的魚雷轟炸機相中了「亞利桑那號」，一枚魚雷從「維斯特爾號」船下竄過，在「亞利桑那號」的艦底爆炸。

日軍策劃「夏威夷作戰」中，主要目標為美方的主力艦、航空母艦、與巡洋艦。其他艦種和潛水艦、驅逐艦、與油輪之類，都屬機遇目標，並非主攻對象，不屑一顧。誰那麼白目，要把從六千二百三十三公里外陸海空聯運運來的一枚八百公斤魚雷，投向一條只有六百人的爛船上。偏偏在攻擊日的前一天，福特島東的「主力艦列」中，駛來一艘其貌不揚，並無大砲的修理艦「維斯特爾號」（Vestal），插上一腳，停泊在主力艦「亞利桑那號」外側。

十二月六日上午十點時，這艘號稱除開造艦外，無所不修的修理艦，艦長個子不高，體格精壯的楊格中校（Cassin B. Young），上了鄰艦「亞利桑那號」，拜訪「主力艦第一戰隊」指揮官基德（Issac C. Kidd）少將；修理艦的赫瑟少尉（Hesser）則和主力艦的輪機長，商談這個星期要做的工作。

楊格和赫瑟上午在「亞利桑那號」會談過以後，當天都在「維斯特爾號」上，准許一半的官兵休假。那天晚上，楊格在官艙進餐，赫塞少尉和其他官員則在官廳，聊到最近的國際局勢，和與日本開戰的危險。助理通信官赫爾准尉（Fred Hall），預言日軍會打珍珠港，說道：「他們定會攻擊這裡。」日本為甚麼要攻擊，何時攻擊，他卻沒有說，也沒有人問，這只是同袍間吹牛打屁冒出來的話頭之一。不過赫瑟卻決計忘不了。赫爾要值星期天清晨四點到八點的更，毫無疑問，他也一定記得自己講過的預言。

日機第一次攻擊隊的四十架魚雷轟炸機，在村田重治率領下，從北南兩方直撲珍珠港內的「主力艦列」各目標。每一架魚雷轟炸機的飛行員，都確切知道自己要炸的是甚麼軍艦。由於魚雷改裝和調整深度都還不久，村田飛掠海面，對正森森然矗立在當面的「主力艦列」，拉動投雷桿，魚雷脫離竄海，機身上揚，村田焦灼地等待觀測員的觀測結果。這時他以低於主力艦主桅瞭望台的高度，飛過兩艘主力艦身，聽到轟然震耳的爆炸聲，後座觀測員大喊：「阿塔利馬希塔！」（打中了）這種得勝的吼叫，從一架又一架魚雷轟炸機投出他們唯一卻致命的魚雷時，都這麼大叫開來。村田極度高興，以無線電報告：「魚雷命中敵主力艦，造成嚴重損傷！」

這正是「機動部隊」將領所等待的消息，是最重要的對米軍「主力艦列」魚雷攻擊的戰果。源田實心頭高興得磞磞跳；想到：這一下，這次攻擊會勝利了。指揮台上的南雲、草鹿和參謀們，外貌雖保持平靜，只互相交換眼光。南雲唇邊有了隱約的笑意——這是艦隊離開單冠灣後，源田實頭一次見到南雲的笑容。

「飛龍號」特攻第四隊的松村平太大尉機群，第二次向「主力艦列」飛時，朝「西維吉尼亞號」投下魚雷。「一根巨大的水柱向上衝過煙囪……接著又是一個，「好壯觀！」他告訴觀測員拍下照片，不料觀測員聽錯了，用機槍掃射後面的目標，把座機的天線都打掉了。

「直到這時，敵人才開始對我們猛烈射擊。黑黑的炸點污染了一度漂亮的天空。」松村說道：「其中甚至混雜了白炸點。那都是練習彈，米軍水兵砸開艦上彈藥艙，抓到砲彈就往上轟。」

也是運氣，「維斯特爾號」的甲板值更官，便是先一天晚上預料日本會攻擊珍珠港的赫爾准尉，他一眼見到轟炸機翼上的紅圓盤，便下令備戰；可是艦上的航信士官長，下巴翹起來瞪著赫爾，以為他失心瘋了。「他媽的，」赫爾吼道：「我說了備戰！那些是日本飛機。」他自己在七點五十五分扯動備戰號，八點零五分，全艦射擊。日機第一枚炸彈炸中左舷的一一〇船肋，第二枚命中右舷四十船肋處。每一枚炸彈都炸死一個人，傷了好幾個。

日機收拾掉「奧克拉荷馬號」，似乎集中全力攻擊「亞利桑那號」和「西維吉尼亞號」。日本轟炸機的一枚炸彈，炸中了「亞利桑那號」二號砲塔邊，引爆了前彈藥艙，引起無法形容的可怖爆炸，一聲霹靂和震爆，全艦幾近一千名官兵，包括在指揮台上的指揮官基德少將和艦長瓦爾肯堡上校，在熊熊大火的震爆中死亡。難以置信的，依然有人活下來，艦上陸戰隊分遣隊隊長夏普勒少校（Allen Shapley），人從前桅被爆炸拋出去，脫離了艦身，雖然身體一部分癱瘓，還是在一層污油的海水中游到了福特島。

「亞利桑那號」的這一下猛爆，艦上的損害管制官富卡少校，想到艦身前面救火；遇到一些水兵告訴他，看見一枚炸彈落在煙囪裡。但有些倖存的人認為不正確，指出煙囪的角度，不可能落進炸彈；如果有，應該在鍋爐艙爆炸而不會引爆艦前的彈藥艙。

富卡躊躇了一下，下令前彈藥艙灌水，又見到小艇甲板所有槍砲已停止射擊，全艦狀況已不再能作戰，便下令棄船和拯救傷患。

奇怪的是，摧毀了「亞利桑那號」的大爆炸，反倒救了停在舷旁的「維斯特爾號」。那就像一把莫大的燭蕊剪般，一下便吹滅了全艦的烈火，也把數以噸計的拉拉雜雜拋在全艦各處甲板上——艦體的零件、人腿、胳臂、腦袋、形形色色的屍體，甚至拋過來活人。這一炸把「維斯特爾號」的官兵一百多人都拋進了大海，包括了艦長楊格中校在內。但是艦上官兵開始救起「亞利桑那號」燒傷落海的人。吊上修理艦，打一針嗎啡；忙著儘快把他們送進海軍醫院或者「安慰號」醫療船去。

大約就在這時候，副長下令棄船。正當第一批兵員開始離船時，一個就像海中怪物的人形，從海港爬了出來，挺身站在過道上。原來是艦長楊格中校，他滿面滿身滴著黑油，但比一身浸透油污更糟的是，他問甲板官：

主力艦「亞利桑那號」

修理艦「維斯特爾號」

修理艦「維斯特爾號」

日本轟炸機的一枚炸彈，炸中了「亞利桑那號」二號砲塔邊，引爆了前彈藥艙，引起無法形容的可怖爆炸，一聲霹靂和震爆，全艦1102名官兵，包括在指揮台上的指揮官基德少將和艦長瓦爾肯堡上校，在熊熊大火的震爆中死亡。

「亞利桑那號」爆炸沉沒

「你們想到甚麼鬼地方去？」

「我們棄船了。」甲板官報告說。

「收回棄船！」楊格咆哮如雷：「你們有我在，不棄船。」

「亞利桑那號」爆炸的碎屑也落在「田納西號」上，造成的損害比日機的兩枚炸彈還多。日機繼續炸「亞利桑那號」，除開魚雷外，還命中了八枚炸彈，大約在晚上十點三十二分，這條船變得完完全全支持不住。全艦官兵一千四百人，攻擊後死裡逃生的不到兩百人。

太平洋艦隊司令基梅爾上將麾下，第二把手便是「主力艦部隊」（Battle Force）指揮官派伊中將（William Satterlee Pye）。十二月六日，司令部情報官雷頓少校（F. Y. Layton），在上午八點時接到華府電報，有關亞洲艦隊發現了日軍動靜。便向司令報告，狀況嚴重。基梅爾希望對這件事獲得更多意見，便命雷頓帶了這份電報去見派伊，看看他的反應。

因此，雷頓便急急趕到「加利福尼亞號」旗艦，這艘主力艦碇泊在福特島東側「主力艦列」的最南方。派伊指揮官和他那位精幹、鎮定的參謀長特雷恩上校（Harold C. Train）接見了他。派伊看了電報，便問雷頓：

「日本人向南方前進，你認為是甚麼？」

「問題在於，日本人會不會讓他們的側翼洞開；或者在南進時，會不會拿下菲律賓。」

「你認為他們會讓側翼敞開嗎？」派伊問道。

雷頓答得很簡單：「他們從來沒有過。」

經過一陣細想後，派伊決定：「日本不會同美國打仗，我們太大、太強、太壯了。」他轉頭對著特雷恩：「哈樂，你同意嗎？」

「百分之百。」

「加利福尼亞號」主力艦，單獨碇泊在F－3錨位，在福特島邊緣，位於油輪「尼阿學號」（Neosho）的南面，正在珍珠出海水道的方向。第一次攻擊隊的日機飛來時，特雷恩感到艦身有兩下各別但卻悶糊糊的重擊，那就是兩枚魚雷正中目標，馬上艦身開始向左偏；這時艦上的防空砲開火射擊。不過，這天早上，珍珠港中所有的主力艦中，就數她最沒有能力抗衡攻擊。由於為了星期一的檢查，艦上好幾處人孔蓋都已拆除，其他人孔蓋都已鬆開。兩枚魚雷爆炸，海水便湧進了燃油系，燈光和電力都沒有了。一位機警的費恩少尉（Edgar M. Fain），立刻指示平衡充水，才算保住了沒有翻覆。

錨地的海水，由於艦隻傷損漏出來厚厚一層的燃油浮在海面，熊熊起火，整個「主力艦列」的海域成了一片火海。特雷恩說：「那是這一天中最恐怖的情景，看到那些起火的海水隨著潮水移動，向水道燒過來，那真是像鬼火一般怪異、威脅、和危險。最糟的是，沒有辦法加以撲滅。」到十點十五分時，起火的油海燒到了「加利福尼亞號」四週，艦長邦克利上校（J. W. Bunkley）得到指揮官派伊准許，下令棄船。可是不久以後，火海離開了艦身，邦克利又取消了這個命令。但無論如何，「加利福尼亞號」已不宜作為指揮部，因此派伊本人和參謀便移往艦隊司令部去。基梅爾司令告訴他們：「我需要你們官兵。」儘管這次恐怖浩劫，使得基梅爾震驚，卻仍然只想到要還擊日軍。

然而，「加利福尼亞號」漸漸沉在淺海中，冒出來的濃密黑煙，就像是送終的壽衣覆蓋了全艦。幾艘拖船全力推住船舷，以免她翻覆；只有在艦艉，依然飄揚著一面星條旗。

在「亞利桑那號」上與熊熊大火相抗衡的損害管制官富卡少校，在極為心傷的艱困中，仍然想到，挨在本艦旁邊的「維斯特爾號」得離開。八點四十五分時，他下令砍斷修理艦的前纜，後纜業已分開，沒有舵輪下，全靠兩具油機還在運作，由一條拖船把船頭推著離開熊熊大火的主力艦。修理艦開始向右偏側，海水進艙，淹沒了裝配艙和鍛工艙。九點四十五分，楊格艦長對赫爾少尉說：「這條船不行了，我們最好讓她擱淺。」他們設法讓這條修理艦擱淺在珊瑚礁上，沒有沉沒。

珍珠港一役中，「亞利桑那號」主力艦和「維斯特爾號」修理艦上的四員將校：基德少將、瓦爾肯堡上校、富卡中校、和楊格中校四員，二死二生，都奉頒國會榮譽勳章。

在潛水艦基地行政大樓中的太平洋艦隊司令部，莫菲中校還在打電話給基梅爾司令，呈報「華德號」驅逐艦發現一艘舢板的報告時，一名水兵衝進室內報告說道：「信號塔發出文電，說日機正攻擊珍珠港，這不是演習。」莫菲便把這項消息傳給基梅爾，然後告訴通信官，以無線電報報告海軍軍令部長、大西洋艦隊司令、及亞洲艦隊司令、以及所有海上艦隻：「珍珠港空襲中，並非演習。」這項文電在八點整發出，但是貝林格將軍已在七點五十八分，將類似的電文發給港內所有軍艦，因此華府業已知道了。

莫菲這時打電話給巡邏機第二聯隊，樂觀地問雷姆賽中校，還有多少飛機堪用。回答是「我不認為自己還有半架，不過我正在把能找得到的拼到一起。」

在瑪卡拉帕（Makalapa）社區山上，是海軍將領眷區所在。太平洋艦隊司令基梅爾將軍，聽到莫菲中校電話報告後，便跑到院子裡，站了一兩分鐘，親眼見到日軍魚雷轟炸機群飛第一次攻擊的投雷航路。在他不遠處，是布洛克將軍參謀長的太太厄爾麗（John Earle），她在這一陣子倒是說得很平靜：「好像他們炸中奧克拉荷馬號了。」

基梅爾回答說：「不錯，我看到他們已經炸中了。」

在珍珠港東面的陸軍希康機場飛行塔台內，基地指揮官法辛上校，依然在等候從大陸飛來的十二架B－17重轟炸機。卻見到西北方向，有長長稀薄的一線飛機飛過來。看起起像是艾沃

（Ewa）機場陸戰隊的飛機。它們開始俯衝時，法辛對副官處長伯素夫中校說：「很逼真的演習！我不知道陸戰隊在這麼清早的星期天，要對海軍幹些甚麼把戲。」話猶未了，一架飛機猛然低頭撲向希康機場，機身上的紅日機徽耀眼，還有人說：「瞧瞧，這是演習紅隊的一架。」

這架日機投下一枚炸彈，炸中了夏威夷航空站龐大的修護棚廠。這是從南方飛來對希康機場俯衝轟炸的第一架日機，沒人十分清楚，炸希康機場的，是這一長行的飛機，還是俯衝轟炸福特島後拉起的一批飛機。不到一下子，這兩批飛機無處不在——掃射地面人員以及排放得整整齊齊的美機……對著棚廠與營房俯衝投彈。

陸軍營房中，大多數人還高臥未起，珍珠港的第一批爆炸聲，驚醒了謝伍德下士（John Sherwood），他起了床，一面臭罵海軍，一面想找點東西讀讀。正當他東走西走時，一眼從窗戶中，望見夏威夷航空站炸成了一片煙火，他只穿了短褲便跑出去找安全地點躲避，同時大喊大叫：「空襲！真的空襲！」

日機第一次攻擊隊第二大隊所有五十一架俯衝轟炸機，和第三大隊的四十三架戰鬥機，受領的任務是殲滅夏威夷的空軍兵力。它們同其他飛機分開，在第一枚炸彈投向主力艦前的一瞬間，以分秒不差的時間，同時攻擊惠勒機場、希康機場、福特島海軍航空站、和其他航空基地。

珍珠港遭炸得地覆天翻時，位置在歐胡島中央的美國陸軍航空隊戰鬥機基地惠勒機場

（Wheeler Field）卻寂然無事。它是美國陸軍戰鬥機最強大的基地，P－36和P－40戰鬥機的總數，是淵田集結兵力的兩倍。指揮官胡洛得上校，已經採取實際的措施，保護他的飛機，他曾急急構成一百多處馬蹄形的土質飛機疏散掩體。但是，不顧胡洛得焦急的抗議，這些飛機仍然沒有進掩體，憂心忡忡的蕭特將軍，害怕當日本僑民的破壞活動，命令把飛機整整齊齊擺在棚廠前面，由一支重裝備的警衛部隊來加以把守。

八點零二分，「瑞鶴號」板本明大尉所率領的第十六隊二十五架尖嘯的俯衝轟炸機，對著惠勒機場衝下來，投下破壞力強大的炸彈，然後繞一個圈，折回來掃射密集的飛機、棚廠、和營房。零式機也加入轟炸機，不斷進行破壞，把基地打得七零八落。有時候低飛到飛行員後來在起落架上發現繞住許多設施上的斷電線。惠勒機場第一架飛機被打中，立刻就成了一條火焰的噴泉，引爆了旁邊的一架，直到棚廠前面的整個地區，就像是流動的火河。

不管是否獲得奇襲性的攻擊，大多數的日本飛行員們，都抱著直接飛向大限的心情。「瑞鶴號」航空母艦上二十八歲的俯衝轟炸機飛行員江間保大尉，就像許多他的同僚一樣，在攻擊的前夕立下遺書，他的確沒有預想到還能見到他那漂亮的太太、和一歲的女兒。這是他第一次作戰，他以為天空中會滿是猛烈的防空砲火、和美國的攔截戰鬥機。當他飛到目標上空，他簡直難以相信，這麼容易就接近了，天空裡沒有美國飛機，少到幾近沒有的防空砲火。在惠勒機場上空，有些俯衝轟炸機投彈以後，又折回來掃射了四五次，卻沒有一架被打下來。

「看起來不像作戰，到很像一次演習。」江間保大尉後來說。

美國驅逐機第十四聯隊長達維森准將，是一位魁梧、英俊的德州佬，炸彈落下來時，他正在浴室裡刮臉，他衝到外面，正看到日機把惠勒機場打成了一團糟，又看見他那對雙胞胎女兒——十歲的法蘭西和裘莉亞，在很開心地跳跳蹦蹦穿過草地，不禁嚇壞了。

她們根本就不曉得甚麼危險，只忙著撿那些落得遍地都是希奇發亮的小玩意兒，那些都是攻擊飛機落下來的子彈殼。達維森幫著太太，把小孩搶回屋子裡，便跑到他的聯隊部去作直接的抵抗。他像個憤怒的野蠻人般大聲吼叫下達命令，同所屬的官兵狂熱工作，把那些沒有被打中的飛機，用手從起火的飛機中間，推到安全地區裡去。

「我們的槍沒有裝子彈，」達維森在一九四一年十二月十六日，對指定調查這次事件的羅勃委員會報告說：「那才是我們最大的困難，尤其是我們一個儲藏彈藥的棚廠起火，所有的彈藥盡付一炬。」

攻擊還沒有過去，很多棚廠已經燒成了敞棚、變成了焦黑的殘骸。炸彈落在士兵營房裡，就地炸死了數以百計的士兵，重傷的人更多，許多士兵在營房中掙扎、流血、呻吟、和死去，但是他們在苦痛中，仍然協助別人走向安全的所在。

雖然惠勒機場已經成為備受驚駭、幾近瘋狂官兵們的混亂營區，但仍然實施反擊，「官兵們在呼嘯的炸彈和子彈下，仍然奮勇抵抗。」胡洛得上校說。

但是這些太過於懸殊，日軍的轟炸機和戰鬥機機隊，離開他們轟炸、掃射的血腥儀式後，惠勒機場的景象，是一片破壞和廢墟；滾滾的濃煙和火焰衝上了天空，隨著風向轉向西方，大部份飛機成了破銅爛鐵，日本人已經消滅了達維森將軍手下三分之一以上的P－36和P－40戰鬥飛機。

日機轟炸珍珠港，避開停泊在歐胡島上的醫療船「安慰號」（Solace）。可是俯衝轟炸機炸中乾船塢中的「蕭號」（Shaw）驅逐艦時，爆震的力量使得美國海軍醫院的玻璃震碎，爆震波使得院中的醫護人員衣袍頭髮都鼓動起來，就像陷入了旋風一般。

海軍醫院有三百個床位，但到了十二月七日午夜時，已收容了九百六十名傷患，還有三百一十三具屍體，都像木柴般堆放在室外。

淵田美津雄中佐所率領的第一次攻擊隊一百八十三架飛機，由於猝發攻擊，把美軍打了一個措手不及，毫無還手之力，損失慘重。

依據淵田美津雄中佐所作的「真珠灣奇襲戰果圖」，圖上顯示日機首擊建功最大的，為村田重治少佐第一大隊的四十架魚雷轟炸機，他們所奉到的命令為攻擊主力艦，連驅逐艦、潛水艦都不屑一顧；發射出去的四十枚魚雷，三十六枚炸中目標，命中率高達百分之九十。

奧克拉荷馬號被魚雷炸中傾覆

第三十三章
池魚之殃

十二月七日上午七點半，希康機場飛行管理室內，聚集了一批陸軍航空隊軍官，都很興奮，等待一支從大陸飛來的新生力軍過境。

華府陸軍航空隊總部派給菲律賓陸軍航空隊十四架全新出廠的B－17D「空中堡壘」重轟炸機。先一天晚上從加州漢彌爾登機場（Hamilton Field）起飛，要在浩瀚無涯的太平洋上空，飛行三千八百四十公里，預定十二月七日晨，在歐胡島的希康機場降落。

不料這一次出師犯厄，全隊起飛後，就有兩架因為故障而折返，只有十二架繼續飛行。它們分屬偵察機第三十八中隊及第八十八中隊。飛長途，主要考慮為燃油，由於這是從美國機場飛往另一處機場，載重著重油料，多多益善。載上機關槍似乎並不需要。由於這個決定（當時

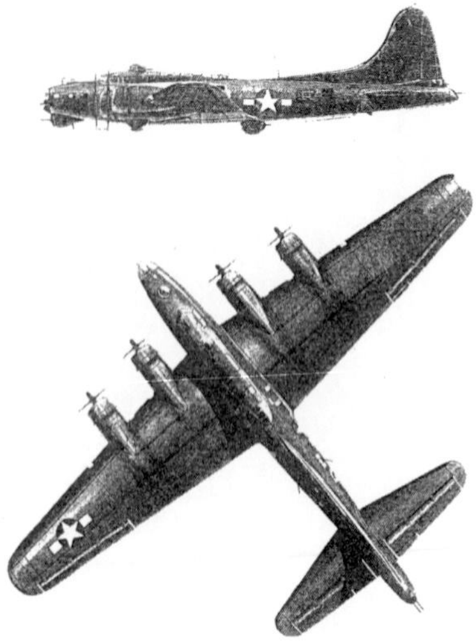
十二架全新的B-17D「空中堡壘」重轟炸機飛到了歐胡島烈焰騰騰的修羅場。

是一個正確的決定），這批「空中堡壘」在離開加州以前，便解除了武裝。為了調整燃油消耗後的重量，機工長還率領機員，把機身後艙的裝甲鈑移到前艙。

誰知道他們赤手空拳，竟飛進了一處烈焰騰騰的修羅場……

十二月七日晨七點五十五分，「瑞鶴號」上第二大隊第十六隊隊長坂本明大尉在九九式俯衝轟炸機瞄準鏡中窺視，瞄準後拉起投彈桿，投下一枚兩百五十公斤的炸彈，緊跟在他後面的，是二十四架九九式，以人字隊形向下猛撲事先指定的目標。

就在這一剎那，六架「空中堡壘」重轟炸機飛向希康機場，長機為偵察機第八十八中隊隊長卡米歇爾少校（Richard H. Carmichael），和在他後面飛的五架「空中堡壘」，構成了第一分隊。另外六架的第二分隊，在他們後面還有一段距離。卡米歇爾和機員都累了，他們在空中飛行了十四個小時，即將落在結實的地面，是最指望不過的事。

這是個美麗的星期天早晨，遠望綠綠的島群，間或有朵朵白雲點綴。有機員指著前面，又指指旁邊，向機長報告空中有許多非比尋常的小飛機。他們都笑了，顯然這些是來歡迎「空中堡壘」的私人飛機。這些飛機大多數都往同一個方向飛，直飛希康機場。

事實上，有些飛機業已飛到了希康機場，一馬當先的為「翔鶴號」第二大隊第十五隊隊長高橋赫一少佐，他那一隊比坂本明這隊還多一架，一共是二十六架九九式俯衝轟炸機。以完美的一致動作狂嘯撲向希康機場地面的美機、棚廠、設施、和防務。高橋先飛到，不幾分鐘，卡米歐爾也飛到了，機場已爆炸成了一處熊熊火焰山。「空中堡壘」的機員在這個高度，看得見機場向上湧冒的濃煙，沿著飛行線棚廠與房舍內，都跳出明亮的火舌。

「空中堡壘」的機長，飛到目的地，都會按事先的規定，解散編隊隊形，一架架單機落地。卡米歐爾此刻看到希康機場，甚麼事都不明白，好久好久才體會到，他離開加州和飛到夏威夷這段時間中，世界已經地覆天翻。在他們前面的是一場大規模戰爭。他便在希康機場脫離編隊，另找別的地方降落；僚機機長查芬中尉（Harold N. Chaffin）認為，最好的辦法還是緊緊跟著「隊座」飛。

機員們覺得自己赤裸裸飛在空中，這時，他們全見到其他的飛機對著它們的目標不斷地俯衝，拉起，盤旋，車輪般攻擊。好幾個機員喊了出來：「老天！它們是日本仔！」卡米歐爾和查芬的飛機上，半挺機關槍都沒有，他們只有兩手手指頭交叉，禱告敵機不太注意自己，所能做的便是逃之夭夭，飛走。

希康機場位置在歐胡島南部的中央，接近檀香山市。卡米歐爾往東北方飛，市區在飛機右側，飛到貝洛斯機場，發現那裡也被日機炸得四分五裂；挨近的卡內奧赫機場也是一樣。算他們走運，日機還沒有對他們這兩架毫無還手之力的老母雞下手。這時他們轉向西北方飛，飛過歐胡島中央到了惠勒機場，又遇到了從地面湧起一片翻翻滾滾的濃密煙雲。防守的美軍開始反擊，稠密的防空砲火，使得這一帶的空域更危險。他們只見到惠勒機場上，一長列一長列停放的戰鬥機，一排又一排嶄嶄新的P－40戰鬥機正自烈焰騰騰，熊熊火起。

空圖上標示出，離惠勒機場不遠，有一處供戰鬥機緊急降落的哈雷華著陸場。轟炸機的油料越來越少，卡米歐爾十分焦急，要趁著還沒遭到攻擊時落地。可是哈雷華著陸場的跑道只有四百公尺長，以戰鬥機的標準都很短。卡米歐爾覺得別無選擇，便轉彎迎風，放下起落架和襟翼，以接近失速的速度，把這架四發動機的重轟炸機「拖」在跑道上；後面的查芬也把他的「空中堡壘」安全拖住，這兩位飛行員都表現了出色的飛行技術，安然落地。

後面的三架轟炸機，機長分別為布蘭丹中尉（Harry N. Brandon）、羅爾中尉（David G. Rawls）、和撒克中尉（Robert E. Thacker），由於油量極低，他們決定在希康機場降落，卻立刻受到一陣火力的洗禮。B－17機機內的金屬破裂聲嚇死人，他們在機場轟上來的猛烈防空砲火中飛過去；但更可怖的，便是見到陌生的日本零式戰鬥機衝下來掃射。天空中的日機多得使美機就像和他們編隊飛行，日本的俯衝轟炸機後座的射擊士，抓住這個機會，向這三架美國大飛機灌鉛彈；「空中堡壘」的機員幸而沒有人受傷，三架飛機辦到了在希康機場安全降落，機員急急忙忙爬下飛機找掩蔽，躲過了零式機來自機場兩側的掃射。

在第一分隊飛第六架「空中堡壘」的機長為博斯特倫中尉（Frank P. Bostrom），他一頭撞進了馬蜂窩，被希康機場的混亂與大火黑煙弄糊塗了，卻終於連絡上了機場塔台。塔台的航管官可能比這位機長更迷糊，在猛烈的空襲中，說機場正遭受「不明機」攻擊，要他「從東往西」降落。

博斯特倫準備降落，卻遇到一陣咆哮的防空砲火。地面的美軍砲手，在滿空都是日機時，並不等一下分辨分辨這可能是友機，只見這架B－17D是空中最大的目標，就槍砲齊放轟上去。砲彈的碎片炸進了機翼與機身，砲彈爆炸的震爆波，一錘錘朝「空中堡壘」砸。博斯特倫並不停留，讓友軍防空砲打下去，立刻加大油門，儘快使飛機載了他和機員「衝出地獄」。他們在附近的雲層中，得以暫時躲避攻擊，可是油量越來越低，還是要降落，便破雲再往希康飛，這一回塔台卻命令他不得降落。

博斯特倫便在機場上空兜圈子，這時，六架日本零式機決定，比起掃射地面飛機來，這架「空中堡壘」是一個肥滋滋的好目標，便飛過來以機關槍和機關砲攻擊。博斯特倫以全油門俯衝儘可能低飛逃避，日機緊追不捨，幾幾乎沿著歐胡島追上一圈。「空中堡壘」從機頭到機尾都是子彈孔，機翼就像是篩子一般，日機的機關砲打掉了兩具發動機，副駕駛連忙使剩下兩具發動機的螺旋槳順槳。

博斯特倫以超低空飛越歐胡島，零式機琢磨敵人這架大飛機摔定了，便從這場追逐戰中拉起離開。「空中堡壘」只有兩具發動機，機身七零八落，油量表歸了零，博斯特倫找地方降落，選了最近的一塊開闊地——一處高爾夫球場——把這架四發動機的重轟炸機作了次穩穩當當的落地。

在卡米歇爾分隊後面，相距四十分鐘時間的第二分隊六架「空中堡壘」，由偵察機第三十八中隊的中隊長藍登少校（Truman H. Landon）領隊。

這六架轟炸機飛到希康機場時，正好是日機第一、二兩次攻擊中間的空檔時刻。艾倫中尉（Bruce Allen）不失時機，立即儘快進場降落，沒有發生事故。另兩架B－17D機，也落在跑道上，落地比飛過濃煙和躲避跑道上的坑坑洞洞和殘骸，要容易多了。

然後，日軍第二次攻擊隊的轟炸機與戰鬥機飛到，爆發了激烈的戰鬥。巴特爾梅斯中尉（Karl T. Barthelmess）飛行中，發現一批日本轟炸機為他護航同飛，日機上的射擊士對著這架「空中堡壘」，噴射出長長的彈流。有幾架零式機掠過，後來都注意集中在斯溫森上尉（Raymond Swenson）飛的那架B－17D上。在進場與落地時，沒有機員受到傷害；不過，即令斯溫森落地煞住，這些零式機低低飛來，對著這架轟炸機猛轟，機關砲彈把機身轟成兩段，機員都逃了出來掩蔽；只有一個人不幸，航空醫官希克（William R. Shick）在爬出機身殘骸時，被零式機擊中死亡。

第二分隊六架轟炸機中最後一架的機長為理查茲中尉（Robert H. Richards），他根本就沒法落在希康機場的跑道上，零式機來得既快且狠，機關槍彈和機關砲彈從機頭打到機尾。有兩架零式機在一次長長的掠襲中，打掉了這架「空中堡壘」的副翼，機身嚴重損傷，兩名機員重傷。理查茲加大油門，安然飛越歐胡島南部，飛到戰鬥機機場的貝洛斯，那裡的跑道只有八百公尺長，又是順風落地，幸而油量已罄，他藉機腹擦地滑到了跑道頭，總算安全救了機員。

這十二架全新的B－17D「空中堡壘」重轟炸機飛到了歐胡島，時運不濟，剛剛趕上史無前例的三百五十架日機對珍珠港攻擊，他們毫無還手之力，卻僅僅損失了一架；三架重創，後來都經修復參戰。當時的情況，宛同火獄，他們赤手空拳飛進一場猛烈的熊熊烈火內，生命與飛機，都沒有遭到更重大的損失，可以說是奇蹟了。

第三十四章
「派個連絡官給你」

駐有七十多架轟炸機的希康機場，酣睡在清晨的陽光下，日本人最畏懼它航程和打擊力的新型四發動機B－17「空中堡壘」重轟炸機，一共有十二架。所有的轟炸機，也像惠勒機場的戰鬥機一樣，整整齊齊排列在棚廠前面，就像是鳥巢中剛孵化的一窩小鳥般密密麻麻無依無助。

突然，一陣發動機震耳欲聾的咆哮，劈開了清晨的寧靜空氣，一片機雲從北方迅速衝下來，這批來襲的飛機很快分開，指向不同的方向。高橋赫一少佐率領的第十五隊兵分兩路，九架九九式俯衝轟炸機指向希康機場，它們的任務是破壞這個基地。

夏威夷陸軍航空隊指揮官馬丁少將，最近剛把指揮部移到希康基地。他那位能幹而極得人緣的參謀長馬利生上校，炸彈爆炸時，正在刮臉。他急忙著裝跑到辦公室，立刻打電話給蕭特將軍的參謀長費利普上校，報告已遭日機攻擊，費利普簡直就不相信。

「你簡直是失心瘋了，傑美，」他的回答馬利生至今還記得清清楚楚：「你是怎麼回事？你喝醉了嗎？醒醒！醒醒！」

又氣又痛苦的馬利生咬緊牙關，舉起話筒，讓費利普聽一聽爆炸的聲響，最後費利普才明白發生了怎麼回事。

「我聽到了，」他說：「我聽到了，你要我做些怎麼？」然後，若有所悟地說：「我告訴你好了，我馬上派個連絡官給你。」

在這千鈞一髮的頃刻，天花板卻倒塌了——恰恰加深了馬利生的驚異和沮喪。

馬丁將軍大約在馬利生之後十分鐘到達指揮部，立刻自動向樓上辦公室走去，但是馬利生已經在樓下，臨時佈置了工作場所，精明地阻止住他。

「指揮官，請不要上樓，」他說：「那太危險了，如果您在樓下，最低限度，您和敵人間隔了兩層屋頂。」

馬丁很賞識這項見解，便坐在馬利生的辦公桌後，另一個則忙著執行參謀長的工作。

馬利生深切關懷他的頂頭上司，馬丁的健康一直不佳，那天早晨顯然更是個病人。事實上，一個老潰瘍已經開裂，當時正內部出血，灰色的面容和失神的眼光，現出他受了震恐。但後來他在羅勃委員會坦率作證時，表現出不管他的精神上是壓垮了，卻不失為一員飛行軍官。

「那個時候，我們的野心是想儘力之所及，去找到那些航空母艦，」他說，值得注意的，是他說「那些航空母艦」，即令在作戰的極早期，他已深感必須要去對付不止一處的敵人。

「我打電話給貝林格海軍少將，他是當地海軍航空部隊指揮官，」馬丁在作證時繼續說：「一如各位所知，海軍負責搜索。這次轟炸那麼猛烈，我們彼此很難聽得清楚，他說他沒有情報資料供給我，不曉得往哪個方向去找那些航空母艦。」

那都無關宏旨，不論馬丁也好，貝林格也好，都沒有足夠的飛機，去向日本艦隊挑戰。一九四一年三月三十一日，也就是八個月以前，他們兩位曾呈出一份海陸軍的聯合報告，指出會有日本航艦奇襲珍珠港的可能，這些航艦將駛到距離本島五百公里處。但是，他們認為可以阻止這種攻擊：應當使用長程飛機，實施經常性的空中巡邏。可是，這種性質的飛機沒有到達；而他們兩人，沒有一個記得起那份有名的〈馬丁與貝林格報告〉，多麼精彩！多麼準確！——而現在卻是多麼諷刺、多麼悲劇似的一無用處！

福特島上，貝林格將軍的海軍ＰＢＹ巡邏機，只剩兩三架在外形上還可以起飛，不論如何奮勇努力去修理那些損壞了的飛機，這種努力首先就碰到了板板六十四的作業程序。雷姆賽中校記得，一位負責備份零件倉庫的老經理軍官，即令在攻擊下，也不肯丟開多年來良心的習慣。沒有適當的表格和上級批准，一個螺絲釘也休想領出倉庫。

「沒有簽署的撥發憑單，我就不發補給品。」他直截了當的說。

貝林格將軍這下可真冒火了，這位性情最好的將軍，發作了他極少有的一次脾氣，他召集了一些上了刺刀的陸戰隊隊員，把他們帶到補給倉庫，簡單乾脆的下達命令：「孩子們，你們要甚麼就拿甚麼！」

擅長以軍伍生活作背景的美國小說家詹姆士瓊斯（James Jones 1921-1977），他在一九五一年出版的第一部長篇小說《亂世忠魂》（From Here to Eternity），在美國文壇打響了字號。便是以珍珠港遇襲的前後為背景，敘述駐夏威夷美國陸軍步兵第二十一師（實際番號為步兵第二十四及第二十五師）第八連官兵生活的故事。後來拍成電影，由六零年代熠熠巨星如法蘭克辛那屈、畢蘭卡斯特、黛博拉寇兒等主演，叫好叫座，獲頒八座奧斯卡金像獎。書中便寫了日機轟炸珍珠港的陸軍軍營，零式機不斷掃射營房，士兵們要抵抗，有槍沒子彈，軍械士卻拒發彈藥……

他們出來向走廊走，發現阿兵哥擠在一堆，正和補給室前面的軍械士瑪列亞克斯吵得不可開交。

「俺他媽才不在乎呢，」瑪列亞克斯說道：「那是俺的命令，沒有當官的簽字，俺半發子彈都不給。」

「你這個豬頭，」有些人氣憤憤抗議：「這裡沒有半個他媽的當官的呀。」

「那就沒子彈。」瑪列亞克斯說道。

「當官的也許要到中午才來呀。」

「弟兄們，對不起，」瑪列亞克斯說：「那就是俺得到的命令，羅斯軍械官親自給俺的。沒有他簽字的命令，就沒有子彈。」

「這他媽的究竟是怎麼回事？」士官長華敦走過來問道。

「老大，他不讓我們有子彈。」一名士兵說道。

「他鎖了軍械室，鑰匙都在他屁股兜裡。」另一名士兵說。

「把鑰匙給他們。」華敦說道。

「士官長，那是俺得到的命令，」瑪列亞克斯說，搖著腦袋不肯：「俺一定得要有一個當官的簽字，才能發子彈給當兵的。」

營院的西南角，一架日機轟然衝下來掃射，飛過時，曳光彈嘩嘩啦啦打在走廊和牆上，擠在一起的人連忙向樓梯間衝。

「去他媽的命令，」華敦吼道：「把他媽的鑰匙給他們。」

瑪列亞克斯手護住了口袋：「士官長，俺不能給，俺有命令，軍械官親自下的。」

「好吧，」華敦說得很自在：「班長，把門踹倒。」對著瑪列亞克斯說道：「你別作死擋在那裡。」

機槍班長喬特和兩名機槍兵往後退，作勢要往軍械室門衛，一個大塊頭班長加上兩個瘦削的機槍兵。

瑪列亞克斯一步站在門前：「士官長，你們不能這麼幹。」

「衝過去，」華敦對著喬特笑：「把門衛垮，他會讓開的。」

喬特和兩名機槍兵像攻城鎚般向補給室門衛過去，瑪列亞克斯讓開，門衛得嘩啦啦響。

「士官長，這是你的責任，」他對華敦說：「俺可是盡了最大責任的。」

「好呀，」華敦說道：「你會得動章的。」

「記得俺警告過你，士官長。」瑪列亞克斯說道。

「你他媽的別擋我的路。」華敦說道。

連撞三次，才算撞鬆了木螺絲，即使耶魯牌的夜鎖也撞開了。華敦第一個進去，從槍架上抓起一枝白朗林自動步槍連同裝滿子彈的彈夾遞了出來，一共遞出來三枝，每一枝都附帶一個滿是彈夾的子彈袋……

但在很多情形裡，人們在危機中本能地一躍而起，馬利生特別記希康基地中的一個士官，這是個老而自命不凡、過去曾經得過勛獎的老戰士，因為他別的事甚麼也做不成，大部份時間只是修剪草地和做做其他雜務。但是在攻擊珍珠港的這天，他表現了無上的勇氣，不知怎麼被他弄到一挺機關槍，對著攻擊的飛機射擊，先挾在大腿中，後來又放在肩上打。當然像這種實力懸殊的比賽，只有一個結局，他終被砍倒。但是希康基地的每一個人，都記得他那種在戰火下的勇氣。

攻擊前幾分鐘，希康基地一位轟炸機中隊的中隊長——亞倫上尉，接了一個由美國本土打來的電話，是他那身懷六甲的太太，從弗羅里達州娘家打來的。他太太在夏天就回了娘家，現在正耽心太平洋的惡劣情勢，正盤算要不要回夏威夷；亞倫上尉告訴她，等到時局平靜後再回檀香山好了，他到時候會安排行程，會告訴她的。

他剛剛掛上電話，一連串爆炸的震動撕裂著空氣，馬上他就曉得是日本人的攻擊，亞倫只有一個想頭，把他的B－17機起飛作戰。

他以最快的速度跑到待命地區，發現日本人「把每一樣東西打成了亂七八糟」，第一批炸彈有一枚炸毀了一個修護棚廠，另一枚炸中了供應大樓，把千千萬萬的螺絲帽、螺絲桿、和輪子，從天空裡撒下來。這裡也像惠勒基地，士兵的死傷最慘重，一枚炸彈恰恰落在這有三千士兵營房的餐廳裡，很多士兵正在進早餐，他們在極度的苦痛、狼狽、流血、呻吟中，攙扶著受傷人員向外面湧出來。

「老天，這是怎麼回事？」他們問道。

很多人從此不知道了，這時，一枚日本的殺傷彈，落在外面密集的人叢間，炸成了一堆可怕的、血肉模糊的屍體。

有些炸彈炸開了水管，噴起三公尺到五公尺高的水柱，毀掉了希康基地的消防器材，使得他們幾乎不可能遏制這處煉獄，亞倫跑到棚廠時，日機投下燃燒彈起火的熱流，已經把轟炸機一架跟一架燒成了噼噼叭叭的熊熊烈焰。

亞倫在這些所有紊亂情形中，跳進他手下一架B－17機的座艙裡，想使飛機起飛。他終於發動了三個發動機，但是第四個卻轉不動。他操縱著飛機，滑行離開燃燒的棚廠，向開闊地區滾行。這時，那些趁火打劫的零式機，也加入了俯衝轟炸機來掃射，好像是地獄裡的毒蜂全部飛了出來；這時，他才不得不放手。

亞倫上尉記得，有一項片斷的行動，使他不能忘記。他向B－17機群跑過去時，看見一個士兵爬上一架B－18機的槍塔，他面對著狂暴的攻擊，用機槍「對著日機猛烈射擊」，這架B－18機的火力始終不斷，亞倫不認識這位勇敢的空勤人員，也不曉得這個年輕士兵的存亡下落。

第三十五章
再擊

日軍第一次攻擊隊的飛機攻擊過後，到第二次攻擊隊飛機攻擊以前，大約有半小時。在這段時間中，剛夠使沮喪的美軍官兵清除跑道上的破碎、進入防空砲和防空機關槍陣地、修理剩下還能飛的飛機、以及其他種種準備，來抵抗可能在任何一瞬間來第二次攻擊。歐胡島上每一處軍事設施，在這段慈悲的短暫時間中，像一座蟻山般狂熱活動著。

第二次空中艦隊——這次是一百六十七架飛機——從北方衝下來時，瘋狂的工作停止了，歐胡島的戰鬥，以無比的猛烈怒吼著再度展開。爆炸的炸彈、呼嘯的飛機、噴吐的機槍、尖嘯的鋼鐵、飛舞的碎片，破壞一空的棚廠、燃燒的建築、和死傷的人們，到處是狂暴、爆裂、和殘骸，而煙——那彌天蓋地熱辣辣、惡臭的、和漆黑的濃煙，使得日本的飛行員不能精確投彈。

美國部隊再度英勇的戰鬥，來對抗力量懸殊的猛擊。這一次，因為沒有了那種使第一次攻擊隊飛機安然無恙的奇襲因素，美軍防空砲火異常猛烈濃密，日軍第二次攻擊隊的機群飛行員，馬上便體驗到這是一場真正的戰鬥了。

第二次攻擊隊的飛機，以俯衝轟炸機、高空水平轟炸機、和戰鬥機來攻擊主力艦。因為以那種笨拙的魚雷轟炸機來攻擊已有警覺的敵人，毫無得手的機會。日機奉命集中攻擊已受重傷的主力艦，加以炸毀，使它們不能修復。但是這些重傷戰艦上冒起了黑色油煙，根本就看不到。所以轟炸機別無選擇，只有攻擊那些輕傷、或者一無損傷的艦隻。

「中子星號」（Antares）補給艦艦長格蘭尼斯（Lawrence C. Grannis）中校在指揮台上，望著珍珠港「亂成一團」，一片烏黑，災情慘重，又氣又急。突然，見到一幅他有生僅見「最漂亮的景象」——一艘驅逐艦從煙霧中脫身向外海疾駛，艦艏兩側的海水湧成雪白波峰，在陽光下閃閃耀亮。這條船可能就是「赫爾姆號」（Helm），是衝出珍珠港驅逐艦群的第一艘，攻擊一開始，它就奉命離港。上午八點十七分時，甫駛出海道，就發現一艘日軍袖珍潛水艇在珊瑚暗礁上掙扎脫身，便將「航速增加到二十五節（四十五公里），轉向對正潛艇」射擊，卻一發砲彈都沒命中，那艘潛艇在八點二十一分脫身潛入海內。

那艘日軍潛艇便是不走運的酒卷和男，他想潛進港內，三次都觸上了珊瑚礁。

另外一艘衝出港外的驅逐艦為「阿爾文號」（Aylwin），她在八點二十八分接到命令逃向外海時，一枚炸彈就在她右舵五十公尺處爆炸，另外一枚炸彈把她的艦艉甲板撞到了錨泊浮標。艦身的震動，使艦上官員知道一具推進器受損。但終於在九點三十二分駛到了外海。

驅逐艦「里德號」（Reid）艦長普倫（Harold F. Pullen）少校和槍砲官，把他們的座車，停在官員碼頭一處空地上，朝「主力艦列」一望，剛好見到了日機猝擊的震撼場面；「老天，就像電影一樣。」突然間，他見到了自己八公尺長的座艇，駕駛員竟是艦上的炊事兵。由於艦上官兵人人都操作槍砲，炊事兵便決定把艦長座艇駛到碼頭，來接返艦的官員。普倫上了「里德號」，大以為奇，因為一位官員迎接他說：「報告艦長，一切準備妥當了。」由於這條船完成大修才一個星期，普倫耽心要很久才能脫離危境，一到輪機長向他報告：「艦長，本艦半小時便可出動。」簡直難以相信。

在一〇一〇碼頭上，基地部隊參謀長奎恩（Allen G. Quynn）上校，等候接駁艇送他到旗艦「阿爾岡號」（Argonne）上去。他回想當時，「一〇一〇碼頭成了一處修羅場，所有救援行動都集中在那裡，受傷官兵掙扎上岸，有些嚴重燒傷，有些人血流不止，很多人承受裂骨傷肌的痛楚。有些傷患由到處都是的小艇運到，載重車和救護車，車聲鼎沸，警笛嘶叫，在碼頭上來來去去急駛。想回到自己船艦上去的官員與水兵，擠滿了這一帶地區。有很多人急得甚至不等接駁艇，直接從一〇一〇碼頭跳下海游過去。」「基地隊」的軍樂隊，習慣了一體工作，這時自動組成一個擔架隊，把受傷官兵抬起，一個個送上「阿爾岡號」上擁擠不堪的急救站。

八點三十分時，貝洛斯機場驅逐機第四十五中隊射擊士麥克布萊梯上等兵，看見海上有一架飛機朝機場飛來，對著帳棚區掃射。可是「子彈聲音像是空包彈……這架飛機看上去像是一架AT－6教練機。」他不放在心上，還是上教堂去。

這架掃射的飛機對貝洛斯機場做了件好事，使得第六空勤區指揮官韋庭頓中校（Leonard D. Weddinton）由於這項警告，而有了半小時左右的時間將飛機疏散開來。貝洛斯是一處小機場，在卡內奧赫（Kaneohe）機場南方幾公里處，它是第八十六觀測機中隊的永久基地。當時手上僅僅只有六架O－47和兩架O－49觀測機；還有一個中隊的P－40驅逐機，在機場作為期一個月的實彈射擊。

淵田美津中佐喊出「老虎！老虎！老虎！」時，嶋崎重和少佐所率領第二次攻擊隊由三個大隊組成的一百六十七架飛機，已經飛到歐胡島的半途。一如第一次攻擊隊，它們的飛行高度參差有別，以利於任務遂行和反制攔截的敵機。機群右側穿越雲層頂部的第一大隊，為五十四架九七式水平轟炸機，飛行高度三千五百公尺；分成兩個中隊，每隊二十七架。嶋崎重和自己率領「瑞鶴號」的第六攻擊隊，任務為完全摧毀希康機場；「翔鶴號」的第七攻擊隊，則由市原辰雄大尉率領，十八架轟炸福特島，九架炸卡內奧赫機場。

機群的左側，比嶋崎轟炸機群略低的，為第二大隊江草隆繁少佐七十八架九九式俯衝轟炸機，高度為三千三百公尺。區分為四個中隊，要集中攻擊儘可能多的米艦；「蒼龍號」的第十三攻擊隊十七架，由江草少佐親自率領；「蒼龍號」第十四攻擊隊十八架，原應由小林道雄大尉領隊，可是因為他的座機發動機故障而留在艦上；「赤城號」第十一攻擊隊十八架，領隊為千早猛彥大尉；「加賀號」第十二攻擊隊的俯衝轟炸機最多，共二十六架，長機為牧野三郎大尉。

在轟炸機群的上空，為擔任制空的第三大隊，大隊長為「赤城號」進藤三郎大尉，「赤城號」「加賀號」「蒼龍號」各起飛九架零式戰鬥機，「飛龍號」則八架，組編為第一隊到第四隊，各隊長機為：「赤城號」進藤三郎大尉、「加賀號」二階堂易大尉、「蒼龍號」飯田房太大尉、及「飛龍號」能野澄夫大尉。實際上，進藤三郎的任務，為掃蕩歐胡島上空的美機，以及對惠勒機場及卡內奧赫機場的美機加以摧毀。但是比第一次攻擊隊擔任制空，共有零式戰鬥機四十三架的板谷茂少佐困難得多，一則失去了奇襲效應；次則這兩次攻擊隊間隔的三十分鐘時差，足以使美國守軍以更大的兵力據守防務，使堪用的飛機起飛。

進藤對第二次攻擊隊的實力，以及零式戰鬥機的火力深具信心，但對前面潛在的危險也保持戒心，以他在中國作戰的經驗，空戰中有許多無法預料的因素。

由俯衝轟炸機組成第二大隊第十四隊隊長小林道雄大尉，也睜大眼睛注意敵人的飛機。歐胡島在海水遠方隱隱浮現時，雲層上空沉浮的是甚麼？阻塞汽球嗎？不是，那都是防空砲砲彈爆炸的棕黑煙雲，就像是悶糊糊的煙火。

第三大隊第三隊隊長飯田房太大尉，在進藤的機群中飛一架零式戰鬥機，耽心自己能不能飛到目標，也在猜想第一攻擊隊的成功。飛越珍珠港時，他看見嶋崎重和少佐的水平轟炸機隊，像鷹群般成單行往目標上空飛過去，「我的念頭便是儘可能幹好自己的活，希望上蒼我能活著回去。」

嶋崎重和所率領的第二次攻擊隊機群，在歐胡島最北端的卡胡庫岬（Kahuka Point）外十六公里處展開。上午八點五十分，他下令：「攻擊！」五分鐘後，美軍也全力反擊。

正當嶋崎的機群蜂擁臨空時，總指揮官淵田美津雄中佐還高飛在歐胡島上空判斷損害。原想接手指揮第二次攻擊隊攻擊，可是嶋崎對戰況掌握得很好，淵田也就放手由他指揮，自己依然繼續觀察戰果。

進藤三郎第三大隊制空的零式戰鬥機先撲下來，略略飛到島西，便分成兩批，一半零式戰鬥機從西北方反轉，飛過卡內奧赫機場，另一半則直撲希康機場和歐胡島，第一批十八架飛越卡內奧赫，再一分為二；九架掃射水上機設施，然後向西飛，以機槍掃射惠勒機場；另外的九架則向南飛，從卡內奧赫機場飛向貝洛斯機場。

「蒼龍號」飯田房太大尉制空第三隊的飛機，造成了相當的損害。他們以三個三機人字編隊，在九點整時攻擊貝洛斯機場。機場美軍的上等兵麥克布萊迪（Raymond F. McBriaty）和另外一名士兵，在一架飛機上架起機關槍，對著「剛剛飛到跑道上」的一架日機射擊，目標不明確，但卻可以「看到飛行員後面機身上打穿的彈孔。」但不認為可以記錄自己擊落一架日機。

飯田的九機，在貝洛斯機場擊傷一名美軍，打爆一輛加油車熊熊火起，損傷一架O－49及一架10－47觀測機，打下一架想起飛的第四十四中隊一名飛官；另外兩架起了飛，卻只成了在後面追躡日機的犧牲品；一架摔在海灘熊熊火起；另一架落在海灘外一千二百公尺處的海上，飛行員僥倖游水生還。飯田沒有料到在這個小機場裡，竟發現了大獵物。飛來歐胡島的B－17重轟炸機群中，有一架落在跑道中央，衝出了停機坪，機上三名機員受了傷。這九架日機反反復復以機關槍射這架龐物大物的「空中堡壘」，不過也看得出這架轟炸機落地就已經報銷了。貝洛斯機場的官兵，便把它的機關槍都抬下來作地面防禦用。

泰勒（右）和韋爾奇這兩位小飛官，先後擊落七架日機。

飯田這一隊立刻飛回卡內奧赫機場，嶋崎重和的九架九七式水平轟炸機正在炸這處基地，大部份炸彈都落在棚廠區的南側和一號棚廠的東南角，炸毀了棚廠中的美機。一輛消防車遭炸中，引起了棚廠大火。

航空機械士亞維里（Guy C. Avery）說：「零式機就在我們頭上兜圈圈，不時向任何可能的目標射擊。他們掃射住屋、車輛、行人。尤其騷擾那些在停機坪飛機間救火的消防人員。」

飯田房太飛掠下來，對著航空站的軍械庫射擊時，剛好有一名名叫桑遲（Sands）的軍械士走出側門，他用一枝白朗林自動步槍對著這架衝下來的零式戰鬥機打了一索子火。這個老水兵，喊軍械庫內的同僚：「再給俺一枝自動步槍！趕快！俺敢賭咒，俺打中那個黃雜種了！」

飯田飛近準備射擊時，這名水兵「又打空了一個彈夾」，也躲過了飯田的子彈，「密密麻麻都打在庫房牆上」。飯田要脫離這一場不對稱的決鬥，急急趕上編隊飛向山谷中的僚機時，座機卻噴出汽油，而「他立刻回頭飛向軍械庫」。毫無疑問，飯田在這時，對自己所說過的話說到做到。

飯田房太大尉二十八歲，是一位很帥的小個子，性情溫和、富有急智、處事積極、平易近人、也豪於酒量。他參與侵華戰爭已有三年，但是那天早晨，他從航艦上起飛，最後一次見到日出；事實上，大約在日出後活了一小時。

子彈打中了他的零式機油箱，汽油向外噴，拖成一條長長的白霧，他的座機向下墜落時，飯田一定記起了他經常對部下的忠告，那天清早他還說過一遍：

「一位武士道軍人最重要的，莫過於他的最後決心；舉例來說，假若我的油箱受到無法挽救的損害，我就會以必死的決心，把飛機和自己對準目標衝下去，以獲得最大的破壞威力。」

飯田忠於這種武士道，發出訊號解散編隊，用手指指自己，再指指地面，清清楚楚地表示出他的企圖，然後加大油門，射擊著機關槍，向敵人衝下去。

「我最後看見飯田，」藤田怡與藏中尉回憶：「是在他開始作撞擊俯衝的時候，他的飛機直直地衝進希康基地一個起火的棚廠裡。」

用這種自殺戰術迎接死神，飯田並不是唯一的飛行員，在希康基地，至少有一個，可能是第二個飛行員，採取了飯田脫離塵世的特別方式。這就是戰爭末期，日軍出現可怕的「神風特攻」冷酷朕兆。

一名水兵看見飯田的飛機飛回來，顯然認為這是桑遲的飛靶，大叫道：「嚇，桑遲！那個狗娘養的飛回來了！」桑遲抓起一枝自動步槍，看見飯田飛機衝過來，也不顧打在他四週的子彈，對準這架咆哮的零式機打光一個子彈匣……零式機飛過桑遲頭上時，停止了射擊。

這架零式機墜毀在一個平頂山丘盤旋的道路上，撞到了眷舍區下方兩公尺的車道，撞斷了發動機，機體翻身，飯田的屍體摔得四分五裂。一般認為，飛機墜毀以前，飯田即因為與桑遲對頭駁火時陣亡。

藤田怡與藏中尉眼見飯田衝向死亡，大為驚骇，而誤以為好友「直接向下衝進卡內奧赫空軍基地一座烈焰熊熊的飛機棚廠中。」

另外一架日機也掉在卡內奧赫基地，不過卻辨認不出飛行員，因為機身砸進了開魯亞灣（Kailua Bay）。但卡內奧赫基地卻遭炸得面目全非，三十六架巡邏轟炸機（ＰＢＹ），只有三架出海巡邏倖免，六架損傷外，其餘的全遭摧毀。

藤田怡與藏將飯田這隊零式機重新編隊，領著全隊飛向歐胡島中央的惠勒機場，決心進行猛烈報復。忽然，銳利的機關槍火力從美機機上閃耀——藤田卻不能確定敵機多寡。

駐地在哈雷華簡便機場的韋爾奇與泰勒兩名中尉，他們離開惠勒機場趕回哈雷華，希望立刻參加戰鬥，可是接到的指示，卻是在巴伯岬（Barber's Point）上空巡邏。他們在那裡發現沒有敵機，便飛回惠勒機場，補充十二・七公厘機槍彈藥。「我們不得不同一些地勤人員吵，」韋爾奇說道：「他們要我們疏散飛機，而我們卻要打仗。」正當他們為機上機槍裝子彈時，日機回來了，地勤人員都跑開找掩蔽，這兩名飛官卻起了飛。

藤田怡與藏對著他下面的一架敵機射擊，這架美機便在一溜黑煙中消失了。另外一架美機——一架Ｐ－40或Ｐ－39戰鬥機——朝他飛來，四挺機槍齊放，藤田以對頭攻擊與敵機駁火，雖則防空砲火傷了他的機翼，發動機受創，還是對另外一架飛機射擊；僚機也都與美軍戰鬥機進行高下懸殊的纏鬥，零式機動作俐落，飛機性能與技術都比攔截的敵機高。

後來，泰勒認為「我作了個漂亮轉彎進入他們中間，那一串有六架或者八架吧，我說不上有多少架……朝哈雷華飛時，我朝旁邊一架射擊，另一架追著我開火，我便拉起機頭飛開；卻不知道韋爾奇如何。」韋爾奇則說：「我們一起飛就直接進入他們中間，打下了幾架；我打下了泰勒中尉後面的一架。」

過了一陣，藤田認為打夠了，便搖擺機翼通知僚機，脫離戰地飛向集合點。他並沒有如源田實所計劃的「攻擊哈雷華的任何戰機。」結果，哈雷華成為歐胡島上唯一逃過日機注意的機場；到不是日機不知道它的存在，而是這處機場的兩名年輕飛官，拚命把攻擊的敵機攆走了。

在第二次攻擊中，一些美軍戰鬥機辦到了起飛應戰，但是當時在夏威夷的美機中，大多數都是中古型，最現代的機種，只有P－40，勉強可以對付速度奇快的零式戰鬥機。

陸軍惠勒機場，是五個戰鬥機中隊的基地，身上睡衣未卸的拉斯瓦森中尉（Phillip Raswussen）和另外幾名飛行員，在棚廠中拚命為他們老舊的P－36戰鬥機加油掛彈，剛一起飛。就獲得通知，卡內奧赫機場又受到日機攻擊。

「我們飛在三千公尺高度，見到了日本的俯衝轟炸機，便向它們撲過去。」

拉斯瓦森以機槍火力對一架日機「縫」上一線子彈孔，然後拉起，衝向想攻擊他的另一架日機。這時一架零式戰鬥機發現了他。

「就在那一剎那，天崩地裂，座艙蓋打掉了，方向舵失去了控制，機身震動，滾進了下方的雲層。」

飛機的液壓系統打壞了，尾輪打掉，兩枚兩公分砲彈頭，打進了駕駛座後面的無線電機，救了他一命。在缺舵、沒煞車、少尾輪的情況下，他辦到了飛回惠勒機場安然落地。

「我一身發抖出了飛機，走回寢室，把睡衣換成飛行裝，再回到飛行線。」

幾天後，他去棚廠檢查機號八十六的座機，在機身上數到了四百五十個子彈洞。

就在這段時間中，進藤三郎大尉的第一制空隊與二階堂易大尉第二制空隊十八架零式戰鬥機，飛向希康機場與歐胡島，清除戰場，好讓嶋崎重和少佐所率領的第六隊與市原辰雄大尉的第五隊共五十四架水平轟炸機，對這兩處基地作徹底的摧毀。嶋崎以很高的高度飛近希康機場，可是防空砲火，迫使他飛得更高，一到嶋崎的轟炸機群開始飛轟炸航路時，進藤三郎的零式戰鬥機降到樹梢高度進行掃射。這時，防空砲彈的爆炸充滿了天空，所以他只能作一次迅速的掠襲；手下的機群也以機關槍火力，攻擊棚廠線後面的車間和一些疏散在那裡的飛機。

進藤三郎在「赤城號」起飛前，源田實交代他判斷第二次攻擊隊所造成的損害。所以，他作了這次戰機掃射後，便離開編隊「以三百公尺高度在珍珠港上飛過觀察戰果。」他向源田實的報告只有三個字「重損害」。

第二次攻擊隊第一大隊五十四架高空水平轟炸機的飛行員，都出自「瑞鶴號」與「翔鶴號」，大部份是頭一次飛作戰任務，都有點緊張兮兮。即令是為數不多的飛行員，像岩見武實大尉，有四五年的飛行經驗，在中國作過戰，也知道他們置身在一片混亂中，「識別目標也不容易，敵人的防空砲火也很準確，即使我們飛越雲層，都很接近我們。」

這些沒有作戰經驗的飛行員，卻對十三號與十五號兩處棚廠直接命中；那處在第一次攻擊時業已重創的餐廳，這次又炸了個正中目標，把冷凍庫裡躲避的所有中國廚師都震死了。

這一次攻擊，沒有了第一次攻擊的奇襲因素，第二大隊江草隆繁少佐的七十八架俯轟炸機，遇到了敵人猛烈火力的反擊。他們飛越歐胡島北部，安部善治大尉就見到「猛烈的防空砲火彈幕漸漸逼近……使我發抖。」千早兵彥大尉向「赤城號」立即報告：「敵方防空火力強大。」這使源田實解決了一個問題：「機動部隊」發動第三次攻擊時，魚雷轟炸機留艦不出擊。

江草已經下令，要把第一次攻擊時損傷的任何敵艦加以了斷，尤其是主力艦。每架飛機攜帶了一枚兩百五十公斤的炸彈，因此每一名轟炸員對敵艦只有一次機會。可是他們飛到珍珠港時，卻無從選擇目標。濃濃的黑煙翻翻滾滾遮住了艦隻，加上防空砲彈的爆炸，不可能作精確的瞄準，只得見到甚麼就炸甚麼。小淵靜三大尉對著福特島南端錨泊著的一艘主力艦衝下去，「我們一進入俯衝攻擊，我的感覺就麻木了，不管發生甚麼都不管，把自已交給命運。不過炸彈一投下，我們拉起機頭改平飛走時，我才真正嚇著了。」

第二次攻擊在珍珠港爆開時，海軍醫院中的醫官，護士、看護兵和傷患，都爭先恐後找掩蔽。露絲艾麗遜(Ruth Erickson)少尉護士永遠記得一些栩栩如生的景像：

「軍醫的專業和經驗，習慣了人體的創傷；可是有一位醫官拿著一枝針筒，插進傷員的血管時，手指頭抖得像風中的落葉；還有那人肉燒焦的惡臭臭不可當，我現在還嗅得到那種臭味……再也忘不了。」

上午九點十五分，完成任務的第二次攻擊隊飛機飛走了。留下的是，歐胡島上空煙火衝天，全島遭遇了一場浩劫。這批飛機和第一次攻擊隊一樣，對著美國飛機和航空設施，也像對艦隻般予以痛擊。很難精確判斷每批飛機對希康機場和其他基地的破壞程度，但是美國陸軍在夏威夷航空兵力的損失，同美國海軍艦隻的損失同樣慘重；相對說來，可能更慘重，這一點卻是千真萬確。

這時的珍珠港，成了濃濃煙霧的地獄景色——灰色、棕色、白色、檸檬黃色、和黑色的密煙，污穢、酸辣的蕈狀濃煙向上空冒湧，就像暴風雨雲層般四闔又向外展開。

停泊在珍珠港內的太平洋艦隊的主力，便是九艘主力艦，除開「賓夕凡尼亞號」在乾船塢內以外，其他八艘都以歐胡島為中心，西側只有一艘「猶他號」，東側南端為「加利福尼亞號」，向北則雙雙並排的「馬里蘭號」和「奧克拉荷馬號」；「田納西號」和「西維吉尼亞號」；「亞利桑那號」則和修理艦「維斯特爾號」送做堆；再往北便是單獨碇泊的「內華達號」了。

第一次攻擊隊的四十架魚雷轟炸機，每機載一枚九一式航空魚雷，主攻目標便是美軍主力艦，其他艦隻不屑一顧。

島西打單的「猶他號」主力艦中了六枚魚雷；島東打單的「加利福尼亞號」挨了三枚魚雷；在島東北端的「內華達號」只有一架日軍魚雷轟炸機下手，但卻準確命中，炸開一處「洞見肺腑」有一棟房屋小大的大洞；高十公尺，寬十五公尺。可是它還有部份動力，在第一次攻擊過去後，在八點五十分時，它就先慢慢後退脫離碇泊樁，由代理艦長的湯姆斯少校（J. F. Thomas）指揮操舵，婁孚上尉（Lawrence A. Ruff）代理航海官，在航海士官長塞德貝利（Robert Sedberry）得力協助下，蹣跚前進，駛向出口水道。它經過熊熊大火的「亞利桑那號」時，艦上有人看見有三個倖存的人在游泳，便拋一根救生索下去；他們爬上艦，便幫忙操作「內華達號」右舷的十二・七公分砲，由於艦身火勢猛烈，這些砲手都俯身在砲彈上，以免引爆。

翻了一個身的「奧克拉荷馬號」，是「又一處恐怖令人驚駭的景象」，對一些目擊的人來說，它是那一天恐怖可怕的頂尖，甚至比「亞利桑那號」艦內的火山爆炸還要慘。一艘主力艦爆炸，雖是很可怖的事，也可以了解；甚至具有悲慘的壯觀。可是一艘主力艦翻覆，卻是不可想像，冒犯了人的尊嚴。

喬治德朗（George DeLong）是「俄克拉荷馬號」主力艦的水兵，日機攻擊開始時，他還在中部艦艙床上。

「突然，我們聽到了揚聲器廣播，帆纜士官長厲聲下令：『全體戰鬥部署！』」。

德朗和他這一班水兵還來不及反應，防水門便隆隆關上了，一聲爆炸，很快又來了兩次爆炸。

這艘主力艦幾幾乎立刻開始翻轉，德朗和同伴拚命把床墊和就手的東西塞住通風孔中滲進寢艙的海水，居然還找到了一把十公斤扳手。

德朗和另一名水兵在航信班受過訓，懂摩斯電碼，想到用扳手敲艙壁，一小時又一小時過去，海水漸漸上升，空氣越來越污濁，他們兩人還是輪流敲電碼：不斷的「三短三長三短」，「滴滴滴，答答答，滴滴滴」（SOS）。

終於有了回應，在朝天艦底上的救難隊員聽到了，便趕緊在翻了身的「俄克拉荷馬號」上，用氣壓鑽鑽孔。

德朗在三十多小時後，吸到了第一口新鮮空氣。

他後來說道：「我說不上為甚麼還記得，我是出來的第五個人。」

「內華達號」在這艘艦底朝天的友艦邊駛過，這種難以置信的恐怖，使得掌舵的婁孚上尉緊緊抓住舵輪。

江草隆繁少佐的俯衝轟炸機，發現了這艘慢吞吞駛向珍珠港出入水道，企圖逃到外海去的兩萬九千噸主力艦「內華達號」，它們對她攻擊，就像是一群鷹隼，飛在一隻肥鵝的上面。這艘主力艦駛到外水道時，已經軟弱無力，把這艘主力艦的龐大艦身炸沉在主水道上，封鎖住珍珠港基地，是千載難逢的機會。

美國海軍要在水道中，移走這樣一個障礙物，可能要花幾個月的工夫。在這時間中，太平洋艦隊的艦隻，不是堵塞在港外，便是封鎖在港內；海上艦隻與基地截斷了，無法獲得燃油、供應、和修護。因此何以日軍的俯衝轟炸機要以三倍的猛擊，來追擊這艘重傷的主力艦了。

他們最少命中了五枚炸彈，兩枚極為接近艦身，可是仍然沒有把它炸沉。從第一枚炸彈伊始，太平洋艦隊戰列部隊（Battle Force Pacific）指揮官胡朗海軍少將，便在他的旗艦掃雷艦「阿格拉拉號」（Oglala）艦上指揮作戰，他派了兩艘拖船把艦身拖離水道。「內華達號」本身還有點動力，在拖船協助下，越過水道到達海峽的那邊，艦底擱淺在海底上。炸彈使艦上各處起火，也炸斷了消防水管，艦上沒有水來灌救；但是這艘「有勁」的「內華達號」畢竟支撐下來，後來它是珍珠港受傷的艦隻中，第一艘出海作戰的主力艦。

「內華達號」上，湯姆斯少校終於在九點十分時，將艦艄擱淺在醫院岬（Hospital Point）的爛泥堆中，五分鐘後，轟炸時不在艦上的艦長史肯朗上校（F. W. Scanland）上了艦，到十點四十五分時，幾艘拖船把主力艦，拖到入口水道的西側，直到這時，湯姆斯和婁孚才看到全艦的慘狀，艦身前部幾近全毀，甲板以上的高層結構重創，三名官員與四十七名士官與水兵死亡；五名官員和一百零四名士官兵受傷。

「阿格拉拉號」掃雷艦，到九點三十分時，傾斜了二十度左右，官兵連腳也站不住了，所以胡朗少將下令棄船。到十點十分時，「阿格拉拉號」終於艦底朝天，沉沒在右側的海底。

「布盧號」（Blue）驅逐艦原來停泊在歐胡島北端海面，八點四十七分時，在海軍少尉艾希（Nathan F. Asher）指揮下駛離。這時，兩架日機俯衝下來，艦上的十二・七公厘機關槍立即射擊，官兵宣稱有一架日機遭擊中，摔在珍珠城泛美航空公司碼頭附近。「飛機掉下來時，」艦上水兵停止射擊，「拍拍彼此的肩背」表達興奮。日機衝下來時，艾希朝著一架日機把野戰望遠鏡扔過去，後來他對這種失去理性的動作抱歉「只是氣瘋了。」

「布盧號」出了珍珠港，便將航速降到十節（十八公里）開始巡邏，九點五十分時，聲納機接觸到回音，便投下深水炸彈。檢視水域，發現一片浮油，「氣泡冒水，長達七十公尺。」艾希認為他炸沉了一艘敵方潛水艦。

九點零二分時，江草隆繁少佐麾下的俯衝轟炸機，對乾船塢中的「賓夕凡尼亞號」主力艦投彈，直接命中。大約在九點零七分時，嶋崎重和少佐的水平轟炸機，又炸中了這艘主力艦的「小艇甲板右舷的第八十三號砲座」。只要設想得到她動彈不得的狀況，受的損害還算不嚴

「內華達號」艦艏擱淺在醫院岬（Hospital Point）的爛泥堆中。

「俄克拉荷馬號」主力艦翻轉，在朝天艦底上的救難隊員。

主力艦地區的殘骸

重；慘的是投彈炸死了兩名官員與十六名水兵，另外還有三十多名水兵受傷。

基梅爾將軍麾下的驅逐艦群也慘遭重擊，距「賓夕凡尼亞號」主力艦不遠浮塢中的「蕭號」（Shaw），一枚炸彈正中前彈藥艙，把整個艦艏都炸掉了。船塢中並列的「卡辛號」（Cassin）與「唐斯號」（Downes），更遭江草的俯衝轟炸機猛烈攻擊，兩艦的彈藥艙及魚雷完全爆炸，「卡辛號」艦底朝天沉沒。

所有的主力艦中，只有「馬里蘭號」只受到最輕的傷害，逃過一劫。它停泊的位置在裡面，外有「奧克拉荷馬號」掩護，擋住了十二枚魚雷。艦上二等水兵艾斯納格爾（Harlan E. Eisnangle），失卻了時間感，也不知道砲手是不是擊中了日機，「在這種情況下裝填砲彈，完全靠本能動作，因為怕得要死，只做過去訓練時自己所做的動作。」

巡洋艦「洛利號」（Raleigh）在第一批魚雷機攻擊時，餘怖未消。第二次攻擊時，在九點零八分又挨了俯衝轟炸機兩枚炸彈。艦長西蒙斯上校（R. Bentham Simons）記下了落彈處；「第一枚炸彈落在艦身後段一一二號砲座處……穿過艦體，以三公尺之差，沒有穿過岸上有十一・三公秉的航空汽油槽；第二枚炸彈則落在右舷外不到一百公尺處。」

到了九點二十分，江草隆繁的俯衝轟炸機，直撲停泊在二十一號泊地的重巡洋艦「檀香山號」，它是太平洋艦隊重巡洋艦戰隊的旗艦，一枚炸彈炸中距艦身右舷四十號砲座才五公尺遠的碼頭，穿過碼頭在水下爆炸，造成了相當大的震爆，使得全艦多處進水。

這枚炸彈在「檀香山號」旁爆炸時，停伯在旁邊的重巡洋艦「聖路易士號」都彈跳起來，連副長芬克（Carl K. Fink）中校都震倒了。艦長魯德上校（George A. Rood）一心要追擊日軍，下令輪機長緊急備便。「聖路易士號」為了修理鍋爐進港大約一個星期，修護廠還在艦側開了個一百二十公分見方的洞方便出入。這一來，除了輪機加緊，還要把這個洞銲接起來。官兵工作的效率，使得「聖路易士號」在九點三十一分倒車倒向「奧克拉荷馬號」主力艦的方向。

這艘重巡洋艦倒退到了空曠的海面，魯德艦長並沒有停下來想辦法繞過一號乾船塢一艘挖泥船伸出來的鋼纜，他下令「全俥進四」，以緊急的全速對著鋼纜衝過去，使得那根鋼纜就像小提琴弦一般叭地斷裂。十點零四分，「聖路易士號」在每小時限速八節（十四公里）的海域，以每小時二十二節（四十公里）急駛，離開了進出口水道。

就在這時，魯德艦長見到艦艏右側，有兩枚魚雷痕跡一前一後朝「聖路易士號」衝來，他使全艦改向，魚雷觸到水道進口的珊瑚礁便爆炸了，猛烈激起噴湧的雪白海水。

日軍特攻隊的這艘「甲標的」潛水艇，由於兩枚魚雷都已發射，載荷減輕而浮出了附近的海面，「聖路易士號」砲火齊轟，水兵都認為打中了潛水艇的指揮台。

「聖路易士號」出海，為珍珠港中最後的大活動。江草隆繁的俯衝轟炸機，彈架已空，便飛開掃射艾沃（Ewa）機場、希康機場、和歐胡島。卻撞上了難纏的泰勒和韋爾奇這兩個小飛官，他們加油掛彈後，又飛到巴伯岬，助陸戰隊機場一臂之力，先後擊落七架日機。第一次攻擊時四架，第二次攻擊時三架。

除開零零星星的攻擊外，日機的第二次攻擊結束，損折了六架戰鬥機與十四架俯衝轟炸機，很多架雖遭擊中，卻飛回了母艦。總指揮官淵田美津雄中佐的座機，在珍珠港上空盤旋了兩小時，作為一位卓越的部隊長，他一直等到擔任後衛的戰鬥機的最後一架飛出視線以外，他才飛回「赤城號」。濃密的煙雲阻礙了他的視線，無法獲致確切的景象。即令如此，他還是向喜不自勝的南雲忠一司令官，報告遠遠超出夢想的勝利：

八艘主力艦、三艘輕巡洋艦、三艘驅逐艦、及四艘輔助艦沉沒、重傷、及中傷，共十八艘。米國海軍航空隊也遭受重大損失：戰鬥機十三架、轟炸機二十一架、巡邏機四十六架、小型機三架、運輸機兩架、觀測及訓練機一架。還有被己方防空砲擊落的「企業號」飛機四架及其他飛機幾架。

美國陸軍馬丁將軍的「夏威夷陸軍航空隊」慘遭痛擊，損失了B－17重轟炸機四架，B－18重轟炸機兩架，A－20攻擊機兩架，P－40戰鬥機三十二架，P－36戰鬥機二十架，P－26戰鬥機四架，觀測機OA－9兩架，O－49一架。此外受到損傷的飛機計有戰鬥機八十八架、偵察機六架、轟炸機三十四架，這些損傷的飛機有八成後來修復。

十九世紀時，世界各大海權強國，莫不以「巨艦重砲」的主力艦為建軍的唯一目標。進入二十世紀初期，第一次世界大戰後，航空兵力逐漸興起，儘管航空母艦和海軍航空兵已經存在，但是戰略家仍然置主力艦為特遣艦隊的中心。他們心目中，只是次於主力艦的輔助艦隻，而把它們分散在各艦隊內；一如陸軍戰略家看一戰新出現的戰車一般，把它們分散在旅、團內，只作為輔助步兵的兵科。直到二戰初起，一九四〇年五月，德軍以裝甲師行閃電戰，才更改了戰略家對戰甲武器的觀點，產生了陸軍獨樹一幟的裝甲兵科。海軍得到的教訓更遲了半年，一直到一九四〇年十一月，英國海軍夜襲塔蘭托港，以淺水魚雷炸沉了義大利三艘主力艦；方始解除了山本五十六的疑慮，才下定夏威夷作戰的決心；更啟示了他，史無前例地集中六艘航空母艦於一支航空艦隊，放膽作越洋六千公里的遠征奇襲。

當時在珍珠港美國太平洋艦隊司令基梅爾麾下的一百二十七艘軍艦中，擁有九艘主力艦與三艘航空母艦。一九四一年十二月七日這天清晨，卻只有九十四艘停泊在珍珠港內，共有八艘主力艦；第九艘「科羅拉多號」（Colorado），還在華盛頓州不來梅敦港（Bremerton）海軍船塢中進行修護。

航空母艦三艘：「薩拉托加號」（Saratoga）正在西海岸修理；「企業號」（Enterprise）正從運送戰鬥機給威克島上的陸戰隊後返港，由於氣候惡劣，無法為護航的驅逐艦加油而耽擱了回程，距歐胡島西南方的巴伯岬還有三百八十公里（但卻派了六架飛機先回，剛好趕上這場慘劫，四架遭驚弓之鳥的歐胡島防空砲火擊落）；「勒星敦號」（Lexington）已出海，運一批飛機到中途島，還在夏威夷西北方一千八百公里處。因此，所有這三艘航空艦都躲過了這一天的攻擊。

十二月七日這一天，美國海軍在珍珠港的九十四艘軍艦中，十八艘遭炸沉或重創，但幸虧珍珠港水淺，後來全力撈救修理奏功。

以八艘主力艦來說：

「亞利桑那號」沉沒，但卻為後人在依稀可見的艦身殘骸上，建立了紀念堂，橫跨艦身，堂內壁上，刻下了這一戰殉國的將士英名，成為夏威夷一處觀光勝地。

「奧克拉荷馬號」沉沒，後來為了清理海道，經打撈後，再度沉沒在歐胡島外海。

「加利福尼亞號」在錨位沉沒，但經過打撈與修理，參加了在太平洋攻佔日軍群島的戰爭。

「西維吉尼亞號」也在泊地沉沒，經過打撈、修護，在大戰終了時仍在服役。

「田納西號」修復，參加了太平戰爭各次戰役。

「內華達號」重新出水，加以現代化，從事作戰，成為太平洋艦隊中最高齡的主力艦。大戰結束後，為美國在比基尼環礁試爆氫彈的靶艦之一，後來為美艦試射其他武器擊沉。

「猶塔號」沉沒在原來的錨泊處。

「馬里蘭號」修復，很快即參與作戰。

此外遭炸沉或重創的艦隻為：

「阿格拉拉號」佈雷艦沉沒，後經打撈。

「海倫娜號」「檀香山號」及「洛利號」三艘巡洋艦受傷，但修復後參加作戰。

驅逐艦「卡辛號」及「唐斯號」都在乾船塢中，創傷嚴重。「唐斯號」加以修理；「卡辛號」則拖往舊金山修理；「蕭號」遭炸沉。

修理艦「維斯塔爾號」以及水上機供應艦「柯蒂斯號」都受損後修復。

至於美軍空中武力的損失，海軍損失九十二架飛機，損傷三十一架；陸軍航空隊則損失九十六架，損傷一百二十八架。

人員死傷數：海軍官兵二千零八人死亡，七百一十人受傷。陸軍死二百十八人，傷三百六十四人；海軍陸戰隊死一百零九人，九十六人受傷。

平民死一百零九人，傷卅五人。

總計轟炸珍珠港一役中，美方軍民死兩千四百零三人，傷一千一百七十八人。

珍珠港太平洋艦隊損折表

主力艦

亞利桑那號（Arizona） 炸沉
加利福尼亞號（California） 炸沉
馬里蘭號（Maryland） 炸傷
內華達號（Nevada） 輕傷
奧克拉荷馬號（Oklahoma） 炸沉
賓夕凡尼亞號（Pennsylvania） 炸沉
田納西號（Tennessee） 炸沉
西維吉尼亞號（West Virginia） 炸沉
猶他號（退役主力艦Utah） 炸沉

巡洋艦

阿爾岡號（Argonne）
巴爾的摩號（Baltimore）
底特律號（Detroit） 輕傷
海倫娜號（Helena） 炸沉
檀香山號（Honolulu） 炸傷
洛利號（Raleigh） 炸沉
費尼克斯號（Phoenix）
聖路易士號（St. Louis）
舊金山號（San Francisco）
新奧爾良號（New Orleans）

砲艦

薩克拉門托號（Sacramento）

驅逐艦

艾倫號（Allen）
阿爾文號（Aylwin）
巴格利號（Bagley）
布盧號（Blue）
卡辛號（Cassin）　炸沉
丘號（Chew）
凱斯號（Case）
夸漢姆號（Coyngham）
卡明斯號（Cummings）
戴爾號（Dale）
杜威號（Dewey）
杜賓號（Dobbin）
唐斯號（Downes）　炸沉
法拉格特號（Farragut）
格里爾號（Greer）
亨利號（Henley）
赫爾姆號（Helm）
赫爾號（Hull）
賈維斯號（Jarvis）
麥克多納號（MacDonough）
麥克法蘭號（McFarland）
莫納漢號（Monagham）
馬格福特號（Mugford）
尼布拉克號（Niblack）
帕特森號（Patterson）
費爾普斯號（Phelps）
拉夫塔波特號（Ralph-Talbot）
里德號（Reid）
施萊號（Schley）
塞耳弗里奇號（Selfridge）
蕭號（Shaw）　炸沉
塔爾博特號（Talbot）
塔克號（Tucker）
華德號（Ward）
沃登號（Worden）
惠特尼號（Whitney）

佈雷艦

布里斯號（Breese）
甘布爾號（Gamble）
蒙哥馬利號（Montgomery）
阿格拉拉號（Oglala）　炸沉
普里貝爾號（Preble）
普魯伊特號（Pruitt）
拉姆賽號（Ramsey）

西卡德號（Sicard）
特拉西號（Jracy）

掃雷艦

禿鷹號（Condor）
交啄鳥號（Crossbill）

潛水艦

抹香鯨號（Cachelot）
海豚號（Dolphin）
烏賊號（Cuttlefish）
一角鯨號（Narwhal）
裸首降頭魚號（Tautog）

修理艦

寇蒂斯號（Curtis）
梅杜沙號（Medusa）
佩利斯號（Pelias）
里赫爾號（Rigel）
天鵝號（Swan）
丹吉爾號（Tangier）
維斯特爾號（Vestal）　炸傷

挖泥船

渦輪號（Turbine）

醫療船

安慰號（Solace）

補給艦

中子星號（Antares）
卡斯托號（Castor）
薩姆納號（Sumner）

油輪

尼阿學號（Neosha）
拉瑪波號（Ramapo）

救難船

野鴨號（Widgeon）
灰嘴鷸號（Avocet）

油料駁船　YG－44號

垃圾船　YG－17號

第三十六章

千載一時的良機

這時，天空的景象變更了，日軍第一次攻擊隊的戰鬥機和轟炸機，不再像蜂群般，在空中嗡嗡然盤旋，除開少數幾架迷失歸途的飛機外，其他都飛返各自的航空母艦。

它們沒有採取大編隊飛行，而是每一單位完成任務以後，在歐胡島西北三十六公里的一點會合。轟炸機在那裡盤旋，帶走那些在等候著的戰鬥機——戰鬥機的無線電機比較差，也沒有領航員，很容易在海洋上空迷失方向。——引導他們飛回航艦。

為了不使美國飛機跟蹤他們，發現「機動部隊」的所在位置，運用了極為精巧的欺敵戰術。「我是從『飛龍號』起飛的部隊，採取一條誘敵的航線折回母艦。」山本貞雄大尉說，他是淵田高空水平轟炸機的一名觀測員：「我們從歐胡島向西飛，飛到八十公里外再轉向北方；事實上我們以為迷失了，當時我很耽心。」

海軍一等飛行士森拾三，是「蒼龍號」魚雷轟炸機的駕駛員，他敘述道：「為了隱匿我們航艦的位置，我們奉令改變方向，航向正南方，恰恰與『蒼龍號』實際位置相反。」

魚雷轟炸機最先脫離作戰地區，他們投過魚雷，飛行員找到一架戰鬥機護航，便飛往集合點。這一戰幸而是東風，給了他們理想的攻擊情況。炸彈命中的濃煙，和防空砲火的煙霧吹過福特島，從東低飛來的魚雷轟炸機飛行員，目標看得清清楚楚。假如是西風，煙霧就會吹向他們眼前，黑煙會掩置了目標所在了。他們轉向北飛時，記下了重創美國艦隊的戰績。

俯衝轟炸機也能心滿意足了，大約在上午八點十分時，高橋赫一大尉用無線電報告「機動部隊」：「轟炸福特島、希康、及惠勒機場，予敵以重創。」他的損失只有一架俯衝轟炸機。

零式戰鬥機僅僅損失了三架，他們的突襲，予美國陸軍航空隊以致命的打擊。在貝洛斯機場，少數美國驅逐機企圖起飛，正滑行準備離地時，零式機很快便把他們擊落了。

淵田美津雄是高空水平轟炸機的領隊，他訓練部下時，要求有最佳精度，每架飛機只能投下一枚炸彈，投下一定要命中。「沒有一枚炸彈，是可以漫不經心丟下去的，」他曾經告訴部下：「必要的時候，要在目標上空，飛兩次、三次、乃至四次轟炸航路。」他們堅決保證貫徹他的要求，淵田本人在「加利福尼亞號」上空，飛了三次轟炸航路才投下炸彈。

淵田不像別人，他繼續在歐胡島上空盤旋，來判斷損害的狀況，因為他切望帶回一份完整的報告。這時，防空砲火——尤其是艦上和船塢地區一帶，已經相當猛烈，很難穿透遮蔽的煙雲看到下面；淵田卻百折不撓地飛來飛去，判定損害情形。

淵田美津雄的任務是親眼確認戰果，足以讓美國太平洋艦隊在六個月內不能駛出珍珠港，好確保日本攻佔東南亞的油源。

第一次和第二次攻擊隊都返航後，他還留在歐胡島上空，躲在雲中遠眺下界情況。珍珠港濃煙衝天，很難看清狀況，唯一清楚沉沒的，是「亞利桑那號」，其他主力艦都沒有沉，而且因為水淺，很難分辨究竟是沉是浮！

淵田自己的座機後部被防空砲彈擊中一個大洞，一根操縱索打爛了三分之二，但是他仍執拗地留在珍珠港上空三個小時，結果判斷擊沉主力艦四艘、重創四艘，之後，還引領第二次攻擊隊留下的幾架戰鬥機，飛回母艦「赤城號」。

八點五十五分，淵田聽到第二次攻擊隊的飛機飛越歐胡島東面上空，發出了攻擊訊號，他看見剛剛到達的轟炸機正飛過歐胡島，曾想對第二批飛機指示目標，但是這批飛機正在執行任務，使這項命令大可不必。

淵田飛回「赤城號」時，覺得非常滿意，他無法預見他對美國海軍地地霹靂般猛擊的最後結果：驚醒了一個酣睡的巨人，因而無可挽救地，改變了日本歷史的途逕；當時，他根本就沒有想到過。

「機動部隊」司令官南雲忠一中將和參謀長草鹿龍之介少將，站在「赤城號」航空母艦的指揮台上，一上午都翹首望著天空。終於，在十點十分光景，南方出現了黑點點，一架跟著一架，第一次攻擊隊的飛機返航了，有些編成隊形，有些則零零落落單獨飛回。六艘航空母艦準備收回艦機，一下子便忙碌起來。

第一次攻擊隊的日機，在上午十點前後飛返「機動部隊」。第二次攻擊隊則在兩個鐘頭以後，氣候已經變壞，高浪和變換的勁風，使得降落非常困難。有些飛機在緊張和忙亂中，像鴨子般用機腹降落；失事的很多，一些損傷很重的飛機，不得不推進海裡，讓那些油料缺乏，正在上空不耐地盤旋著的飛機降落。山本貞夫大尉的座機，一個著陸輪被打掉了；飛回「蒼龍號」降落時，甲板上的伙伴，又打掉了他另一個著陸輪，山本在震動中落在甲板上，幸而油箱罄空，沒有起火，有驚無險。

江間保大尉飛的俯衝轟炸機，落在「瑞鶴號」上。艦上的官兵得到攻擊的最早報告，都欣喜若狂。江間保本人也「如釋重負，很高興在這次攻擊中安然返航。」不過，他並不認為已經結束，深信敵人也許會發動逆襲，但和其他飛行員一般，這次凌晨攻擊大獲全勝，對日本作戰進行會很順利；至少，他們現在還會有一次機會。

「飛龍號」上，醫官在甲板上等候急救受傷人員，運往病艙；返航的每一架飛機，都有許多防空砲火的斑斑彈痕，使他們覺得不妙。但幸而「飛龍號」上兩批飛機的飛行員，沒有一個受傷。其他航艦的運氣就比較差，「赤城號」上，一架飛機的一名曹長重傷當夜逝世，舉行了海葬。

佐藤正夫大尉落到「瑞鶴號」後，走進無線電室，靜聽兩架迷失了方向的轟炸機通話，他們要求「機動部隊」報告位置。但是艦隊因為嚴格執行無線電靜止，所以不能回答。最後這兩架轟炸機，報告他們的油料已罄，準備衝向海中，「萬歲！萬歲！萬歲！」

但是，損失相當微不足道——實際戰鬥中損失了二十九架，少數幾架損失在海裡、或降落時失事——三百多架飛機安然飛返艦隊。這次攻擊的成就，遠遠超過日本人最大膽的判斷，六艘航空母艦上的每一名空勤人員，莫不非常興奮、沾沾自喜。

機隊總指揮官淵田美津雄中佐心中，充滿了同一天下午作第二次攻擊的想法。他的座機飛離珍珠港，他心中還算定了要摧毀珍珠港的兩處油槽區、龐大的修護工廠、或許還炸毀上午攻擊優先目標的漏網之魚。

這時，飛回「赤城號」的所有飛官，都立即向飛行長增田正吾中佐報告。增田就在飛行甲板上靠近指揮台，在村田重治少佐協助下，在一塊大黑板上，記下這次攻擊的效果。源田實中佐從指揮台跑下來一兩次，然後把話傳給等待最終戰果等得不耐煩的南雲和草鹿。源田來看黑板時，集結的飛行員都要求進行第三次攻擊。源田細細傾聽，但卻沒有表示意見。

「赤城號」黑板的四週，興奮越升越高，飛行員與觀察員立刻關懷的為戰果的正確評估。但他們也討論美軍對第一次攻擊隊的抵抗，全都同意「考慮早上所有的事實，他們的反應出奇的快。」一致認為沒有出敵不意的奇襲，這次偉大的成功便不可能。

將近中午時分，淵田美津雄座機的飛行員，使飛機落在起起伏伏的「赤城號」飛行甲板上。源田實瘦削的面孔上，露出開心的微笑，緊緊握住淵田的手。源田趕緊回指揮台，就在這時，一名水兵跑來，傳出訊息，司令官要淵田馬上見面。但是淵田決定等一下，把自己觀察的戰果與各攻擊隊隊長所得拼湊起來。因此，他小心望著大黑板上的戰果圖，一面喝茶，一面聽取十五名飛行員的報告，直到他們的觀察戰果與自己的相接近，這才滿意可以向上級作出相當精確的判斷。這時，另一名傳令兵通知淵田，要他向南雲報到，趕快。

他發現參謀長草鹿龍之介少將、艦長長谷川壽一大佐、首席參謀大石保中佐、源田實中佐、和其他幾名參謀，都和南雲忠一司令官在一起。淵田打算作一個正式的簡報，把作戰經過一一報告，但是南雲不耐煩，開口就問：「戰果——它們怎樣了？」

「四艘主力艦沉沒了，」淵田回答道：「我知道這一點，根據我自己的觀察。另外四艘主力艦重創，」他又補充，然後列出機群攻擊其他艦隻的泊地與艦型。

南雲又打岔問道：「你認為米國艦隊六個月內無法出珍珠港嗎？」

淵田心中不安，但他欠司令官一份實在：「米國太平洋艦隊的主力，無法在六個月內出來。」他答道，南雲笑笑點頭。

然後草鹿龍之介提出問題：「你認為下一步的目標是甚麼？」這句話似乎現示了積極的企圖心，淵田便立刻答覆說道：「下一步的目標應該是船塢、油槽、及機遇艦隻。」他認為沒有必要再度攻擊主力艦。

草鹿也提到米軍逆襲的可能，源田與淵田都要他安心，日軍已經控制了歐胡島及海上的天空。大石保插嘴：「敵人是在進行反攻的地位嗎？」淵田回答說道：「我相信我軍已經消滅了敵人很多飛機，但我說不上是不是已把它們完全殲滅。敵人攻擊我軍依然最有可能。」大石對這句話沒作答覆，但他默不作聲卻很有力。

南雲這時回到討論：「你認為那三艘不見了的米軍航空母艦在甚麼地方？」淵田解釋說，雖則他不能確定，但認為最有可能，便是在海上某處進行訓練。職責迫使他補充說，毫無疑問，這三艘航母現在已經收到了攻擊的消息，會搜尋「機動部隊」。顯然，這句不愉快的暗示，對南雲造成深刻的印象。大石保也煩躁地談到敵方可能的反擊，問源田的意見如何，源田實半點都不慌張，自自在在回答道：「讓敵機來吧！如果來了，我們會把它們打下來。」

源田想到，米軍「勒星敦號」和「企業號」這兩艘航空母艦還是漏網之魚，如果南雲不首先確定它們的所在位置，而再度攻擊珍珠港，會是世世代代相傳的大笑話。因此他要求南雲：「在這一帶地區待上幾天，以搜索敵人的航空母艦。」

可是南雲忠一覺得自己就像是一個賭徒，在大賭場把畢生積蓄都押在一張牌上，一翻兩瞪眼，居然贏了；唯一的念頭就是立即兌現，儘可能快回家。他冒險所指揮的日本海軍第一航空艦隊帶到攻擊點，完成了任務。在第一次攻擊隊中，只損折了五架魚雷轟炸機、一架俯衝轟炸機、和三架零式機；所有水面艦隻絲毫無損。（第六艦隊則損失了一艘遠洋潛水艦和五艘「甲標的」特殊潛航艇）他不想再試第二次的命運，在第二次洗牌中，再度承受那種苦痛的壓力。

南雲微微笑了，溫語嘉勉淵田工作的成就。但是馬上就看得出來，司令官並不打算擴張戰果，他唯一的真正目的，是儘速急急返回日本。

南雲是一位傳統的「主力艦派」將領，他從來都沒有假裝要了解空權是甚麼。他對攻擊珍珠港的任務並沒有胃口，而且曾對這個計劃的危險性，表示過強烈的異議。雖則他黯淡的先見並沒有實現，他的艦隊絲毫不損地躲脫了，他仍然要離開。可能他覺得他對日本全部作戰計劃的最大貢獻，便是把他的「機動部隊」原封不動地帶回日本本土，因為其他急迫的任務在等著他。

指揮「飛龍號」和「蒼龍號」的第二航空戰隊司令官山口多聞少將，從「蒼龍號」上以閃光燈信號報告：「第二次攻擊準備完成」，通知南雲，第三批機群可以立刻在他的航艦上起飛。山口是替所有的航空人員請求，源田也一直在請求南雲，搜索美國的航空母艦加以攻擊，或者對美國基地設施作再度的攻擊。淵田從源田面上顯然的沮喪，證實了他自己的恐懼——不作進一步的行動，他便親自向南雲要求，也等於沒說。

然而，南雲手中握有很多好牌。麾下的航空兵，已經打垮基梅爾大多數主力艦；將蕭特的幾個航空基地嚴重摧毀，將中太平洋的美國空軍雙翼燒焦。歐胡島的守軍雖然英勇反擊，但大部分驚恐、慌張、混亂、士氣低落。檀香山市距珍珠港十三公里，但市區中遭受很多防空砲彈爆炸的損害，便可證明守軍防空砲發射打日機時，慌慌張張，只求砲口向上轟然猛射，砲手卻不會、或者忘記在砲彈入膛前，要測合引信空炸的時間，以致很多砲彈雖然發射上了天，卻失去了在空中一定高度爆炸擊落敵機的功能，反而一發發落進市區觸地爆炸；便可證明部隊訓練不夠，遇襲驚慌失措。這種情況，予南雲以莫大的心理優勢。歐胡島美國海陸軍將領，都只預期日軍的新攻擊會在當日以及以後任何時日發動，心理上完全採取守勢，從未想到如何出擊、去搜索日軍艦隊加以反擊。

南雲忠一在第一次及第二次攻擊隊所獲得的成功，超逾了期待，卻可悲地沒有一項臨時計劃，以擴張戰果。不但沒有派出巡邏機去搜索錯過了的美軍三艘航空母艦；甚至沒有要求為數眾多的潛水艦，在歐胡島四週作現場鑑定及報告戰果。源田實和淵田美津雄致力於在珍珠港獲得一次全面的勝利，卻撞上了司令官心靈封閉的馬奇諾防線而破功。「毫不遲疑，」參謀長草鹿龍之介「向南雲司令官建議撤退。」南雲也立即准如所請。

「這次夏威夷作戰的目標，為了掩護『南方部隊』（日軍進攻南方地域菲律賓及荷屬東印度群島作戰的部隊）側翼及後方，」草鹿解釋說道：「只要目標幾近達成，本人認為我們不應在現地停留，也不應該分散注意力而不定期延長這一戰。」南雲和草鹿同意，這次作戰，獲得百分之八十的成功，其餘百分之二十不值得冒險。

南雲忠一作成決定撤兵，使得艦隊內很多航空官員失望，他們要的是遵照戰爭原則，利用這次初勝擴大戰果。「大多數年輕飛官都急於再攻珍珠港，因為他們想把敵方損失儘可能增大，」「赤城號」魚雷轟炸機飛行員後藤仁一大尉說道：「這是千載一時的良機，很多飛行員覺得不應該放過這個機會。」

第二次攻擊隊「赤城號」第三大隊零戰大隊長進藤三郎大尉，他手下的飛行員，有些「要求再興攻擊」；但他卻有這種印象，也有很多飛行員「對予敵以重創，深感輕快，但要儘快回國。」

大多數飛行員從飛機狀況及作戰士氣著眼，同意另行攻擊。「赤城號」上的飛行員，要源田實解釋南雲作決定的三項理由：

一、攻擊已達到預期戰果。

二、第二次攻擊，會使艦隊冒相當損失的危險。

三、不知道米軍三艘航艦的所在位置。

南雲的這番道理，使得源田實認為這是一位「人地不宜」（a miscast misfit）的司令官；如果由山口多聞或者大西瀧次郎擔任「機動部隊」舵把子，情況就會迥然不同了。

淵田美津雄比源田實更為情緒化，人依然在作戰的神經緊張中，為了南雲不採納他再次攻擊的主張，艦隊收兵，氣憤得在返航的整個行程中，只因職務或者禮貌要求，才同南雲說話。

南雲忠一對珍珠港一擊之餘，即引兵西歸，他下的這個決心是否正確，這個問題引起歷史上的爭議，迄未停止，也許決不會擺平。日美雙方依然對己方的智慧深具信心。戰後，草鹿龍之介堅持在當時當刻以及他們所獲得的情報下，撤退的決定正確無訛；如果他要再來一次的話，還會具申同一樣的意見。

相形之下，源田實對沒有在珍珠港貫徹到底的失策，心中始終念念在懷，「在太平洋爾後的所有作戰中，夏威夷為樞紐所在，誰控制了那裡，中太平洋便在掌握之中。除非日本能拿下它、守住它，否則不可能打敗米國海軍。」

源田實和淵田美津雄兩人，都親身參與了這次攻擊，但他們卻頗為忘記了山本五十六的原始目標——打垮米軍太平洋艦隊六個月的戰鬥力。沒有米國海軍側翼攻擊下，使日本海軍能南進佔領東南亞各地，從這一點來看，南雲和草鹿達成了使命。

在這時，只有山本五十六大將能使南雲折返歐胡島，他是聯合艦隊司令長官，南雲的頂頭上司，他能下令給南雲再興攻擊，予美國海軍以「致命的一擊」（coup de grace）。

山本構思和推動了大膽的珍珠港計劃，他的旗艦「長門號」錨泊在內海的柱島。和幕僚們一起，以幾乎不能忍受的懸慮，跟隨著攻擊進行。那些令人欣喜的無線電報「攻擊敵主力艦，使蒙重創……」、福特島一片火焰「無空中抵抗」，再加上美國人情急的電文「這是真的攻擊……」、「所有船艦遠離珍珠港」……報出了這次壓倒性的成就。

可是，珍珠港只是山本繁重責任的一部份，其他艦隊的作戰已在進行中。這是項高度複雜的計劃，地區廣及大部太平洋，因此他把作戰的決定，授權給親與作戰的指揮官——可可地是一位超等慎重的部隊長。

南雲中將的所以謹慎，部份是因為在事實上，日本打的是窮人仗，如果你吃得消，當然會勇敢些、積極些。美國損失了艦隻，這個國家能夠隨時建造，而日本的海軍將領，卻無時無地不在問自己，我損失了一條船能得到補充嗎？日本的造船能力，不但受到缺乏戰略性礦沙、機械工具、和燃油的限制；更由於技術、知識的不夠，和缺乏有訓練的人員。日本的手推車經濟，同工業巨人的美國，太受不了禮尚往來一次又一次重擊，這是一項永遠必須考慮的苦痛事實。

南雲也和山本一樣，有一句現成的日本格言，他現在說：「油斷大敵。」（大意是最大的敵人。）

「機動部隊」斷然向國土駛返，淵田對次這種過份的持重，覺得非常憤激。

然而，美國海軍為數眾多的將領，都認為日本人作了錯誤的決定。美國艦隊總司令尼米茲（Chester W. Nimitz）上將便說道：「日軍沒有重回珍珠港攻擊完成任務，幫了我們最大的忙，因為他們予主要對手以時間定下心神，恢復士氣來重建武力。」他又坦白認為，基梅爾的艦隻都碇泊在港內，而不在深海的太平洋，真是「上帝的慈悲」（God's mercy）。

珍珠港首蒙打擊的太平洋艦隊隊司令基梅爾上將則認為，珍珠港一直都是比主力艦更有利的目標：「……如果他們摧毀了當時所有高於地面的油槽燃油……就會迫使太平洋艦隊撤回西海岸……」

太平洋艦隊戰列部隊指揮官胡朗（William R. Furlong）少將則認為，南雲遵從典型的海軍原則，對命令亦步亦趨，不事逾越：「任務也許錯了，他們還是照做。缺失不在執行，而在最先計劃作為所定的目標。」

美軍後來在中途島一役獲勝的英雄史普勞（Raymond A. Spruance）將軍，多少也同意這種看法：「日軍只攻擊軍事目標，這是任務，他們遵照實施。」但也深信，日軍如果攻擊潛水艦基地、油槽區這一類目標，會比攻擊艦隻更有效力；只要有任何目標還留下來，他們就沒有完成使命。

東京與珍珠港有一點完全相同，兩地所使用的每一湯匙燃油，都要從三千公里外運到。獲得與存儲燃油，是全球各國舉國以赴的大戰略。日本在一九四一年發動「大東亞戰爭」，為的就是爭奪燃油以求存。歐胡島上的兩個油槽區，儲存了四百五十萬桶燃油，不但太平洋艦隊大大小小的艦船艇隻與飛機需要燃油；各處船塢、工場、車間、庫房各種後勤支援設施，以及全島的居民，包括檀香山市與珍珠城，以及夏孚特堡軍營，全部仰賴燃油發電的電力；炸毀全島的油槽區，便是《孫子兵法》中使敵人「無委積則亡」的上上戰略。不止是釜底抽薪，根本就是把全島命脈一刀斬。是日方「機動部隊」可能付出代價最少而收獲最大、輕而易舉的一擊。而日軍將校中，只有淵田美津雄有這種認識，力主重興對油槽區攻擊，斬卻美方反擊的動力源頭。然而，卻遭到南雲與草鹿拒絕，甚至源田實也只著眼在搜索美軍的航空母艦；見不及此，失去千載一時的良機。倘若歐胡島在第二次攻擊中，所有地面油槽盡付一炬，火焰煙雲上衝天際，對島上民心士氣更是一種嚴重打擊；至少會使四個月後——一九四二年四月十八日杜立特突襲東京一役延後半年；更不可能使山本因而倉皇舉兵攻擊中途島遭致大敗，四艘精銳航母全殲，日軍從此走下坡，戰力一蹶不振。

後代軍史學家，都一致認為：

「南雲忠一決心不再興攻擊，也許是日本在大戰中最大的戰略錯誤。」（Nagumo's decision not to do so, may have been Japan's biggest strategic mistake of the war.）

第三十七章
混亂的歐胡島

十二月七日，在那個決定命運的星期天下午三點整，西聯電報公司的一個報僮，騎了腳踏車，把華府拍來的一封電報，送到基梅爾將軍司令部，那是陸軍參謀總長馬歇爾將軍給夏威夷軍區司令蕭特將軍的一份電報，副本分送太平洋艦隊司令基梅爾將軍參考。這份電報經過民營電報公司發出，在空襲過後五個鐘頭才到達。電文中警告島上守軍，日本將在檀香山市上午七點三十分提出最後通牒，他們「應即實施戒備」。

基梅爾掃了這份電報一眼，以哭笑不得的憤激，把它摔進了廢紙桶裡，它的價值現在完全是歷史性的了。

這封電文好像並非不得其所，歐胡島上現在是一片超乎現實的混亂。舉例來說，就沒有一個人曉得攻擊來自何方，令人難以置信，沒有一位美國飛行員，曾隨著日機飛向北方三百六十公里遠的航艦位置而獲得成功。最初的報告，好像都同意攻擊的飛機來自南方，所有手頭的偵察機都派到這個地區去搜索。

卡胡庫岬的俄帕那雷達站，也就是洛克哈德和埃利奧特兩名雷達兵，在今天凌晨，搜索到進襲日機的所在，仍然在操作；每次標定回波，都顯示出一條飛返北方的航跡。但是這些蒐集的小小情報資料卻被忽略了；也許因為雷達還是一種這樣新的器材，以致美國官員仍然不信任所致。不論是甚麼情形，美國人的眼睛總固定在南邊。

希奇古怪的謠言在島上滿天飛，而且深信不疑。有個謠言說日本的墾植勞工，在甘蔗田裡砍成矢標形狀，指向珍珠港。──這是個無稽的謠言，要發現珍珠港，其容易的程度，就像在電話亭裡找低音鼓一樣；攻擊飛機在看到有記號的甘蔗田以前，老早就看到了珍珠港。

另外一項傳說，說當地日本僑民的破壞分子，開了汽車，故意阻塞檀香山市到珍珠港的公路。──據當地聯邦調查局報告：「不論是在攻擊前、攻擊中、或攻擊後，夏威夷都沒有這種破壞行動。」

「我必須說這次空中攻擊，計劃非常完美，而執行非常圓滿的軍事行動，」基梅爾將軍在後來作證時這樣說，他在羅勃調查委員會中，以骨骾在喉的誠實態度表示說：「把說也厭惡的詭詐撇在一邊，日本人這件事做得很棒。」

損害調查結果，有八艘主力艦、三艘輕巡洋艦、三艘驅逐艦、和四艘輔助艦沉沒、翻覆、和重傷，不能動彈的噸位共達三十萬噸，予美國海軍有史以來最決定性的打擊；此外，他們掃蕩了希康、惠勒、和其他機場的許多設施，把駐在夏威夷的陸軍航空隊兵力二百三十一架飛機中，擊毀了六十四架，剩下能立即使用的飛機不到七十九架。到最後，島上的海軍飛機消滅了一半。

用甚麼原因來說明這種可怕的損失？日本人利用了奇襲的利益！在一次攻擊裡，集中投入三百五十三架飛機，以壓倒的優勢來攻擊美軍，這在當時是一個可驚的數字。但是大部份的破壞威力，是使用投雷作戰而獲得的。美國海軍將領認為在淺水的珍珠港，空投魚雷不會成功；日本人卻不作如是想，而證實了他們深思熟慮的觀點——雖則他們直到最後一刻，才解決了淺水魚雷的問題。

美國海軍將領也懷疑，高空的水平投彈，能否炸穿甲板的極厚裝甲？這一點，也使他們料想不及，日本人以主力艦四十一公分大砲的砲彈，改造了一種特具威力的穿甲炸彈。

可是日本人的勝利，距離全面凱旋還很遙遠，沒有消滅美國三艘航艦中的任何一艘，是他們遭遇的最大失望。對正返航的「企業號」竟失之交臂。這艘航艦由於天意的稽延，幾艘隨伴的驅逐艦，在洶湧的海上發生了再加油的故障，而得以倖免於難。淵田率領第一批飛機群飛近歐胡島時，「企業號」離島只有三百六十公里遠。

船塢中的驅逐艦「蕭號」（Shaw），一枚炸彈
正中前彈藥艙，把整個艦艏都炸掉了。

電影中，零式機不斷掃射營房，士兵們要抵抗，有槍沒子彈，軍械士卻
拒發彈藥……

日本飛行員也錯過了炸毀歐胡島上機械工場的機會，這些工場在修復艦隻時，證明了它們的無比價值；同時，他們也一任貯存艦隊航行所必需的油槽區紋風未動，自從那次以後，美軍才怱怱興建地下油庫。當時所有燃油都在地面上的油槽內，極容易摧毀。一旦損失油料，可能把其餘的美國艦隊趕回聖第牙哥，結果會使日本人在太平洋獲得制海權。

「幸運女神」露了一手，當時油輪「尼阿學號」碇泊在福特島油庫地區附近，但卻幾近神奇地沒有被炸中；「尼阿學號」如果爆炸，不但會使附近「馬利蘭號」、「田納西號」、「俄克拉荷馬號」、和「西維吉尼亞號」四艘主力艦，變成一片熊熊大火的煉獄，而且必然會使附近的油槽區成為一片火海，這真是鴻運當頭。然而，菲利浦船長英勇地把這艘危險的船駛離海港時，只圖大手筆的日本人，竟輕輕放過了這艘船。

攻擊珍珠港的日本潛水艦也大為失敗，這種失敗，在當天的日本海軍官兵無法加以說明。一九四一年十二月七日，基梅爾將軍在珍珠港的海軍，只有九艘潛水艦，而日本人派來對付的有二十五艘大型潛水艦、和五艘袖珍特殊潛航艇。這三十艘潛水艦早在攻擊日以前，沿著歐胡島的四週配備，計劃中由它們擔任攻擊的重要部門——特殊潛航艇去結果那些碇泊在港內已受傷的主力艦，一般潛艦則救起被擊中落海的日機飛行員，以及擊沉企圖進入、或離開基地的任何美國艦隻。

顯然，日本潛水艦官兵的訓練和旺盛的企圖心，都比不上飛行員。返航的「企業號」航艦和三艘護航的巡洋艦、和美國其他艦隻，本是很誘惑的目標，可是基梅爾將軍的戰艦在第一次攻擊後，已經就作戰部署，打擊任何一種攻擊他們的企圖。日軍一艘大型伊七十號潛水艦和四艘袖珍特殊潛航艇被擊沉，第五艘特殊潛航艇擱淺，艇長酒卷和男少尉被俘，成為大戰中的第一名日軍俘虜，日本的海底艦隊，可說一無所成。

紛傳日軍在鑽石頭、在北方的海岸、斯可費得、和在麥農河谷登了陸。——日軍為了發動其他地方的作戰，並沒有充足的艦隻從事這種入侵，日本到夏威夷的距離，比美國遠一千六百公里。即令佔領了夏威夷，日軍部隊也無法補給和防守。

雖然如此，仍然假定日軍隨時可以登陸，蕭特將軍為了對付起見，配備了數以千計的部隊在散兵坑內——其中連可以去修護損壞飛機的航空隊官兵都在內。

歐胡島上擔任防禦的部隊，在十二月七日這天，備受打擊和滿懷沮喪，就像一個人走夜路，又害怕又輕視地覺得草木皆兵。派出去搜索日本航艦的飛行員，飛回來時，被己方扣板機為樂事的友軍所擊落；救難船還在油污的海面上救人，入夜以後，仍然受到陸戰隊神經過敏的騷擾；陸戰隊隊員經常對他們喝問口令，如果回答慢了，便立刻開槍。

傍晚生了一次最令人心碎的事件，「企業號」航艦上起飛的一分隊戰鬥機，因為飛返航艦太遲，奉令飛來歐胡島。這六架飛機飛到時，都開著航行燈，在希康機場上空，卻成了最好的飛靶；他們飛進了猛烈的防空砲火力中；躲過了這一場，又碰到海軍船塢和「賓夕凡尼亞號」主力艦上的射擊。修馬克上校親眼看見三架飛機起火墜落，一架摔在半島上的珍珠城，一名飛行員跳傘落海，送進醫院時死去。

另外三名飛行員運氣較佳，一架強迫降落在全部燈火管制的福特島，他安然無恙爬出飛機；第二名飛行員在巴伯岬跳傘逃生；丹尼斯少尉則憑了腦筋靈活救了性命，福特島上槍砲開火時，他大開機頭落地燈，對著砲手飛過去，照得他們眼花撩亂，飛出射距離以外，他在附近四週兜圈子。直到防空砲火停止，他再飛進來，這次可不開燈了，安然落地。

第三十八章
對英雄的尊敬

戰爭中，時常產生具有過人勇敢的英雄。

戰爭需要英雄鼓舞士氣民心；必要的話，交戰國會製造出英雄來，滿足國民敵愾同仇的心情。

珍珠港一役，美軍大敗虧輸，損失慘重。但卻對英勇作戰的官兵，頒發了十五座國會榮譽勳章（Congressional Medal of Honor），為美國歷史上單一戰役最多的一次。全數都頒發給海軍：

海軍少將基德（Issac C. Kidd）

海軍上校本尼恩（Mervyn S. Bennion）

海軍上校瓦爾肯堡（Frank Van Valkenburgh）
海軍中校楊格（Cassin Young）
海軍少校富卡（Samuel G. Fugua）
海軍少尉弗萊爾蒂（Frank C. Flaherty）
海軍備役少尉瓊斯（Herbert C. Jones）
海軍機工一等士官長斯科特（Robert R. Scott）
海軍航空軍械士官長芬恩（John W. Finn）
海軍帆纜士官長希爾（Edwin J. Hill）
海軍槍砲士官長法瑞斯（Jackson C. Pharris）
海軍通信士官長雷韋斯（Thomas J. Reeves）
海軍機工士官長羅斯（Danald K. Ross）
海軍鍋爐中士托米克（Peter Tomich）
海軍上等水兵華德（James R. Ward）

基德少將為這一役殉國最高階的美國海軍將校，他是主力艦第一戰隊指揮官，將旗高懸在「亞利桑那號」主力艦上；艦長為瓦爾肯堡上校。日機第一次攻擊時，先攻「主力艦列」的

「奧克拉荷馬號」；見到艦身爆炸翻覆，便集中力量攻倒楣的「亞利桑那號」與「西維吉尼亞號」。可能是「蒼龍號」八架魚雷轟炸機的魚雷，命中了「亞利桑那號」第二號砲塔側，引起前彈藥艙爆炸。這一下猛烈的爆炸，使得全艦官兵一千多人死亡。基德指揮官、瓦爾肯堡艦長兩員殉職。

另外一員獲頒這一勳章的本尼恩上校，為「西維吉尼亞號」主力艦艦長，日機炸彈一大塊破片炸中了他的腹部，重傷陣亡。

悲慟的是，這十五座榮譽勳章，九座都是身後追贈；只有五個人在這次戰役後，以血戰餘生之身，得到這項榮譽，他們是：

修理艦「維斯特爾號」艦長　楊格中校

「奧克拉荷馬號」主力艦損害管制官　富卡少校

海軍航空站軍械士官長　芬恩

海軍槍砲士官長　法瑞斯

海軍機工士官長　羅斯

「奧克拉荷馬號」主力艦遭受了日機六枚魚雷的攻擊，一擊之下便開始翻覆。在底層艙室中困住了很多官兵。在醫療艙中的莫頓森少尉（Adolph Mortensen）和三名士兵，踩著湧進來的海水找出路。他尋到了一處舷窗，窗口很小，只容得下瘦人穿過。他以官員之身，命令這三名水兵先出去。兩名水兵迅速遵照他的命令爬出，但第三名水兵為木作長奧斯汀上士（John Arnold Austin）卻不肯走，他體重超過九十公斤，知道自己出不去。他抓開舷窗讓別人，莫頓森擠過舷窗時，還擠掉了身上睡衣的扣子。

「只能說，我是靠自己逃出來的最後一個。」莫頓森在戰後回想：「奧斯汀是最高貴最勇敢的一條漢子，他很清楚自己存活的時間為時不久。」

由於他的犧牲精神，奧斯汀上士身後獲頒海軍十字勳章。

生前獲頒海軍十字勳章，也曾在電影中表現英勇行動的，為「西維吉尼亞號」主力艦的膳勤兵米勒（Doris Miller）。他是全艦重量級拳擊賽的冠軍，冒著生命危險，救出了身受重傷的艦長本尼恩上校；還在日機猛烈攻擊中，操作一挺機關槍反擊。

日本民間對攻擊珍珠港消息大吃一驚，並不亞於美國，興奮情緒極為高張，發佈第一次消息後，報僮搖著他們的售報鈴，不斷在街上奔跑，每一項新消息，都是發佈另一次號外的新理由。

「一億同胞前進的日子已經來臨，」《每日新聞》斷然宣稱：「我們等待得久已不耐的時候到了。」

不顧政治家和軍事家如何警告：艱苦的日子在前面！民間歡欣鼓舞的巨大采聲仍久久不斷。「日本將不再是匱乏的國家，」新聞大字標題自誇……「現在，歷史站在軸心的這一方。」……「一億人都是英雄，」《朝日新聞》的主編，無疑的反映了全國心情，他說：「我們今天的口號是『無敵的皇軍』！」

海軍一向是受到冷遇的軍種，陸軍受到社會寵遇時躲在一旁，現在也有今朝了。海軍飛行員的光榮功績，受到了最慷慨詞句的讚美；整個帝國海軍的威望，升到了眩目的高峯。

十二月二十二日，「機動部隊」的第一航空艦隊從二十七天的航程中凱旋歸國，受到了冗長的宴會、錦上添花的慶賀祝詞、團體照相的儀式、以及無窮無盡熱烈提出的問題所歡迎。

即令最先反對山本計劃狂妄的海軍軍令部總長永野修身海軍大將，也不斷對所有的人反覆說道：「幹得好！幹得好！」

一切的典禮與慶賀中，有一個人的沉默是值得注意的，雖則山本五十六大將很表欣慰，精神很好，卻獨自避開那些豐富的宴會和交互的讚譽，他小心翼翼地注視著未來。

「諸君攻擊珍珠港的作戰，是一項偉大的成就，」他告訴勝利的海軍官兵：「但是諸君必須小心謹慎，不可自滿自大，當前還有更多的作戰。」

源田美津雄中佐尤其是這個時候的英雄，一個接一個的團體對他訪問、讚揚、和接待，邀請是這樣的多，以致他出席時，還沒有滿足主人熱切的問題，便被另一位主人拉走。

最後，他獲得神道教徒渴望得到的最高榮譽，天皇表示願意聽取這次無比攻擊的直接報告。永野修身海軍大將便安排了覲見天子。十二月二十六日上午十點整，由他率領南雲忠一中將、淵田美津雄中佐、和第二次攻擊隊的指揮官嶋崎重和少佐進宮。

南雲的軍階是海軍中將，覲見天皇沒有甚麼問題，但是像淵田和嶋崎這樣低階的官員，使得負責嚴守宮庭儀節的宮內省官員大為吃驚。直到提出了權宜處置，使這兩位佐級飛行員，成為臨時的「海軍軍令部總長特別助理官」，才得准進入皇宮。

這次陛見，原以為只談十五分鐘，卻延長到四十五分鐘。而且淵田有次對天皇的一項垂詢，竟直接奏答——這項失儀總算是態度自若地忽略過去。南雲中將的軍階可以直接奏答，但兩位較年輕的官員，應該由宮內副官代為稟奏的。

裕仁特別關懷對非戰鬥人員的傷害，「珍珠港有沒有醫療船？」他問淵田：「你們是否意外而擊中了這種船？」淵田奏明並沒有發生這種錯誤。

天皇也耽心是否擊落了任何民航機、或者無武裝的教練機？淵田對這點也確切奏明保證沒有。

淵田在覲見中一直侷促不安，說不出話來，兩隻手緊張得無處是好。通過了這次嚴格考驗，才覺得輕鬆得多。事後他自己承認：攻擊珍珠港比起向天皇啟奏經過，那次使命輕而易舉得多了。

日本人對象徵和風雅，具有奇妙的熱情——在西方人看來很不調和——雖則這個國家現在已經輕率地投入一個長期而可怕的衝突裡，傳統的特色仍然沒有甚麼改變。根據一項古老的傳統，迎接一九四二年，裕仁天皇要對懇求的臣民，頒賜每年一度的迎新詩題，今年圈定的題目是「雲掩群山」。

日本外務省的機關報《日本時代及廣告人報》評論這一御選題時，抒情地加以說明：

「雲掩群山，是新的一天開始的象徵。高峰上的皇冠，迎接拂曉最初的緋色光芒，一天最先的象徵落在雲上……雲掩群山的整個觀念，是本年度曙光甫露的快樂現象，這是今年度日本充分擔當領導起、和建設起東亞新秩序的第一天。」

昭和——意思是「昭示和平」，真是諷刺。——十七年開始了，曙光照在戰爭折磨的太平洋上，日本的初升旭日，從來沒有像這般的明亮，它凶猛的光芒，從來沒有越過這樣廣大的平面。事實上，當時的日本正高高地在雲上奔馳，在她成就的高峰位置，一切的山峰都俯躺在下面。

第三十九章
日本史詩的悲劇

日本並不是立刻就從山上走下坡，這種下降的途程；在開始時，也是崎嶇不平，但幾乎最先就開始了，卻是冷酷的事實。

日本在珍珠港的乾坤一擲，已獲得最大的勝利報償。那一役日本命該得勝。在緊隨著漫長而死生搏鬥的戰爭裡，用盡一切的技巧和勇敢，是他們的光榮；而毫無人性的殘暴，則是他們的禍害。可是，裕仁的海軍和陸軍，從來沒有達到過在第一次攻擊時的高峰，因為他們再也沒有時間去充分運用他們民族的特長——精心的技術、巧妙的設計、和無限的耐性。

攻擊珍珠港以後，日本海軍像是一群殺人鯨，在太平洋上所向無阻。但是不到六個月，中途島一場決定性的會戰，把南雲麾下四艘寶貴的航空母艦，「赤城號」、「加賀號」、「飛龍號」、和「蒼龍號」，都送下了海底。那次重大的失敗，扭轉了太平洋的潮頭；在雷伊泰灣後，緊跟著塞班島海戰，終於把「帝國海軍」削弱到成為一支「魚塘海軍」。到戰爭快要終了時，曾經容納海軍軍令部的紅色大廈，成了一處死寂、沒有生命的骨架、一堆燒成焦灰的廢墟；一度驕傲的「長門號」主力艦，它那廣闊的甲板上，山本曾經擬訂眾多的計劃，也變成炸彈所毀的廢艦，沉沒在橫須賀灣裡，成為徹底戰敗的象徵。

在戰爭中百戰餘生的源田實中佐，戰後曾任日本新空中自衛隊的參謀長、日本國會議員、和美國的好朋友；淵田美津雄中佐在中途島一戰中「赤城號」被炸沉時，雖然雙腿都被炸彈破片擊傷，仍然活了下來，成為一位虔誠的基督徒，一位活躍的牧師；可是大多數參與攻擊珍珠港的人員，都毀滅在戰爭的屠戮裡。

第一批攻擊機群中，零式戰鬥機的領隊板谷茂少佐，一九四四年七月二十四日，在荒涼多霧的千島上空，被幾架誤以他是敵機的陸軍飛機所擊落死去；淵田麾下俯衝轟炸機的領隊高橋赫一少佐，也在一九四四年五月八日駕機陣亡；第二批攻擊機群的領隊嶋崎重和少佐，一九四五年一月九日，衝進了菲律賓和台灣間的海水中；領導俯衝轟炸機，成為戰爭神話人物的江草隆繁少佐，一九四四年六月十六日，在塞班島上撞成了一團煙火。

熱心支持山本夏威夷大膽冒險計劃的山口多聞海軍少將，在中途島決戰中拒絕救助，和「蒼龍號」一同沉沒；南雲忠一中將，在他的手中，曾經掌握過恁多的歷史，葬身在塞班島，證實了他的勇氣。

聯合艦隊司令長官山本五十六大將，在一九四三年四月十八日，赴前線作一次視察，在行程中遇到了他的大限。美國情報人員業已破譯了日本密碼，知道他要到哪裡去、甚麼時間到、和如何行動；由於他自己準確守時的習慣，終於在包根維里叢林的上空，被美國陸軍航空隊一批攔截的P－38戰鬥機所擊落。

也許這些死去的人，沒有一個願意偷生；可是，日本已經走向一個悲劇的命運。

珍珠港的損害，可能遠比實察情形要更壞，日本人卻沒有炸毀美國海軍船塢、和它附屬的重要機械工場，這些是「海軍後面的海軍」；也沒有消滅貯集艦隊生命血液的油槽地區。而且，基梅爾司令考慮過一切因素後，決定在週末把艦隊留在港內，是一個睿智的決策。如果南雲在海上攻擊，擊沉了這些艦隻，那就會永遠失去了；由於留在水淺的港內，許多艦隻得以迅速修復，參加了後來的作戰。

源田實對南雲不准他的飛行人員繼續作致命的一擊，直到後來還是非常懊喪，「如果我們消滅了珍珠港，炸沉了『企業號』、和『勒辛頓號』，或者兩艘航艦中的一艘，太平洋的戰爭必然大不相同。」他回顧說：「我們不應該只攻擊一次，我們應該攻擊！再攻擊！」

很多美國海軍人員同意他的意見，其中一位是在夏威夷總部繼任基梅爾的尼米茲，「未來研究我們在太平洋作戰的海軍軍人，」他寫道：「都會得到一致的結論，認定日本航艦特遣艦隊的司令官，失去了千載一時的良機，他不應當對珍珠港的攻擊，只限於一天的行動，而且只限定於選擇的少數目標。」

除開生命的悲痛損失外，珍珠港在任何方面，並不是一項絕對的災害。當時駐在夏威夷的一些海軍指揮官，都認為日本人「對我們做了件好事，」他們炸沉了一批「過時的廢鐵」，而使航空母艦成為「新海權的心臟」。日本也拋開了中立有利的成熟菓實，衝進了同美國拚鬥的戰爭，選定夏威夷作為令人震驚的首要目標；一擊之餘，使得已經嚴重分裂、和有孤立趨向的美國團結起來。「羅斯福總統應該給我們頒授勛章。」率領「翔鶴號」和「瑞鶴號」航艦第五戰隊司令官原忠一少將，苦笑著承認。

二十一世紀這個新時代的人們，生活在嚴重的國際緊張和難以想像的核子武力中，珍珠港仍然是一項必不可免的戰爭教訓，它也強調了歷史上一項苦痛的事實：

意想不到的事可能會發生，而且常常發生。

第四十章
邱吉爾感恩入夢

一九四一年的倫敦特別寒冷，十二月初就開始飄雪，使得被德機轟炸過的廢墟灰暗殘破的市容，稍稍有了幾片白色的塗抹。呼嘯的北海寒風，吹得路上行人都低下了頭，埋藏在毛帽與圍巾、大衣下，一張張凍得紅通通的面龐，匆匆奔向暖和的地鐵車站；下班回去時，在人群中擁擠，也略略添了些暖意。

在市郊首相的契克斯別墅（Chequers），雖然由於全市戰時燈火管制，整棟花崗石大樓黑漆漆地矗立在風雪中。但進入邱宅重門，便感到一陣暖氣撲面迎迓，迴廊上也有彩色金箔的槲樹葉、彩燈和紅緞帶的裝飾。進入客廳，廳堂中更有一株四公尺高的聖誕樹，煇煌閃亮的燈飾，和樹下堆集的禮品盒；現示出儘管戰爭已到了十分艱苦的階段，但迎接一年一度的聖誕節，依然是大英帝國總理大臣別邸必不可少的節慶點綴。

總理大臣的週日晚宴結束了一小時多，應邀作陪的男女貴賓都已紛紛歸去，隨著酒香、衣香鬢影漸漸消散。但是小客廳內，主人卻與這次宴會的兩位主賓談興正濃，哈瓦那雪茄菸的菸香和濃濃的咖啡味繚繞全室，添加了一份親近的溫暖。

邱吉爾喜歡在契克斯別邸款待要賓，高談全球和全國的事務。他坐在橡木咖啡桌的一端，靠椅邊便是一個大號地球儀；坐在桌側的兩位主客，都是美國的VIP。個子魁梧高大，面貌英俊的一位，便是積極支援英蘇主持美國「租借法案」的執行長哈里曼（Averell Hariman）；另一位則是身材瘦削，服裝講究的駐英大使懷南特（John Gilbert Winant）。儘管邱吉爾與羅斯福可以隨時直接溝通，但大英帝國所急需的資源與裝備，在在還需要經過這兩位美國代理大員的處理才能獲致。懷南特在第一次世界大戰時，為航空兵上尉，對軍事並不陌生，與海軍出身的邱吉爾，對當前與德義兩國的作戰戰略與戰術，都能相互應和。先一年美國在「租借法案」名下，以五十艘驅逐艦送給英國，解救了英國皇家海軍當時燃眉之急，幕後推手便是華府白宮顧問霍浦金斯，及駐倫敦笑語雍容的執行長哈里曼。

他們暢談世界局勢，尤其關心華府美日外交談判。談到十一月二十六日，美國國卿赫爾，已將華府答覆的照會遞交給日本野村和來栖兩位使節，日方的後續反應會如何發展？九點鐘剛到，「英國廣播公司」的新聞節目開始，邱吉爾便把桌上一具小小的無線電收音機打開，三個人都想聽聽有甚麼要聞，可以作為今晚聚會的談助。

「英廣」最先播出幾則蘇聯前線、以及英軍在利比亞前線作戰的消息；到結束時，有寥寥幾句，談到日本攻擊夏威夷美國軍艦、以及荷屬東印度的英國船舶；然後又播報說，新聞報導後，會有某某要人先生發表評論；「腦信託基金方案」會開始云云這一類的消息。

三個人就像受到了晴空霹靂的電擊一般驚悚，雖然人有點疲倦在休息，卻都坐正起來，彼此望望，邱吉爾還故作鎮定，沒有作出任何直接的感觸；懷南特卻說，日本正在攻擊美國了。這時，邱吉爾的別邸總管沙耶爾（Sawyers），聽到消息，很興奮跑進來說：「總理大臣閣下，真的，我們在外面聽到，日本已經攻擊美國了。」三位大員都默然無語。

由於邱吉爾在十一月十一日那天，在倫敦市長官邸午餐時說過：「日本如果攻擊美國，英國便會在『一小時以內』向日本宣戰。」

發生了這種驚天動地的大事，哈里曼原想告辭回大使館，今晚可能要連夜加班處理公務了。邱吉爾卻起身，走過大廳到燈火煇煌的首相辦公室，那裡晝夜二十四小時，都滿滿的一室人在辦公。

邱吉爾告訴機要秘書：「接羅斯福總統！」跟隨在後的懷南特，以為邱吉爾就要採取無可挽回的一步了，便說道：「老天，你不能憑廣播就宣戰吧，要不要先證實一下。」

兩三分鐘以後，羅斯福電話通了，邱吉爾問道：「總統先生，日本怎麼回事？」

「十分正確，」羅斯福答道：「他們已經攻擊了珍珠港，我們同舟一命了。」邱吉爾把聽筒交給懷南特，他和總統講了幾句，頭一句都是「好」：在當時，邱吉爾認為「好」顯然很嚴重，便再接過聽筒說：「啊！這一來，確實使很多事情簡單了，上帝保佑你！」

三個人走回大廳，想對發生的這項超級世界大事，調整一下思想，這件驚濤駭浪的大事，連他們最接近世界權力核心的人都喘不過氣來。雖然還不知道美國海軍慘遭多大的損失，懷南特與哈里曼倒是以堅忍的態度接受了這項消息，並沒有因為自己的國家進入戰爭而震撼。

這天是星期天，英國國會要到星期二才開會。議員又散處全島，交通又很困難。但是邱吉爾仍然進辦公室工作，打電話給議長、各黨幹事長、及其他有關人員。要求上下兩院明天星期一開會，告訴外交部要在議院開會前，即刻草擬對日本的宣戰書，通知戰時內閣閣員以及國防部三軍首長，邱吉爾判斷正確：這些大員都已得到消息了。

把這些都辦完，邱吉爾想到，首先要給愛爾蘭自由邦（Irish Free State）總理德瓦萊拉（De Valena）一封電報，趁此美國參戰，勝利可期，希望能就此機會，和平統一，使已分離的愛爾蘭，向聯合王國歸隊：

現在是貴邦機會了，再度成為一國，萬勿錯過。本人願往貴總理所定地點會晤。

一九四一年十二月八日

他又想到在與日本奮戰的中國，拍電報給重慶的蔣委員長：

大英帝國及北美合眾國已受到日本攻擊，我們一向是朋友，現在我們面對一個共同的敵人了。一九四一年十二月八日

邱吉爾與懷南特又聯名給羅斯福顧問至交霍浦金斯去一個電報：

總理大臣致霍浦金斯先生：在這歷史性的頃刻，我們都極其想到你。——溫斯敦及懷南特，一九四一年十二月八日。

十二月八日（星期一）的戰爭內閣，通過立即向日本宣戰。由於外交大臣艾登（Eden）已啟程赴莫斯科；邱吉爾兼任外相，向日本駐英大使送出一份宣戰照會：

大使閣下：

十二月七日下午，聯合王國陛下政府獲悉：日本軍隊在未正式宣戰，或以有條件宣戰的最後通牒作事先警告下，企圖在馬來亞海岸登陸，及轟炸新加坡與香港。

有鑒於此種無故侵犯的荒唐行徑，惡劣昭彰，違反國際法；尤其違反第三次海牙大會第一條，與日本及聯合王國雙方開戰有關。已訓令本國駐東京大使，以聯合王國陛下政府之名，通知日本帝國政府：貴我兩國間存在戰爭狀態。

大使閣下，本人特致敬意，深以為榮。

僕 溫斯敦邱吉爾上

有些人對向日本宣戰，還用這種文謅謅行禮如儀的文體不以為然；但是邱吉爾對自己批准的對日宣戰照會，卻認為「要殺一個人，客客氣氣下手，並沒有半點損失。」

邱吉爾在世局猝變下，迅速加以處理；在赴美與羅斯福會面協商全球戰略前，詳詳細細寫出他在珍珠港一役後的快樂心情：

倘若我宣稱，有了美國在我們這一邊，是我最大的歡樂，沒有一個美國人會認為錯了。我無法預告大局的進行方向，也不假充早已準確衡量到日本的軍力。可是，現在在這一時刻，我知道美國已進入戰爭，不可自拔，所以這一戰我們終於贏了！不錯，自從敦克爾克、法國淪陷、阿蘭的恐怖事件、德軍登陸的威脅事件以後；那時，除開空軍與海軍外，我們幾乎是一個手無寸鐵的民族。在經過潛艦戰的致命奮鬥，第一次大西洋之役，贏得間不容髮；在孤軍奮戰十七個月，以及在艱困重壓下，我所負責的十九個月後，這一戰我們已經贏了。英格蘭會長存，不列顛會長存，大英國協與大英帝國會長存。

這次大戰要撐多久，結局會是甚麼形勢，沒有人能預告，就在當下我也不能。在我們島國的悠長歷史中，不管多麼遭到打擊與殘害，我們終會又一次安全、勝利、崛起。我們不會被清除，我們的歷史不會結束，我們也許甚至不像人人一般死去。希特勒的命運大數已定讞，墨索里尼的命運已定讞；至如日本人，他們將遭碾碎成灰泥；這一切僅僅只要我們英國、蘇聯、現在還有美國，以他們每一點滴的生命與力氣，把壓倒性的力量適當運用；以我看來，這種力量兩倍甚至三倍於敵人。毫無疑問，這用不了要很久；我料想東方會有恐怖的損折，但所有這些，僅僅只是經過的局面。我們團結，便能制服全世界的每一個人。向前走，有很多災難與難以計算的代價與苦難，但對結局卻沒有疑惑。

蠢人——所在皆是，不只在敵國——也許藐視美國的力量。有些人說他們美國人軟弱，還有人說他們從來都不結合一致，會在遠處游游蕩蕩，從不團結。也從沒有挺身流過血。他們對朋友、對敵人，都只當是地平線上模模糊糊的污點。現在，我們可以明白這些為數眾多，但卻疏遠、富有、嘵舌人士的弱點。但我研讀過美國內戰，他們會拚死奮戰到最後的一寸土地。我的血脈中流有美國人的血，想到三十多前，英國外交家格魯（Eaward Grey, 1862-1933）的一句話，說美國就像一個「巨大無比的鍋爐，一旦在下面生了火，它所產生的力量就沒有限量。」

最後，邱吉爾寫出他和重慶蔣介石委員長，在得到珍珠港消息後，同樣的如釋重負感：

Being saturated and satiated with emotion and sensation, I went to bed and slept the sleep of the saved and thankful.

我在滿懷激動中上床，睡一個得救與感恩的大覺。

後記

忝為業餘軍史癖，半世紀以來，我與第二次世界大戰中的一次重大戰役——珍珠港，有過多次接觸而結了不解緣。想在這一戰役七十週年時，寫出它原原本本的故事，與大眾讀者分享。

這個故事並不新鮮，它的本身並不要緊；最重要的，便是如何寫出這一個好故事來。我與「珍珠港」，有過多次接觸，蒐集資料，五十年來未曾間斷，自己也說不出一個道理：何以這麼執著？可能一如古語所說「胎性中有著根處，不自知其所以然」吧。

一、第一次接觸

第一次接觸在半世紀前，也就是一九六二年十一月，國防部總政治部纔召開國軍第一次文藝大會後，邀請軍中作家訪問外島。通知定十一月十三日（星期三）上午十時，在高雄市軍人服務社集合，十一點四十分搭乘海軍戰車登陸艦中字二〇六號赴金門。那時我任職花蓮空軍防空學校，興沖沖一大早便從花蓮搭窄軌火車到台東，換公路局車到枋寮，再上火車到高雄。早上六點出發，晚上八點才到，馬不停蹄，折騰了整整十四個多小時。

我落腳軍人服務社以後，晚上九點多，便去逛高雄市區，到最熱鬧的鹽埕區走了一圈。歸途在中國百貨公司樓下書店，買了一本一九六二年十一月號的英文版《讀者文摘》，準備海行中閱讀消閒。

那一期後面的書摘題目，引起了我的好奇心，Tora! Tora! Tora! 根本不懂甚麼意義，迫不及待看下去，才知道是日本攻擊珍珠港一役的記載。當時二戰勝利已十七年了，美國普蘭格教授（Grorge W. Prange）所寫這本歷史名著的精譯，使我頭一次見到了昔日敵國大將山本五十六的真面目，不禁興味盎然，看得入迷。

那一陣子，我在高雄煉油廠所辦的《拾穗》月刊上，陸陸續續譯載《鵬搏萬里》（Great Air Battles）。那一本書雖列舉了第一次世界大戰到韓戰的許多空戰史實，連《擊落山本五十六》都有；但卻滄海遺「珠」，沒有珍珠港這一役，因此把這本書摘譯出，作《鵬》書的大軸。

當時我譯的標題，依然為〈老虎！老虎！老虎！〉，一九六三年先在《拾穗》刊出，後來納入《鵬搏萬里》結集出書。《鵬》書是我一生譯書八十三冊中的第一本，書中以〈老虎〉這篇最長，達六萬一千多字。

可以說，《珍珠港》一役，早在五十年前，台灣便有了書摘的中文譯本；那是我與珍珠港的第一次接觸（也是一種結緣）。對整個戰役的去脈來龍，有了深刻完整的印象。

二、第二次接觸

四年後，一九六七年秋天，我在臺南亞洲航空公司工作，在市區買到了華特勞德（Walter Lord）所著的《難以置信的勝利》（The Incredible Victory），敘述珍珠港後半年的中途島戰役，有心加以翻譯。

譯史——尤其是譯日本的人地名，「信」最重要。當時只有盡其在我，做好準備工作，把一切疑難譯名做成卡片。然後，就像書中的美國特遣艦隊般「等待！只有等待！」

感謝同事——目前遠在加拿大的張凱玲，她是位虔誠的基督徒，希望我能得救，不只一次要我在公餘去教堂聽道。一九六八年七月上旬，她又勸我去聽一位日本傳教士在臺南市的佈道，她提到這位長老會牧師的姓名，使我霍然振奮，真想不到居然有這種難得的機會，他就是軍事史上日本赫赫大名的淵田美津雄中佐。

一九六三年春，我譯《老虎！老虎！老虎！》時，就已經知道他是轟炸珍珠港第一、二兩次攻擊隊機群的總指揮官；後來參加中途島作戰，先生了病，又受過傷；戰後他和奧宮正武合著的《中途島》，是日本史學界關於這方面的權威作品。然則我所遭遇的譯名困擾，終於遇到指引的專家了。

七月十三日那個炎熱的夜晚，在臺南市合作大樓前一條小街的教堂中，我擠在滿坑滿谷的聽眾間，聽淵田佈道。他那嘶啞尖銳的聲調，由台灣牧師改譯成閩南語；我仔細端詳臺上的淵田，清癯的面孔，稀疏的頭髮，額頭上的皺紋，已不見當年叱咤風雲千機排空的氣勢。真使人喟然「美人自古如名將，不許人間見白頭」。唯有他那挺直的鼻樑，金邊眼鏡下的光芒，依稀閃耀著一絲昔日的英氣。

佈道完了，我夾在擁擠的人潮中向他致意，提出我的請求。淵田聽完傳譯，似乎沒有料到在台灣的這一處小教堂裡，居然有人對二十六年前那兩場血戰發生興趣，略略有點驚訝；但馬上就頷首答應，抽出鋼筆，仔細地在我遞去的稿紙上譯起來。

他的誠摯與熱情，使我非常感動，也深懷歉意；因為在嘈雜、悶熱、燈光昏暗的教堂中，尤其是經過長長的講道以後，實在不宜於再麻煩他。因此，我說這並不急要，淵田樣可以在有空時再譯好給我；他欣然同意，說要在明晚佈道後交給我。

第二天晚上，我在南門路教堂裡，得到他交給我的譯名稿，所有人名都用他強勁方正的筆跡一一譯妥，許多問題迎刃而解，使我喜不自勝，但也感喟萬千。因為，在中途島作戰時，原來計劃由他領隊攻擊，誰知發航以後，他因罹盲腸炎開刀，而改由資淺的友永丈一大尉領隊。

友永在攻擊完了拍電報說：「中途島有再加攻擊之必要！」南雲司令因此下令改裝武器，以致耽誤機群起飛，猝遭美機掩襲，炸沉了四艘航空母艦，因而一敗塗地。如果領隊仍由作戰經驗豐富的淵田擔任，很可能不會發出那個電報，歷史也就可能改寫。然而，他也可能如友永般一去不復還；也不可能在戰後歸主，來臺灣佈道，為一位素昧平生的中國人，校譯美國人所寫的日本人、地、艦名了。

列出的人名，泰半是淵田當年的長官、同僚、或部屬。但是令人感傷的是：三十年的時間，「浪淘盡千古風流人物」。他譯的極少數人名，參照他書後，也還要加以校正。比如：「北方部隊」司令細萱戌子郎中將，淵田寫成「細谷」；山本大將的勤務班長近江平治郎寫為「小見平次郎」，使人覺得翻譯日本人姓名真不容易。他所譯出的人地艦名，筆跡遒勁端方，很可能是他留在台灣的唯一筆跡了。

三、第三次接觸

翻譯工作者「求全」的美夢，便是譯出名著的「全貌」。《讀者文摘》的〈書摘〉，將三十萬字的名著，凝縮成只有幾萬字，雖然取精用宏，大見功力，但總有浮光掠影之感。對想一窺全豹的書迷如我，時刻都在心頭。當時外匯尚未開放，但西書翻印卻甚盛的台灣，始終找不到這本《老虎！》。有朋友去美國，我便託他們買《Tora!》哪知道英文本根本不是這個書

Abe. Toshio 阿部敏雄

Abe, Lt., Division cmdr of Hiyru 阿部 飛龍 Agawa, Hiroyuki 江川廣行

Abe, Hiroaki, Rear Admiral in Tone 阿部弘毅少将 利根 阿部弘毅. 利根

Aiso, Kunizo, comd , chief engineer in Hiryu 相曽國三 飛龍

Akebono Maru, a tanker 曙丸 Akiyama 秋山

Amagai, Takahisa, comdr in Kaga 天谷孝久. 加賀

Amagai 天城

Aoki, Taijiro, Capaain of Akagi 青木泰二郎大佐 赤城. 青木泰二郎

Arashio, destroyer with Akagi 赤城. 荒潮

Ariga, Capt., destroyer division 4 Commander 有賀

Asashio, destroyer 朝潮

Boke-Sambo (foggy staff officer) 呆氣參謀

Bungo Strait 豐後水道

Chihaya, Lt., of Akagi 千早. 赤城

Chikuma, heavy cruiser 筑摩

Chitose, seaplane tender 千歲

Cho, navigator in Hiryu 長. 飛龍.

Chuichi Hara 原忠一少将 原忠一

Dobashi, Comdr., Akagi damage control officer 土橋. 赤城

DaiKokuten; HiruKo 大黑天蛭子

Egusa, Takashige, Lt., in Soryu 江草隆繁 蒼龍

Ema, Tamotsu, Lt., 江間保 江間保

French Frigate Shoals 法國戰艦淺灘

Fujita, Iyozo, Lt. 藤田怡與藏 藤田怡與藏

Fuchita, Mitsuo, comdr, 淵田美津雄

Fukusaki, Noboru, Cmdr, Admiral's flag seretary 福崎昇.

Fuso, a ship 扶桑

Gosho Maru

Hanafuda, a game at ... points s cigrette 花札

Haruna, battleship 榛名

Hashimoto, Lt., Observe of Lt. Tomonaga's

Hashirajima 柱島 柱島. Hiei 比叡号 橋本、友永

Hechima cologne 糸瓜

Hiride, Hideo, Cpat., chief of Naval press sect. 平出英夫

Hiryu

Hirasawa, Kazeushige 平澤勝茂

Horikoshi, Jiro 堀越二郎

淵田美津雄的親筆譯名（一）

Kumano 熊野 ~~Suzuya~~ 鈴谷 ~~Mikuma~~ 三隈 ~~Mogami~~ 最上

~~Arashio 荒潮~~ Asashio 朝潮

Kuroshima, Kameto, Capt. Operation officer 黒島亀人
Kusaka, ~~Ryu~~ ~~Ryunosuke,~~ Rear Admiral, 草鹿龍之介
Kuzagumo
Mainichi 毎日. Makigumo 巻雲
Makishima, Teiichi, a phptographer 牧島貞一
Mandai, Hisao, Ensign in engine room of Hiryu 萬代久男. 飛龍
Morinaga, Takayoshi, chief warrant officer torpedo pilot, Kaga 森永高義 加
Masuda, Shogo, Cmdr, air officer in Akagi 増田正吾. 赤城
Mikuma
Miura, Gishiro, Akagi's navigating of ficer 三浦義四郎. 赤城.
Mochizuki, Ensign, I-168 望月
Mogami
Mori, Juzo, bomber pilot of Soryu 森拾三 蒼龍
Mori, Shigeru, Lt., leader of fighters 森繁.
Morinaga, Takayoshi 森永高義
Murata, Shigeharu 村田重治
Murata, Kiyoaki
~~Nagano~~, ~~Osami~~, Admiral, chief of the Naval General Staff 永野修身
Nagara, ship 長良 Nakane 中根
Nagato, battleship 長門
Narita Shrine, near Tokyo 成田神社
Nishiura, Susumu 西浦進
Nichi Nichi 日日
~~Nishibayashi, cmdr, flag secretary~~ 西橋
Noda, Yeoman 野田 Nishiura 西浦
Nowaki, destroyer 野分 ~~Arashi~~ 野分

Ogawa, Lt., dive bomber's pilot 小川
Ogawa, Raita, fighter pilot 小川雷太 Okumiya, Masatake 奥宮正武
Ohara, Hissahi, cmdr, Soryu 小原壽一. 蒼龍
Oishi, Cpat., senior staff officer of Nagumo 大石. 南雲
Okada, Jisaku, Capt. of Kaga 岡田次作大佐 加賀 岡田次作 加賀
Omi, Heijiro, petty officer, Admiral chief steward. 小見平次郎
Ono, Cmdr, Intellegnece officer 小野 小野
Otawa, Tatsuya, a pilot in Soryu 音羽龍也 蒼龍
~~Ota~~, ~~Masanao~~, Capt. who leaded five oilers. 太田正直

Rugby, a game ラグビー
Ryujo, small carrier, attack Aleutains 龍驤

淵田美津雄的親筆譯名（二）

珍珠港四十五週年紀念入場券

名，怎麼找得到；一二十年下來，我想念這本書的熱情卻始終不減。一九八六年十二月初，我隨同郭嗣汾、袁睽九、夏鐵肩等作家，在漢城參加「中韓作家雙年會議」後，飛美西訪問。剛好在十二月七日凌晨飛向夏威夷，那天正是日本轟炸珍珠港四十五週年，我們的客機，也是日機進攻時那個時刻飛抵珍珠港。同一樣的高度，同一樣的晨曦，隆隆機聲中，耳機裡同一樣的是檀香市KGMP電台播放的音樂，旭日暗紅與金黃的朝霞，正染遍了東面的陰暗雲層，使我體味到當年日機總指揮官淵田美津雄中佐同一樣的情景，只是時間差了四十五年。

落地以後，珍珠港美國海軍基地正在辦四十五週年的紀念活動；我們也排隊去參觀炸沉的「亞利桑那號」主力艦紀念館，去看電影……臨走時，在賣紀念品的攤子邊，無意中卻發現了我夢寐以求的書，普蘭格著，沒錯，書名卻不是《Tora!》而是《黎明酣睡》（At Dawn We Slept）。這一本書《讀者文摘》不提書名，聽都沒聽說過，朋友們怎麼會找得到呢。這一下得來全不費功夫，喜出望外，我就買了這厚厚的一冊回台灣。論成本，這本書真是昂貴，萬里迢迢，要我親自從台北飛到珍珠港才有緣購得，得來不易，也就格外珍貴。

四、第四次接觸

有了書是一回事，如何譯又是一回事，以前我譯的書摘，只有小部分的人地艦名派得上用場，大部分依然無法參透，真有為山九仞的挫折感。

兩年以後，一九八九年秋，好友志文出版社總編輯曹永洋兄告訴我，他要去日本一行，這才鼓起我一點點希望。日本是一個翻譯極度發達的國家，這一本攸關他們歷史的鉅構，不會沒有譯本。因此便厚顏麻煩永洋兄為我試試看，能不能找得到這本書；心中卻非常忐忑不安，事過二十多年，這本書該絕版了吧。

皇天不負苦心人，永洋兄在九月廿日來信，也把日文版的《珍珠港》（書名卻是我熟悉已久的Tora! Tora! Tora!）寄到，使我萬分驚喜。永洋兄信中說：「能找到《珍珠港》一書，我認為是上蒼對您的多年盼望。有一種冥冥中的安排，這次張（清吉）先生招待我去日本，能找到此書，主要歸功於張先生和機緣。因為張先生多年前看過譯本日語本（小型開本）。日文書市與美國情形差不多，舊書只有在舊書店尋寶。日人對此事件似漸淡忘，新宿、早稻田、神田舊書街均未發現。後來一位女老闆在暗角處拿出此書，如獲至寶。我只知道替好友實現了一個願望，可是您不要過分譽揚，我會感到不安的。」

收到這本日文八開精裝本的《老虎！老虎！老虎！》真是高興，與原文篇幅相比較，普蘭格這本書日文版有所增刪。英文版為「策畫」（Prelude）、「作戰」（Action）、與「戰果」（Aftermath）三篇；八十一章各以一句話為標題，八百七十三頁，照片只有廿九幀。但日文版不分篇，一共只有廿七章，三百九十一頁中，幾幾乎每頁都有圖片，對珍珠港的兩次攻擊圖，更以彩色呈現。至於「山本五十六提議攻擊真珠灣」的手跡，「真珠灣攻擊機動部隊航圖」以及列為「軍極秘」的淵田美津雄所作「真珠灣奇襲戰果圖」，都彌足珍貴。

美日兩國《老虎！》版本，在好友協助下，三年中全都有了。

五、第五次接觸

治史須下一番薈萃搜擇工夫，《珍珠港》為二戰期中日美第一次交手的戰役。只是二戰勝利後，關於這一役的記載闡述，成王敗寇，幾乎都出自勝利一方的盟邦史家，百卷貫穿，汗牛充棟。台灣卻很少看到日本官方對「大東亞戰爭」的論述文字。

一九八八年起到一九九二年中，國防部史政編譯局以五年時間，翻譯了日本防衛廳戰史室的《大東亞戰爭》，譯成《日軍對華作戰紀要》四十三鉅冊，達兩千一百萬字，為國軍軍史庫中前無古人的大手筆。當時的參謀總長郝柏村上將與史政編譯局局長傅俊傑少將，他們的決策，出版了國軍軍史上最重要的史料叢書之一，這種遠見與魄力，造福後人治史匪淺，值得頌讚。這部叢書對二次大戰中日軍政治手段與軍事行動，都有詳盡的記載，成為拙作《細說珍珠港》一書中，採取日方資料的重要來源，也得以將這一役中，美方史書中所缺的資料，一一予以補充。

這一戰役為日美海軍的對決，全書文字中，都遵從國軍軍語；度量衡也都採用公制，以收敘史簡明的功效。

這一役的很多史實，都在同一個時間中發生，為了使讀者閱讀容易一些，本書採取「各章分論」（compartimetalizing the chapters）的文體，不致造成相互干擾。

六、第六次接觸

《細說珍珠港》一書，涉及日美雙方艦隊的「戰鬥序列」，譯名非常重要。日軍軍艦為漢字，中文並無隔閡。可是譯到美軍太平洋艦隊駐珍珠港的九十四艘大小艦艇，卻遭遇到了問題：義譯？還是音譯？

美國海軍艦隻命名有一定的體系，其中以二戰後崛起的航空母艦艦名最不規則，有些以戰役為名，如「薩拉托加號」「約克鎮號」「中途島號」；有些以動物名如「黃蜂號」「大黃蜂號」；還有些以人名，諸如「羅斯福號」「尼米茲號」「艾森豪號」「雷根號」，譯音譯義，尚易判別。

其他艦種的命名，如主力艦以州命名：「米蘇里號」、「紐約號」、「亞利桑那號」……

巡洋艦以大都市為名，如「舊金山號」、「檀香山號」……這都有現成的譯名。

驅逐艦則以海軍已故將校命名：清一色宜採音譯，如「布盧號」（Blue不譯「藍號」）、Chew「丘號」，不宜義譯「嚼號」。

潛水艦取魚類為名，如「海豚號」、「抹香鯨號」……只宜義譯。

掃雷艦取鳥類名，如「禿鷹號」、「交啄鳥號」，也宜義譯。

珍珠港一役中，有一艘軍艦停泊在巡洋艦「新奧爾良號」的西側，從起初一九五七年的資料①中，它的艦名為Ramapo，音譯為「拉瑪波號」。可是美國二十年後的文獻②，卻載為Ramaro，中文應該譯為「拉瑪洛號」，一個字母之差，似乎微不足道。但孰是孰非卻引起了我的好奇；接照讀史經驗，治史如積薪，後來居上。後出的文獻有清算、修正前史的功能，當以R為是；但為甚麼以前都有志一同作P？

窮理於事物始生之處，我翻閱資料，它是一艘油輪。所幸珍珠港一役中，還有一艘油輪Neosho號。兩艘油輪的命名體系一定具有關聯。我從美國歷史上，不論典故事件、知名人物，都找不出源頭。靈機一動，細查美國地名，這一下歪打正著，得到答案：油輪以河流為命名體系。這兩艘油輪都屬河名：Neosho中譯地名為「尼歐秀河」，長六百四十公里，在堪薩斯州；地名字典上也找到了Ramapo，它也是一條河，位於紐約州南。大寫的P與R相似，只差一條腿，足以證明一九八六年版的《珍珠港》錯了，這條船名應為Ramapo，可卻歷經多版還沒有改正。

七、第N次接觸

參考文獻：

Flying Forts, Martin Caidin. Ballantine Boods, New York. N.Y. 1968.

The Grand Alliance, The Second World War, Winston S. Churchill, Houghton Mifflin Co. Boston, 1950.

The Doolittle Raid, Carroll V. Glines, Orion Books, New York, N. Y. 1988.

Military Misfortunes, E. A. Cohen & John Gooch, Free Press, New York, N. Y. 1990.

Pearl Harbor Final Judgement, Henry C. Clausen & Bruce Lee, New York: N. Y. Crown Publishers. Inc. 1992.

Day of Infamy, Walter Lord, New York:Holt, Rinehart & Co., 1957.

Illustrated WW II Encyclopedia, Monaco, Jaspard Polus, 1966.

At Dawn We Slept, Gordon W. Prange, New York: N. Y. McGraw-Hill Book Co., 1981.

Pearl Harbor, Scott C. S. Stone, Island Heritage Ltd, Hawaii, 1977.

Life's Picture History o f World War II, Time Incorporated, New York, 1950.

The Rising Sun, John Toland, New York, N. Y. Random House, 1970.

真珠灣奇襲秘話，Gordon W. Prange，日本讀者文摘社，東京，一九六六。

山本五十六新傳，戶川幸夫，譚繼山譯，東府出版社，台北市，一九八〇。

山本五十六大將傳，阿川弘之，趙長軍譯，王家出版社，台南市，一九六九。

珍珠港與山本五十六之死（Get Yamamoto, Burke Davis），黃文範譯，台北市，幼獅文化公司，一九七二。

鵬搏萬里（Great Air Battles, Maj. Gene Gurney.），黃文範譯，高雄市，拾穗月刊社，一九六六。

轟炸東京的英雄（The First Heroes, Craig Nelson, Penguin Boods, 2003），黃文範譯，國防部，台北市，二〇一〇。

伊58號潛艦歸降記，橋本以行，趙長軍譯，正文書局，台北，一九六八。

圖說偷襲珍珠港，林光餘譯，麥田出版社，台北，一九九四。

攻擊珍珠港，一本壯太郎，SEA FOX譯，星光出版社，台北，二〇〇五。

《香港長沙作戰》，黃朝茂譯，《日軍對華作戰紀要叢書》第四冊，國防部史政編譯局譯印，台北，一九八七。

《戰前之大本營及海軍部》，吳玉貴譯，《日軍對華作戰紀要叢書》第廿九冊，國防部史政編譯局譯印，台北，一九八七。

《從偷襲珍珠港到中途島海戰》，李坤海譯，《日軍對華作戰紀要叢書》第卅冊，國防部史政編譯局譯印，台北，一九八七。

《德俄宣戰與開戰御前會議》，廖運藩譯，《日軍對華作戰紀要叢書》第卅九冊，國防部史政編譯局譯印，台北，一九八七。

《宣戰》，吳玉貴譯，《日軍對華作戰紀要叢書》第四十冊，國防部史政編譯局譯印，台北，一九八七。

《戰前海軍部之和戰抉擇》，林石江譯，《日軍對華作戰紀要叢書》第四十二冊，國防部史政編譯局譯印，台北，一九八七。

《大事年表與軍語》，賴德修譯，《日軍對華作戰紀要叢書》第四十三冊，國防部史政編譯局譯印，台北，一九八七。

① Walter Lord, Day of Infamy, P.53 Bantam Book, New, York, N. Y. 1957.

② Scott, C. S. Stone, Pearl Horbor, The Way It Was, P.12 Island Heritage, Honolulu, Hawaii, 1986.

讀歷史16　史地傳記類　PC0243

細說珍珠港

作　　者／黃文範
責任編輯／鄭伊庭
圖文排版／楊家齊
封面設計／王嵩賀

發 行 人／宋政坤
法律顧問／毛國樑　律師
出版發行／秀威資訊科技股份有限公司
114台北市內湖區瑞光路76巷65號1樓
電話：+886-2-2796-3638　傳真：+886-2-2796-1377
http://www.showwe.com.tw
劃撥帳號／19563868　戶名：秀威資訊科技股份有限公司
讀者服務信箱：service@showwe.com.tw
展售門市／國家書店（松江門市）
104台北市中山區松江路209號1樓
電話：+886-2-2518-0207　傳真：+886-2-2518-0778
網路訂購／秀威網路書店：http://www.bodbooks.com.tw
國家網路書店：http://www.govbooks.com.tw

2013年6月BOD一版
定價：560元

國家圖書館出版品預行編目

細說珍珠港 / 黃文範著. -- 一版. -- 臺北市 : 秀威資訊科技, 2013, 06
面； 公分. -- (史地傳記類)
BOD版
ISBN 978-986-326-071-4(平裝)

1. 珍珠港事件

712.84 102002161

讀者回函卡

感謝您購買本書，為提升服務品質，請填妥以下資料，將讀者回函卡直接寄回或傳真本公司，收到您的寶貴意見後，我們會收藏記錄及檢討，謝謝！如您需要了解本公司最新出版書目、購書優惠或企劃活動，歡迎您上網查詢或下載相關資料：http:// www.showwe.com.tw

您購買的書名：______________________________

出生日期：________年________月________日

學歷：□高中（含）以下　□大專　□研究所（含）以上

職業：□製造業　□金融業　□資訊業　□軍警　□傳播業　□自由業

□服務業　□公務員　□教職　□學生　□家管　□其它____

購書地點：□網路書店　□實體書店　□書展　□郵購　□贈閱　□其他

您從何得知本書的消息？

□網路書店　□實體書店　□網路搜尋　□電子報　□書訊　□雜誌

□傳播媒體　□親友推薦　□網站推薦　□部落格　□其他________

您對本書的評價：（請填代號　1.非常滿意　2.滿意　3.尚可　4.再改進）

封面設計____　版面編排____　內容____　文／譯筆____　價格____

讀完書後您覺得：

□很有收穫　□有收穫　□收穫不多　□沒收穫

對我們的建議：______________________________

____

____

____

請貼
郵票

11466
台北市內湖區瑞光路 76 巷 65 號 1 樓
秀威資訊科技股份有限公司 收
BOD 數位出版事業部

....

（請沿線對折寄回，謝謝！）

姓　　名：________________ 年齡：________ 性別：□女　□男

郵遞區號：□□□□□

地　　址：____

聯絡電話：(日) ________________ (夜) ________________

E-mail：____